Knaur.

Über die Autorin:
Caroline Wendt ist seit vielen Jahren freiberuflich als Lektorin und Autorin tätig und beschäftigt sich neben kulturellen mit psychologischen und Gesundheitsthemen. Sie hat ihre Zwillingstöchter auf dem Weg aus der Magersucht begleitet. Ihre Erfahrungen mit der Krankheit und den Vorwürfen gegen sie als Mutter haben sie veranlasst, dieses Buch zu schreiben, um anderen Eltern Mut zu machen.

Caroline Wendt

Ich kann nicht anders, Mama

Eine Mutter kämpft
um ihre magersüchtigen
Töchter

Knaur Taschenbuch Verlag

Besuchen Sie uns im Internet:
www.knaur.de

Originalausgabe März 2011
Copyright © 2011 by Knaur Taschenbuch.
Ein Unternehmen der Droemerschen Verlagsanstalt
Th. Knaur Nachf. GmbH & Co. KG, München
Alle Rechte vorbehalten. Das Werk darf – auch teilweise –
nur mit Genehmigung des Verlags wiedergegeben werden.
Redaktion: Annerose Sieck
Umschlaggestaltung: ZERO Werbeagentur, München
Umschlagabbildung: Corbis / Paul Simcock
Satz: Adobe InDesign im Verlag
Druck und Bindung: GGP Media GmbH, Pößneck
Printed in Germany
ISBN 978-3-426-78387-0

*Für meine Eltern, die ich umso mehr liebe,
je älter unsere Kinder werden.
Und natürlich für Anna und Marie,
die es schaffen werden, jede für sich allein.*

Inhaltsverzeichnis

Vorwort 9

»Eine Frau kann nicht dünn genug sein.«
Erste Anzeichen und Alarmsignale 15

»Ich kann nicht anders, Mama.«
Vom Erkennen der Krankheit 44

Die Magersucht sitzt immer mit am Tisch
Familienleben mit einem
magersüchtigen Kind 78

Magersucht und Familientherapie
Eltern unter Verdacht 108

»Niemand zeigt einem seine Ohnmacht deutlicher
als ein magersüchtiges Kind.«
Die Gefühle der Mütter 149

»Das einzige wahre Heilmittel bei dieser Krankheit
bist du selbst.«
Der Weg aus der Magersucht 184

Und erstens kommt es anders ...
Über den Umgang mit Rückfällen 217

Maries Brief 229

Auszug aus Annas Tagebuch 233

Aus der Sicht eines Mediziners
Beitrag von Prof. Dr. Manfred Fichter,
Psychosomatische Klinik Roseneck
und Psychiatrische Universitätsklinik München 239

Literaturverzeichnis 285

Vorwort

D as hast du trotz allem gut gemacht.« Sagte meine Freundin Marion, als meine beiden Töchter die Magersucht fürs Erste überwunden hatten. »Vor allem, wenn man bedenkt, dass ja immer die Mütter schuld sind«, sagte ich. Da mussten wir beide lachen.

Meine Erfahrungen mit der Magersucht unserer Zwillingsmädchen haben mich bewegt, dieses Buch zu schreiben. Marie war gerade 14 Jahre alt, als sie erkrankte, ihre Schwester Anna folgte ihr kurz darauf in die Essstörung. Zuerst wollte ich einfach mein Tagebuch veröffentlichen, komplett, intim und ungeschminkt, dann wurde mir klar, wie viel ich nicht nur von mir, sondern auch von anderen Familienmitgliedern, allen voran den Mädchen, preisgegeben hätte. Und das angesichts der nicht selten zungenschnalzenden Behandlung des Themas in den Medien. Auf die Mitteilung meiner Erfahrungen verzichten wollte ich aber dennoch nicht. Ich hatte einfach zu viel zu sagen: zum Thema Magersucht und Familie bzw. Familie und Therapie. Also fing ich noch einmal von vorn an und berichtete nun aus der

Distanz von drei Jahren. Als Gewinn entpuppte sich die Zusammenarbeit mit Prof. Manfred Fichter, dem ärztlichen Leiter der Psychosomatischen Klinik Roseneck. Er erweiterte unsere Fallgeschichte um seinen wissenschaftlichen Kommentar.

Dieses Buch möchte verzweifelten Eltern Mut machen. Ja, man kann die Magersucht überwinden – und wenn sich die Magersucht besiegen lässt, dann die anderen Essstörungen auch. Die Zeit bis dahin ist allerdings nicht leicht. Vor allem für die erkrankten Jugendlichen, deren inneres Leiden ihrem jämmerlichen Äußeren entspricht. Aber auch für die betroffenen Mütter und Väter ist die Erkrankung kein Sonntagsspaziergang. Plötzlich wird die gesamte Familie in Frage gestellt. Was hat man mit diesem Kind falsch gemacht? Musste es zu dieser Krise kommen, oder hätte man sie als Eltern verhindern können?

Diese und ähnliche Fragen wird sich jede Mutter und jeder Vater stellen. Und nicht immer passen die stereotypen Antworten zur Situation in der eigenen Familie. Man hat mit vielen vorschnellen Urteilen zu kämpfen, in der engen und weiteren Verwandtschaft sowie im Freundeskreis, aber auch in der Psychotherapie. In Deutschland, so zumindest mein Eindruck, ist man schnell mit Urteilen bei der Hand. Ja, manchmal ist die Diagnose schon per Lehrbuch gestellt, bevor man sich überhaupt richtig mit allen Beteiligten besprochen hat. Bei einer psychischen Erkrankung des Kindes steht nicht selten die Mutter am Pranger. Dass dies wenig hilfreich ist, kann sich jeder denken. Aber es gibt Fachleute, die explizit für eine Entlastung der Eltern eintreten, wenn es um die Magersucht ihres meist noch minderjährigen Kindes geht. Auf alle Fälle lässt sich diese tückische Erkrankung leichter überwinden, wenn Patienten, Eltern und Therapeuten an einem Strang ziehen.

Mein Kind ist krank – also muss ich alles tun, um es zu retten! Das ist die normale Reaktion von Eltern, vor allem angesichts des Zustands der Auszehrung, den die Magersucht mit sich bringt. Aber man wird dem Kind und sich selbst im Weg stehen, wenn man in Sachen Essstörung die mütterliche Löwin gibt. Den Kampf ganz aufgeben wird man dennoch nicht. Die größte Herausforderung für mich war, das geliebte Kind loszulassen, obwohl es ihm offensichtlich schlechtging. Sich angesichts einer schweren psychischen Erkrankung des eigenen Kindes ruhig zu verhalten, Verantwortung an Fachleute abzugeben, aber letztlich auch an das geschwächte Kind – das ist wohl das Schwierigste, was Mütter leisten müssen.

Mein Erfahrungsbericht soll Sie vor allem ermutigen: So gut wie ich bekommen Sie das auch hin! Wahrscheinlich sogar besser, nachdem Sie gelesen haben, welche Möglichkeiten es im Umgang mit einem essgestörten Kind gibt. Dieses Buch soll anderen Müttern und Vätern Einblicke in oft verspätete Einsichten vermitteln. Bei Magersucht hinkt man den Ereignissen nämlich gern hinterher.

Ein magersüchtiges Kind zu haben ist schlimm, weil du als Mutter vollkommen hilflos bist. Weil du so gut wie nichts tun kannst, um einen Prozess aufzuhalten, der fatal erscheint, lebensfeindlich und tödlich. Am schlimmsten, weil du nicht mehr so auf der Seite des Kindes stehen kannst wie sonst immer, denn es fügt sich ja vor deinen Augen Leid zu. Wenn das Kind nichts mehr isst, bleibt der Mutter das Essen im Hals stecken. Das Kind, das man genährt hat – und nie schlecht genährt, im Gegenteil, man hat immer auf gutes Essen geachtet –, dieses Kind verweigert sich deiner Fürsorge auf eine Weise, die unerträglich ist. Wobei ihm deine Fürsorge vollkommen egal ist, denn es hat andere Sorgen. Sorgen, die zur Dauerdiät geführt haben, Sorgen, von denen die Eltern offenbar kaum etwas wussten.

Diese Sätze stammen aus dem Tagebuch, das ich in den anderthalb Jahren, in denen unsere beiden Zwillingsmädchen akut an Magersucht litten, geschrieben habe. Wie früher als Teenager habe ich fast täglich meine Erlebnisse und Gefühle zu Papier gebracht – nur dass es bei mir nicht um die Liebe ging und auch nicht, wie vielleicht in meinem Alter zu erwarten, um Berufs- und Eheprobleme, sondern ausschließlich um die Erkrankung meiner Kinder. Ich habe geschrieben, um mich selbst zu entlasten – und Klarheit zu gewinnen. Ich kann diese Art der Auseinandersetzung in einer der schwersten Krisensituationen des Lebens nur empfehlen. Dieses Buch enthält manche Passage aus meinem »Magersucht-Tagebuch«, vor allem aber ist es Ausdruck der vielen Gespräche, die ich mit den Kindern, meinem Ehemann, meinen Eltern, meinen Freundinnen und nicht zuletzt meiner Lebensberaterin Rosa geführt habe. Tatsächlich ist man mit einem essgestörten Kind in der Familie nicht selten dem Wahnsinn nah, vor Sorge natürlich und auch angesichts des »verrückten« Verhaltens des einst so vertrauten Kindes. In dieser Situation brauchen Eltern und vor allem Mütter viel Unterstützung.

Neulich habe ich mit einer Freundin zusammengesessen, die sich große Sorgen um die Gesundheit ihrer Tochter machte. Die 13-Jährige aß fast nichts mehr. Glücklich wirkte sie auch nicht. Ja, selbst ihre Diäterfolge konterte sie mit neuen, noch höheren Ansprüchen. Oje, dachte ich, das hört sich nicht gut an. Aber ich kenne die Tochter meiner Freundin: Sie ist eine starke kleine Persönlichkeit. Daher sagte ich: »Egal, ob sie nun schon drinsteckt in der Krankheit oder ob sich das Ganze als kurze Episode entpuppt: Sie wird wieder herausfinden aus dem Wahn. Eben weil sie stark ist. Denn die Kraft, die du benötigst, um deinen Körper derart darben zu lassen, brauchst du auch, um dich aus der Umklammerung des Biestes Magersucht zu befreien.«

Anders gesagt: Die Kraft zur Zerstörung und die Stärke zum Aufbau sind gleich. Wer die eine hat, hat – grundsätzlich – auch die andere.

Verlieren Sie vor allen Dingen nicht den Mut.

»Eine Frau kann nicht dünn genug sein.«

Erste Anzeichen und Alarmsignale

Ich weiß noch genau, wie ich bei meiner Freundin Marion in der Küche saß und erzählte, dass meine Tochter Marie abgenommen hätte. Sie esse keine Süßigkeiten mehr, ich fände toll, dass sie diese Disziplin aufbringe. Ich hätte das als junges Mädchen nie hingekriegt! Das Wort abnehmen, meinte Marion gleich etwas streng, dürfe in einer Familie mit pubertierenden Mädchen überhaupt nicht vorkommen. Ob mir denn nicht klar sei, wie irrsinnig gefährlich das sei. Unsinn, dachte ich, die Marie isst doch sehr ordentlich zu Mittag, schließlich sitzen wir jeden Tag zusammen am Tisch, da würde ich schon mitbekommen, wenn irgendwas fehlte. – Das war, glaube ich, noch vor Weihnachten.

Was ich richtig schön fand in dieser Zeit: Anna und Marie begannen sich fürs Kochen und Backen zu interessieren. Mir war schon klar, dass ihre plötzliche Häuslichkeit damit zusammenhing, dass sie beide noch nicht ihre Peergroup gefunden hatten. Dafür standen sie bei mir in der Küche und fragten mir Löcher in den Bauch. Wie viel Salz kommt ins Nudelwasser?

Muss man die Büchsentomaten abgießen, oder kommt die Flüssigkeit mit in die Sauce? Wie lange sollen die Zwiebeln schmoren? Klasse, dachte ich, jetzt nutzen sie diese Lücke und lernen gleich mal anständig kochen. Ihr Interesse an Kochbüchern war allerdings auffällig. Ständig blätterten sie sich durch die schönsten Rezepte und riefen: LECKER. Das müssen wir dringend mal machen, Mama. Gegessen wurde aber immer weniger. Ich kann gar nicht sagen, wie viel Nahrungsmittel bei uns in dieser Anfangsphase weggeworfen wurden. Ich musste mein Einkaufsverhalten radikal umstellen.

Beim Skifahren über die Faschingstage fiel es dann allen erstmals deutlich auf, wie wenig Marie »plötzlich« aß. Abends nur noch eineinhalb Brote, und das nach einem anstrengenden Tag am Berg. Sie führte immer die »irre fette Brotzeit auf der Hütte« ins Feld. Nach dem Abendessen, wenn wir spielten oder fernsahen, wurde nichts mehr geknabbert. Uns verging dann auch schnell die Lust am Naschen, und die Abende waren nicht ganz so lustig wie sonst. Zumal für Anna, ihre Zwillingsschwester, die eigentlich ganz gern noch ein wenig zugelangt hätte. Allein Annas Freundin, die wir mitgenommen hatten, vertiefte sich in Berge von Chips und Keksen und genoss das Leben offensichtlich mehr als unsere beiden Mädchen. Haben wir da schon mit Marie gesprochen? Wahrscheinlich nicht. Eine Schlankheitsdiät war in unserer Familie bisher nicht vorgekommen. Wir lieben gutes Essen, und keiner war je dick. Andererseits: Machten nicht alle jungen Mädchen irgendwann einmal eine Diät? Wir sollten vielleicht einfach akzeptieren, dass sie es einmal versuchte. Auch wenn dieses plötzliche »Aufs-Essen-Achten« bei Marie schon irritierte. (Ihre Mutter, also ich, hatte keine einzige Diät im Leben durchgehalten, das ließ doch hoffen, nicht wahr?)

Nach dem Skiurlaub ging das Diätleben zu Hause weiter. Keine Süßigkeiten am Abend, keine Butter mehr aufs Brot, die Salatsauce blieb unaufgetunkt im Teller zurück. Marie nahm deutlich ab, und mein Mann und ich verstanden unser Kind nicht mehr. Weil wir keine Waage haben, wog sie sich bei gemeinsamen Freunden. 49 Kilo. Sie hatte in wenigen Wochen fünf Kilo abgenommen. Wir schluckten, aber sie war stolz auf ihre neue Linie. »Jetzt muss es aber gut sein, Marie«, riefen wir abwechselnd aus. Natürlich sei es jetzt gut, beruhigte sie uns, sie sei zufrieden mit sich und diesem Gewicht, habe sich im letzten Sommer dick und unglücklich gefühlt und wolle jetzt so bleiben. Zu dem Zeitpunkt hatten beide Zwillinge ihre Tage nicht mehr, wie ich erst später erfuhr. Denn auch Anna hatte zwei Kilo verloren. Ist das Abnehmen denn so ansteckend wie ein Schnupfen, fragte ich mich manchmal in dieser Zeit.

Später erfuhr ich aus der Fachliteratur (Mütter lesen alles zum Thema Magersucht), dass eine Übertragung durch Ansteckung tatsächlich in der Wissenschaft diskutiert wurde – doch nicht durch irgendwelche rätselhafte Bakterien! Jeder mit offenen Augen kann sehen, dass die »Ansteckung« mentaler Art ist. In dieser Beziehung findet sie tatsächlich täglich auf dem Schulhof statt. Dünnsein ist schön. Nur Dünne haben Erfolg im Leben und in der Liebe. Essen wird da automatisch zum Gesprächsthema. Ja, wir hatten manchmal den Eindruck, unsere Mädchen hatten kaum noch ein anderes Thema als das Essen. Wenn die beiden abends mit Freundinnen telefonierten, wurden minutenlang die Lebensmittel aufgezählt, die man im Laufe des Tages zu sich genommen hatte. Meist verbunden mit einem »Oh Gott! Ich werde fett!« – woraufhin die Freundin am anderen Ende der Strippe sekundierte, was sie alles gegessen hätte, viel mehr, weshalb sie noch dicker werden würde.

Mein Mann meinte einmal im Scherz: »Wie wäre es, wenn ihr euch erzählen würdet, was ihr alles *nicht* gegessen habt heute?« – War das noch harmlos? Bei uns vielleicht nicht. Bei anderen sicherlich schon. Schließlich werden die wenigsten Mädchen magersüchtig. Als essgestört kann nach Studien jedes dritte bezeichnet werden, und jedes zweite fühlt sich diffus »zu dick« – auch wenn der BMI (der Body Mass Index) vollkommen in Ordnung ist. Schlankheitsfimmel und Schönheitswahn sind nicht die Ursachen für Magersucht, aber der Äußerlichkeitskult in unserer Gesellschaft bestellt ihr sozusagen ein fruchtbares Feld.

Die Neckereien des Vaters und die Telefontiraden der Töchter verebbten allerdings in der Zeit zwischen Fasching und Ostern. Wie auch die gute Laune. Es ist erschreckend, wie schnell das Familienleben kippt, wenn ein Kind die Nahrung verweigert. Bei uns waren plötzlich alle – bis auf den 5-jährigen Jakob, der sowieso nicht mehr verstand, in welcher Welt er eigentlich lebte – aufs Essen fixiert. Anna kontrollierte Marie. Ich schaute auf beide. Mein Mann fragte abends nach der Lage. Die war angespannt. Ich schlief wenig.

Ostern war der große Fixpunkt: Dann würde Marie nämlich endlich wieder normal essen. Dann wäre ihre Fastenzeit endgültig vorbei. Das hatte sie ihrem Vater hoch und heilig versprochen. Ostern würde unser Familienleben wieder ins Lot kommen. Alle würden um den Tisch herumsitzen und lachen und reden und essen. Alles wäre wieder wie früher. – Wobei die fröhlichen Tafelrunden en famille schon vorbei gewesen waren, bevor das Diätleben begann, das muss ich ehrlich zugeben. Die Familienmahlzeiten sind, seit unser Jüngster drei ist und glaubt, zu allem etwas sagen zu müssen, alles andere als entspannend. Es ist schwierig, mit drei Kindern, von denen einer fast ein Jahrzehnt jünger ist, friedlich am Tisch zu sitzen. Die Großen wollen erzählen, die Eltern in Ruhe essen. Der Kleine turnt. Die Eltern ermahnen oder versuchen, die Ruhe durch Ignorieren des Gezappels wiederherzustellen. Klappt aber leider nicht, weil sich die Großen lautstark einschalten: Ihr erzieht den Kleinen nicht (oder falsch). Das führte manchmal dazu, dass vier Leute auf den Kleinen einredeten, und also: zu nichts. Womit ich nur sagen möchte: Seit der Geburt von Jakob hatten sich in der Familie die Gewichte verschoben. Dieser Satz gilt aber ebenso für die Mädchen, deren Pubertät das Familienleben auch gehörig durcheinandergewirbelt hat.

Das Verrückte in der Zeit mit der Magersucht ist: Du machst etwas mit der Tochter aus – etwa dass die Diät bis höchstens Ostern dauern darf – und lässt dann doch nicht locker innerlich. Ich habe wahrscheinlich geahnt, dass sie das Versprechen nicht würde halten können. Heute weiß ich: Das Abrücken von der Magersucht ist kein reiner Willensakt, dafür muss mehr geschehen. – Wann wurde mir klar, dass Marie ernsthaft erkrankt ist? Als sich der Abwärtstrend im Gewicht nicht aufhalten ließ? Als ich vom Ausbleiben der Regel erfuhr? Oder als ich begriff, dass tiefere Konflikte den Ausbruch der Krankheit begünstigt hatten?

Damals habe ich mich oft gefragt – und ich frage es mich noch heute –, ob ich vielleicht überreagiert und zu sehr meinen Befürchtungen nachgegeben habe. Andererseits: Es gibt ein intuitives Wissen um manche Dinge des Lebens – und das hatte ich in diesem Fall. Ich wusste, dass Marie in Gefahr ist, so wie ich wenig später auch wusste, dass Anna gefährdet ist. Natürlich sind Wissen und das Handeln aus dem Wissen heraus zwei Paar Schuhe. Sicherlich hätte ich mit weniger Geschrei und mehr Gefasstheit und innerer Ruhe mehr erreicht. Mit Bestimmtheit hätte mir und auch meinem Mann professionelle Unterstützung geholfen. (Die Familientherapie war für uns Eltern eine zusätzliche Belastung, die meiste Literatur zum Thema leider auch, doch dazu später mehr.) Dennoch bleibt die Frage: Warum war ich so rasch in höchster Alarmbereitschaft? Weil ich mein Kind so gut kannte oder weil ich die Essstörung so gut kannte? Beides davon ist wahr, wobei sich der zweite Teil erst langsam, in der Auseinandersetzung mit meiner Ursprungsfamilie, herausstellen sollte.

Trotz all dieser Überlegungen steht für mich fest: Die Besorgnis der Mutter ist ein sicheres Indiz für die Störung. Wenn Mütter sich plötzlich ernsthaft Sorgen um ihr Kind machen, ist Gefahr in Verzug. Mediziner und Psychologen werden die Verlässlichkeit der Mutter-Diagnose vielleicht kritisch sehen, aber sie ernst zu nehmen kann nicht schaden. Zumal die Tochter selbst zu diesem Zeitpunkt vielleicht noch gar nichts von einer Störung weiß bzw. wissen will. Daher tun aufmerksame Mütter gut daran, ihrem Gefühl zu trauen, gerade wenn es ungut ist. Es gibt viele Möglichkeiten, sich helfen zu lassen, wenn die Tochter dabei ist, in eine veritable Essstörung abzugleiten. Auch wenn sie schon drinsteckt in der Störung, gibt es Wege hinaus. Man kann sein Kind nicht in die Therapie zwingen, aber auf die Wahrheit aufmerksam machen kann man es.

Bei Marie – und bei vielen Magersüchtigen – war es nicht so, dass sie überhaupt nichts mehr gegessen hätte. Es ist eines von vielen Vorurteilen über die Magersucht, dass man meint, die Betroffenen würden nichts oder quasi nur einen Joghurt pro Tag essen. »Aber sie isst doch«, wurde mir manches Mal von

Freundinnen zugeraunt, die mich beruhigen wollten. »Ja, aber viel zu wenig«, flüsterte ich zurück und kam mir jedes Mal idiotisch vor, wie die Mutter einer Dreijährigen. Es ist ein großer Mist, wenn man sich in dem Alter Sorgen um die Ernährung des Kindes machen muss. Ein Rückfall in die Zeit der Glucke, die ich nie recht sein wollte. Ich wollte selbstbewusste, eigenständige Kinder heranziehen – und für mich den entsprechenden Freiraum, den ebensolche Kinder bieten.

»Versuch es doch mal mit ihren Lieblingsgerichten!« Das war ein oft (und nicht sehr gern) gehörter Ratschlag von Freunden. Als ob ich das nicht schon längst versucht hätte! Wobei die Vergeblichkeit dieser Versuche mich nicht wenig frustriert hatte. Marie aß morgens zwei Löffel Cornflakes mit ein wenig Milch, mittags ein von mir zurechtgemachtes Tellergericht und abends eine Scheibe trockenes Brot, auf das sie, weil wir irgendetwas Aufstrichartiges forderten, eine hauchdünne Schicht ihrer selbstgemachten Marmelade schmierte. Man kann sich vorstellen, dass das Mittagessen immer vom Feinsten war. Aber schon beim Thema Nachtisch war der Ofen aus. Manchmal hatten wir groteske Auseinandersetzungen um einen Löffel mehr (meine Meinung) oder weniger (ihre Haltung) Nudeln. – Ostern kam und ging, und – natürlich, möchte ich fast sagen – Marie rührte ihre Schokoeier nicht an. Ich hatte es ja geahnt! Und auch nicht versäumt, ihr vor Ostern ein wenig Druck zu machen nach dem Motto: »Für dich brauche ich wohl keine Schokoladeneier zu besorgen?« Was hätte sie da antworten sollen, außer unter Tränen: »Ich hab doch schon gesagt, Mama, dass ich Ostern wieder normal esse!« Solche Wortwechsel sind passiert, obwohl »offiziell« Waffenstillstand herrschte, weil ja die Frist bis Ostern ging.

Überhaupt habe ich mich oft falsch verhalten. Mich provozieren lassen durch das Essverhalten des Kindes, das gar nicht mich und meine Küche meinte, sondern Ausdruck großer Not und eines inneren Zwangs war. (Doch das begriff ich erst später – auch wie tückisch das familiäre Gefecht ums Essen war.) »Das hast du doch früher immer so geliebt, Schatz!« Wie oft habe ich diesen Satz gesagt, fassungslos und vorwurfsvoll zugleich? Ich konnte und wollte nicht begreifen, wie man so dauerhaft und stur die schönsten Leckereien ausschlagen konnte – und sich selbst dabei zugrunde richtete. Unsere Mädchen waren immer wunderbare Esser gewesen, der Stolz ihrer Großmütter vom Land. Ja, die kleinen Zwillinge abzufüttern kam einer schweißtreibenden Arbeit gleich. »Hungi« war ihr Schlachtruf und ihr größter Ärger der Verdacht, die Schwester hätte das größere oder bessere Stück bekommen. Später dann hatten wir unzählig viele schöne Abende am Tisch. Ich hatte das für selbstverständlich genommen. Sogar ein wenig den Kopf geschüttelt über die Kostverächter unter anderen Kindern. Wie kann es einem Kind nicht schmecken? Das gibt es doch gar nicht! Jetzt weiß ich, welches Glück es bedeutet, wenn ein Kind gut isst.

»Die wissen wirklich alles«, habe ich damals in meinem Tagebuch notiert, »wie viele Kalorien ein Duplo hat im Vergleich zum Apfel, wie lange man für einen Latte macchiato joggen muss, was Paris Hilton täglich isst.« Ich fand das sehr befremdlich. Und Marie? Wollte vor allem in Ruhe gelassen werden von ihrer nervigen Mutter, die sich plötzlich in ihre Ernährung und in ihr Leben einmischte. Sie wollte einfach nur dünn sein, wo war hier eigentlich das Problem? Andere Mütter würden gar nichts sagen. »Ich werde nicht zulassen, dass du magersüchtig wirst«, sagte ich. Ein frommes Verlangen!

Bei den Auseinandersetzungen mit Marie stand Anna auf meiner Seite. »Mensch, Marie, was ist so schlimm daran, ein kleines Stück Käse zu essen?«, sekundierte sie die mütterlichen Erwartungen. (Natürlich aß Marie das Stück Käse dann nicht, das sei dazu gesagt.) Anna hatte kein Verständnis für das neue Essverhalten ihrer Schwester, ob sie die Bedrohung für sich selbst da schon spürte? Einmal, als ich in Tränen aufgelöst war, nahm sie mich spontan in den Arm. Eine erwachsene Geste, über die ich mich sehr freute.

Wie immer, wenn mich etwas bedrückt, habe ich meinen Freundinnen die Lage mit den diätwütigen Töchtern geschildert. Einige erinnerten sich daran, dass sie selbst in ihrer Jugend »gesponnen« hätten mit dem Essen. Eine erzählte, dass ihre Mutter stillschweigend überall im Haus wunderschöne Schalen mit Gebäck, Nüssen und Schokolade verteilt hätte. Der Duft sei verführerisch gewesen – und sie hätte als junges Mädchen dem bald nachgegeben. Einfach wieder gegessen, und das ohne Aufregung und Streit wie bei uns. Eine andere schlug einen Aufenthalt in Afrika vor. Es hätte sich schon manches Mal als heilsam erwiesen, die Kinder in ein Hungergebiet zu schicken. Echtes Leid heilt eingebildete Krankheit. Daran glaubte ich allerdings nicht. An Aufklärung aber schon. Die befreundete Ökotrophologin, die den Zwillingen etwas über gesunde Ernährung und Wachstum erzählen sollte, kam dann nicht zum vereinbarten Termin. Ihr war nicht klar, wie bedrohlich die Lage bereits war. Vielleicht fühlte sie sich auch überfordert: Was erzählt man einem jungen Mädchen, das nicht mehr gescheit essen will? Dass Möhren ohne Käse nicht so gesund sind wie Möhren mit Käse? Magersucht ist kein Ernährungsproblem.

Sie habe sich im vergangenen Sommer dick und unglücklich gefühlt, hatte Marie geäußert. Im August des Vorjahres waren die Kinder und ich bei meiner Freundin eingeladen, die ein Ferienhaus auf Sardinien besitzt – perfekte Bedingungen für einen Urlaub, zumal auch neben den beiden kleineren Kindern ihr ältester Sohn mit von der Partie war. Unsere Mädchen und er kennen sich seit frühester Kindheit. Nun war es aber so, dass Tommy sich eindeutig mehr für Anna interessierte als für Marie. Blöd für Marie, aber doch kein Drama, sollte man meinen – wenn man keine Zwillingsschwester hat. Das Zwillingsdasein ist ganz wunderbar herrlich, aber manchmal eben auch eine echte Last. Diese Last scheint in der Pubertät zu überwiegen, kein Wunder, schließlich geht es hier um Identitätsfindung, die wiederum besonders schwierig ist, wenn man immer einen Spiegel seiner selbst vor der Nase hat. Jedenfalls war Marie geknickt. Als sie dann auch noch in einen Seeigel trat und ihr der Arzt, nachdem wir mit Pinzetten und Nadeln nichts hatten ausrichten können, die widerborstigen Stacheln einzeln aus dem Fuß herausoperieren musste, war ihre Moral vollkommen am Boden. Ich habe ihr dann zum Trost ein Armband gekauft. Etwas hilflos, der Lage entsprechend. – Ich wusste sofort, was sie meinte, als sie vom vergangenen Sommer sprach. Sie meinte ihr persönliches Unglücklichsein. Nicht, dass sie mal schlecht drauf war, sondern dass es ihr über einen längeren Zeitraum hinweg schlechtging. Es gibt einen wunderbaren Roman von Anna Gavalda, der auch verfilmt wurde: »Zusammen ist man weniger allein«. Die Protagonistin, eine begabte junge Frau, die in einem Putzjob verkümmert, ist magersüchtig. Das wird aber nicht explizit ausgesprochen, weder im Film noch im Roman. Wer sich allerdings ein bisschen auskennt mit Essstörungen, weiß gleich, was Sache ist. Denn zu Beginn der Geschichte wird Camille gefragt, ob sie jemanden lieben würde. »Nein«, antwortet sie, »niemanden. Ich habe nichts zu geben.« Das ist die Magersucht. Es ist nicht nur der Mangel an Appetit oder an Gewicht. Es ist das Gefühl von innerer Leere. Der Zusammenbruch des Selbst.

Rückblickend wird mir klar, dass Marie und ich auf Sardinien nicht wirklich miteinander gesprochen haben. Und wahrscheinlich auch vorher schon nicht. Das ist zum einen dem Respekt geschuldet, den ich vor der Privatsphäre meiner Tochter hatte. Ich wollte nicht in sie dringen. Außerdem war ich zu dieser Zeit noch sehr mit Jakob beschäftigt, einem wahren Energiebündel. Tja, aber das ist natürlich nicht alles. Denn warum hätten wir nicht einfach über ihr Gefühl der Zurücksetzung reden können? Über ihre Befürchtung, an zweiter Stelle zu stehen, hinter der Schwester? Dazu muss man wissen, dass im Jahr vor der Magersucht zwischen Marie und mir einiges schiefgelaufen war. Ich hatte zu dieser Zeit mit beiden Mädchen heftige Auseinandersetzungen, die ich unter dem Stichwort Pubertät verbuchte. Die Mädchen haben mir ganz schön zugesetzt. Ich war so ziemlich das Letzte für sie – viele Mütter mit pubertierenden Töchtern werden wissen, wovon ich spreche. Es ist die Ablösung von der Mutter, die schmerzhaft verläuft – vor allem für die Mutter. Mit Marie war es besonders heftig. Sie hatte überhaupt keinen Sinn mehr für Familienmitglieder. Sie »hasste« es, im Nachhinein über Dinge noch einmal zu sprechen, Missverständnisse auszuräumen oder etwas vom Gesagten zurückzunehmen: Sie wollte grundsätzlich nichts mehr davon hören, den Streit sollte es am besten nie gegeben haben. In dieser Beziehung war sie ganz anders als ich, ich mag es, Dinge noch einmal durchzusprechen und innerlich für Ordnung zu sorgen. Manchmal war mir meine eigene Tochter in dieser Zeit fremd.

Eltern haben es bekanntlich nicht leicht, wenn ihre Kinder in der Pubertät sind. Im Gehirn der Jugendlichen fallen täglich 30 000 Synapsen aus, das soziale Empfinden ist um 20 Prozent reduziert, Pickel sprießen, Gefühle explodieren oder zeigen sich kaum noch. Suchterkrankungen, aber auch Essstörungen und Magersucht haben in dieser Zeit ein leichtes Spiel – wenn weitere ungünstige Faktoren hinzukommen. Meine Yogalehrerin, eine bewunderungswürdige Frau, tröstete mich, nachdem ich ihr von den Zwillingen erzählt hatte: »Ach, mein Sohn ist jetzt Mitte 20, und allmählich, wirklich allmählich, ist es wieder möglich, mit ihm zu sprechen.« Wann merkt man, dass etwas Fundamentales mit dem eigenen Kind nicht stimmt? Wenn es nicht mehr mit einem spricht? Wenn es sich in seinem Zimmer verbarrikadiert? Wenn es unzufrieden ist und an allem etwas auszusetzen hat?

Die Abschottung von der Familie ist während der Pubertät kein seltener Vorgang. Hätte ich Maries Rückzug als Anzeichen für größere psychische Probleme wahrnehmen müssen? Nicht unbedingt, aber das Eruptive ihres Verhaltens, die Grenzverletzungen wahrscheinlich schon. Während der Magersucht habe ich mir vorgeworfen, dass ich nicht schon damals professionellen Beistand gesucht hatte. Jetzt fällt mir ein: Ganz untätig war ich nicht. Ich bat meine Freundin Frauke um Hilfe. Die Patentante von Anna und Vertraute von beiden Mädchen hat einmal ein Wochenende mit ihnen verbracht und »ganz nebenbei« nachgefragt, wie es denn der Mama so gehe. Sie hat versucht, bei meinen Töchtern Verständnis für mich zu wecken. Außerdem war ich mit Anna und Marie in der schlimmsten Phase der Pubertät (wie ich damals naiv dachte) in der Erziehungsberatung. Dort konnten die beiden sich ordentlich über mich beschweren, es ging überwiegend um Dinge wie spät heimkommen, lang fernsehen, Klavier üben und andere lästige Bevormundungen durch die Mutter. Zum Beispiel, ob man mit 14 auf ein Popkonzert darf (die Zwillinge sowie die Psychologin waren dafür) oder eben noch nicht (meine Meinung). Die Psychologin – »meine« Rosa, von der noch die Rede sein wird – fragte dann nach Positivem, was denn nett sei an der Mama, was sie für die Mädchen tun würde. Da fiel ihnen Gott sei Dank schon etwas ein. Der Clou kam zum Schluss: »Ihr habt jetzt aufgezählt, was eure Mutter für euch tut. Was tut ihr eigentlich für eure Mutter?« Da war natürlich Schweigen im Wald. Danach waren wir drei noch Kaffee trinken, und es stand für Anna und Marie außer Frage, dass man diese Psycho-Frau vollkommen vergessen könnte. Nein, so bescheuerte Fragen hatten sich die Mädchen schon lange nicht mehr anhören müssen! Doch die Gespräche mit Frauke und der Psychologin haben etwas in Gang gesetzt. Jedenfalls war danach das Leben mit den Zwillingen einfacher. Ich weiß noch genau, wie ich meiner Nachbarin stolz berichtete, dass nun das Schlimmste vorbei sei mit der Pubertät. Sie, immer vernünftig und (leider) meist im Recht, entgegnete nur: »Warte es ab.« Die richtige Krise folgte mit gebührendem Abstand im Jahr darauf und dauerte länger als ein Jahr.

Marie nahm weiter ab. Kontinuierlich und trotz aller Beteuerungen, jetzt sei aber Schluss mit der Diät. Viele Gespräche gestalteten sich nach folgendem Muster: »Du hast wieder ein Kilo abgenommen, Marie. Warum? Du hast doch Papa und mir gesagt, dass dir dein vorheriges Gewicht gefallen würde?« – »Ja, aber dieses eine Kilo war halt noch zu viel. Dafür ist jetzt endgültig Schluss, versprochen!« – »Marie, jetzt bist du noch weiter gefallen im Gewicht! Dabei wolltest du doch Ostern aufhören mit dem Fasten?« – »Wieso abgenommen?

Ich hasse es, ständig von dir kontrolliert zu werden. Ich wiege so viel, wie ich will, und nicht so viel, wie du es dir einbildest.« – »Marie, iss doch bitte dein Brot auf!« – »Iss doch selber dein Brot auf, du isst ja auch nichts! Lass mich endlich in Ruhe.« Ich sollte sie ungestört fasten lassen. Das war natürlich keine Option für mich und meine Sorgen. Heute weiß ich, dass die Gespräche während des Essens kontraproduktiv waren. Sie wurde immer aggressiver, ich immer verzweifelter. Viel besser war es, sie in losgelösten Situationen anzusprechen. Da konnte sie dann zugeben, dass ihr das eigene Verhalten auch Sorgen machte. Sie wollte tatsächlich nicht noch dünner werden, das glaubte ich ihr aufs Wort. »Ich bleibe jetzt bei dem Gewicht, mir geht es gut so, Mama.« Doch die Abstände zwischen den Beschwichtigungen des Kindes wurden immer kürzer und das Kind selbst immer weniger.

Ich habe nicht lockergelassen in der Zeit zwischen Fasching und Ostern. Während mein Kind immer dünner wurde – sie verlor in 15 Wochen 15 Kilo –, habe ich mich informiert, einschlägige Bücher gelesen, mit anderen Müttern gesprochen, meine Therapeutin von der Erziehungsberatung aufgesucht, mich nach Anlaufstellen für Essgestörte erkundigt, im Internet gesurft. Eine echte Erste Hilfe für mich war Herr Thomas Ganser von der Caritas-Ambulanz für Essstörungen. Er erklärte mir ruhig und ziemlich gelassen, was nun zu tun sei. Von elterlicher Seite nicht viel, muss man sagen. Es ginge vor allem darum, Marie regelmäßig zu wiegen, am besten wöchentlich und unter ärztlicher Aufsicht. Unterschreite sie ein bestimmtes Gewicht, so solle man mit ihr vereinbaren, dass nun eine ambulante Therapie vonnöten sei. Würde dieses Gewicht um ein weiteres Maß unterschritten, sei eine Einweisung in die Klinik nötig. Das müsse man der Tochter klarmachen.

Nun ja, dazu wird es wohl kaum kommen, dachte ich, Klinik, undenkbar! So weit sind wir ja nun auch nicht, dass wir dieses Problem nicht auch zu Hause lösen könnten. Die Idee mit dem regelmäßigen Wiegen fand ich gut und vereinbarte gleich mit unserem Hausarzt, dass Marie dort wöchentlich zur Gewichtskontrolle erscheinen sollte. Ich erkannte gleich, dass diese Maßnahme vor allem eine Entlastung für uns Eltern darstellte. Außerdem würde der Doktor bestimmt die Gelegenheit nützen, einmal aus ärztlicher Sicht mit Marie über ihren Gewichtsverlust zu reden.

Ich fand Herrn Ganser und seine Vorschläge gut – und vereinbarte gleich nach Ostern einen gemeinsamen Termin mit Marie bei ihm. Sie ließ sich zwar beraten, war auch mit einer Therapie einverstanden, aber nur, wenn es sich um eine Therapeutin handelte. Einem Mann würde sie ungern etwas von sich erzählen. Das musste freilich akzeptiert werden. Gemeinsam mit Herrn Ganser legten wir noch die Gewichtsdaten fest: Therapie war jetzt schon nötig, da sie nur noch 46 Kilo auf der Caritas-Waage wog. Unter 44 Kilo aber sei bereits eine Vorstellung in der Klinik angemessen. Dazu würde es nie und nimmer kommen, meinte Marie, denn bei den 46 Kilo wolle sie endgültig und ein für alle Mal bleiben. VERSPROCHEN!

Gleich in der nächsten Woche zeigte die Waage des Hausarztes ein Kilo weniger an. Das konnte freilich nur an der »uralten Schrottwaage aus dem vorletzten Jahrhundert« liegen, schimpfte Marie und bestand auf ihrem Gewicht von 46 Kilo. Sie fand ihr Gewicht perfekt – und entsprach damit den heutigen Idealen, lebensfeindliche Ideale, wenn man die Sache genau betrachtet.

In der Pubertät hatten Anna und Marie kleine Rundungen bekommen. Und einen Heißhunger! Als sie sich darüber beklagten, erinnerte ich sie daran, dass das in der Entwicklung zur Frau ganz normal sei. Auch bei mir sei das so gewesen, dass ich in dem Alter etwas zugelegt hätte. Dick sei ich aber nicht gewesen und sie seien es beileibe auch nicht. Mit 19 war der Babyspeck dann wieder weg bei mir. Das war für sie natürlich Lichtjahre zu spät. Mit 19 ist man ja fast schon tot! Als junges Mädchen ging es mir phasenweise auch nicht besonders gut, wie man sich ja überhaupt in dem Alter selten toll fühlt, ist ja auch alles schwierig mit der Selbstfindung und der Loslösung vom Elternhaus. Aber der Druck von außen, dieses Schlanksein um jeden Preis, der erschwert die natürliche Entwicklung erheblich. Was umgekehrt übrigens ebenso gilt: Die Reaktionen des sozialen Umfeldes begünstigen die Magersucht zunächst. Jedenfalls war das bei uns der Fall. »Wie hast du das geschafft, Marie?«, wurde unsere Tochter bewundernd von ihren Freundinnen gefragt. Da war sie schon sehr dünn und hatte ihre Tage nicht mehr. »Willkommen im Club«, hatte ich beide Mädchen beglückwünscht, als sie mir von ihrer ersten Menstruation erzählten. Nie hätte ich damit gerechnet, dass Marie lieber auf ihre vollständige Weiblichkeit verzichtet, als eine kleine Speckrolle um die Hüfte in Kauf zu nehmen. Und mit Weiblichkeit meine ich ausdrücklich auch Fruchtbarkeit und die Lebensfreude, die ein eigenes Kind bedeutet. Aber, ach, für Babys interessiert man sich in dem Alter nun wirklich überhaupt nicht! Weswegen auch mein Hinweis auf den »Tage-Mangel« in der Luft verpuffte: Ist doch cool, keine Tage mehr, war sowieso nervig mit den Tampons und allem.

Heute frage ich mich: Hätten wir Germanys next Topmodel und tutti quanti verbieten sollen? Beim Gedanken an diesen verlogenen TV-Glamour, der unter der glatten Oberfläche die

Destruktivität »modelhafter« Rollenvorbilder nur mühsam verbirgt, wird mir schlecht. Helene Hegemann, Jahrgang 1992, schrieb im Januar 2010 in der Süddeutschen Zeitung über die Sendung: »Dort geht es um die Erziehung von kleinen Model-Heiligen, die gelernt haben, dass das Überleben davon abhängt, begehrt und schön zu sein und sich auch so selbst zu sehen. Sie sind perfekte Dienstleister. Sie sind motiviert und ehrgeizig genug, jedes Klischee zu erfüllen. Sie laufen die vorgeschriebenen Erfahrungen ab, sie produzieren eine eindimensionale Kultur, die nur eins bringt: Stillstand. Tod.« – Wie kann man seine Kinder vor dem geistigen Müll bewahren? Ich hatte geglaubt, das eigene Vorbild würde genügen, mit 13, 14 Jahren wären sie dann selbstbewusst genug, um zu sich selbst zu stehen. Was für ein Irrtum. Jetzt weiß ich, was für ein gigantischer Umbruch die Pubertät doch ist. Aus fröhlichen, selbstbewussten Kindern werden schlecht gelaunte Jugendliche, die an sich selbst zweifeln und alles blöd finden. Beim Blick in den Spiegel hat der Sohn einer Freundin immer gesagt: Ich sehe wieder voll scheiße aus heute. Sie sind mit sich selbst und anderen gnadenlos. Zum Beispiel mit ihren Müttern. (Eine andere Freundin wurde einmal in der Früh von ihrem Sohn mit folgenden Worten begrüßt: Was ist denn mit dir passiert heute Nacht, Mama?) Gnadenlos, auch zu ihren Freunden. Gut auszusehen ist heute viel wichtiger, als es zu unserer Zeit war. Die angesagten Leute wissen genau, »was geht« und »was gar nicht geht«. Gar nicht gehen zum Beispiel Haare an den weiblichen Beinen, weswegen eine Klassenkameradin von Marie monatelang gehänselt wurde. Übergewicht geht überhaupt gar nicht.

Das Gewichtsthema ist heikel in der Pubertät, da hatte Marion absolut recht. Mit Sicherheit wäre ich viel behutsamer gewesen, wenn ich damals schon gewusst hätte, welche Ausmaße das Dünnsein bei uns annehmen würde. Natürlich habe ich den Mädchen bei jedem Jammeranfall ob ihres Aussehens den Spiegel vorgehalten und gesagt: »Ihr seht beide absolut klasse aus! Ihr könnt euch jeden Tag beim lieben Gott bedanken, dass ihr so hübsch und gesund seid!« Allerdings habe ich schon auch an mich selbst denken müssen und meine eigenen Rundungen mit 15 Jahren: Glücklich war ich damals damit auch nicht, zumal es echte Rundungen waren, nicht nur Ansätze wie bei unseren Mädchen. Aber das Runde war Teil der weiblichen Entwicklung – und wurde von nahestehenden jungen Männern eher bestätigt als bemängelt. Das scheint heute tatsächlich anders zu sein. Rundungen sind grundsätzlich schlecht, ja es gibt nicht einmal ein akzeptiertes Wort dafür, so tabu ist jegliche Kurve.

Im Frühjahr hatten also schon beide Mädchen ihre Tage nicht mehr. Das heißt, die Menstruation setzte schon aus, als Marie noch etwa 50 Kilo wog. Das ist bei einer Größe von 1,61 m eigentlich okay. Nun zählt aber das Ausbleiben der Menstruation in der ärztlichen Diagnostik zu den stichfesten Anhaltspunkten in Sachen Magersucht. Das Phänomen heißt Amenorrhö – und schließt eine ganze Heerschar gesundheitlicher Folgen ein, vorneweg den Mangel an weiblichen Hormonen, am Ende Knochenschäden im späteren Alter, Verwachsungen, Unfruchtbarkeit. Rasche Gewichtsabnahme plus Amenorrhö – mir war schon klar, dass bei Marie Gefahr im Verzug war. Dennoch hielt ich mich mit Vorträgen über die gesundheitlichen Konsequenzen zurück. Aber in meinem Kopf ratterten die Argumente gegen das Hungern: Die Organe wachsen noch in dem Alter, die Gebärmutter bildet sich aus, ganz zu schweigen vom Gehirn, dessen Umbauprozess während der Pubertät gewaltig ist ... Ich wünschte mir jemanden, der den Kindern diese Zusammenhänge deutlich machte. Wir brauchten jetzt dringend Dritte, das war mir klar. Denn von Außenstehenden wird Kritik und Rat ja viel leichter angenommen als von den eigenen Alten. Aber auch das nur, wenn das Kind innerlich dazu bereit ist. Ach, all die Ratschläge, die man so gerne erteilt, all das Wissen, das man weitergeben möchte an die Kinder – es verpufft, wenn es niemand hören will.

Erste Anzeichen und Alarmsignale ist dieses Kapitel überschrieben. Einige klassische Anzeichen wurden auch schon genannt: Die Diät als klassischer Einstieg in die Essstörung. Der rapide Gewichtsverlust. Die Amenorrhö. Das Unglücklichsein. Eine Lebenskrise der Tochter, über deren Ausmaß sich die Eltern nicht bewusst waren. Schlimm die Vermutung: Wer die Magersucht in sein Leben lässt, glaubt keinen anderen Ausweg zu haben. Niemanden, mit dem sich das tief empfundene Leid teilen ließe. Hatte Marie zu der Zeit wirklich niemanden, dem sie sich hätte anvertrauen können? Anna und Marie besuchten zwei verschiedene Klassen desselben Gymnasiums und hatten daher auch unterschiedliche Freundinnen. Die für junge Mädchen entscheidende »beste Freundin« war aber bislang noch nicht aufgetaucht. Vor allem Anna äußerte manchmal, dass sie eine wirklich gute Freundin vermissen würde. Ich pflegte dann auf die Schwester zu verweisen. »Das ist doch etwas ganz anderes, Mama«, meinte Anna dann. Und hatte recht.

Als Kinder hatten sich Anna und Marie ihre Freundinnen immer geteilt. Die jeweiligen Mädchen waren dazu grundsätzlich imstande, es handelte sich beide Male um starke kleine Persönlichkeiten. Die erste Freundin war dann leider weggezogen, die zweite zog sich zurück, als sie aufs Gymnasium wechselte und sich der Altersunterschied zwischen den dreien bemerkbar machte. Das war nicht leicht für unsere Mädchen, weil sich plötzlich eine Lücke auftat. Eine weitere Freundin aus Kindertagen wurde erst später, mit der Magersucht, die sie bewundernswürdig begleitete, wiederentdeckt. Tja, der richtige Mensch zur richtigen Zeit – bei Anna und Marie hat er sich nicht eingestellt. Dennoch kann man die Magersucht, die sich später in ihr Leben schlich, nicht als Freundinnenersatz bezeichnen. Erst einmal ist die Magersucht natürlich nie eine Freundin, sondern immer nur eine Feindin, sie gibt nur vor, dir gutzutun, schädigt dich aber immens. Das Bild von der Magersucht als Vertrauter, so wie es manchmal in der Literatur beschrieben wird, finde ich nicht glücklich, besser passen würde das Bild der Trophäe oder des Siegerpokals. Beide sind kalt. Die Magersucht spiegelt in diesem Bild den persönlichen Triumph einer gekränkten Seele.

Manche Anzeichen für die Essstörung sind messbar, andere nur spürbar. Das Leiden an sich selbst, die Unzufriedenheit mit dem eigenen Körper, das Gefühl, von niemandem wirklich verstanden zu werden: Das sind typische Merkmale der Pubertät, nicht nur der Magersucht. Dieser Empfindlichkeit und, ja auch, Verletzlichkeit von jungen Mädchen steht eine Gesellschaft gegenüber, die Menschen überwiegend nach äußeren Kriterien beurteilt: Du bist, was du hast und wie du ausschaust. Auch das ist kalt. »Das Gemüt ist ausschlaggebend«, hat Hanns Dieter Hüsch gesagt, der Kabarettist vom Niederrhein, dessen Menschlichkeit ich bis heute verehre. Seine Gemütswahrheit gilt für die Schönen wie für die Hässlichen – und für die überwiegende Mehrheit, die beides ist: schön und hässlich. Je nachdem, wie du dich fühlst und wer dich anschaut. Doch wer fühlt sich heute noch für die Ausbildung des Herzens zuständig?

»Eine Frau kann nicht dünn genug sein.« Dieser unendlich dumme Satz ist in der Anfangszeit der Magersucht bei uns gefallen. Von wem stammte er bloß? Ich weiß es nicht mehr, und es ist eigentlich auch egal. Weil er von jedem stammen könnte: von irgendeinem ignoranten Designer oder einer Hollywood-Diva, von einem Freund oder einer Freundin Maries oder Annas, von Marie oder Anna selbst. Der Satz ist Gesetz, normal der weibliche Wunsch, möglichst dünn zu sein – die mütterliche Sorge hingegen ist gestört. »Ich habe doch ein Knäckebrot gegessen heute Abend«, beschied mich Marie einmal, als ich das mangelhafte Abendessen monierte. »Ich weiß gar nicht, was du immer hast, Mama!« Klar, die Mutter spinnt, und das Kind is(s)t in Ordnung.

Übrigens sind es nicht nur die Mädchen unter sich, die am Wettkampf ums Schönsein teilnehmen. Es sind auch die Jungs. Ihnen entgeht nichts, vor allem kein Gramm Fett zu viel. Natürlich meinen sie es nicht so (und würden in Wirklichkeit jedes zusätzliche Gramm Weiblichkeit in ihrem Leben begrüßen, nehme ich an). Magersucht unter Jungen ist selten. Es gibt aber eine Theorie, die exzessives Muskeltraining bei Jungen im Sinne der Magersucht deutet. Der Äußerlichkeitswahn macht vor niemandem halt.

Es geht gegen Windmühlenflügel – jedenfalls haben mein Mann und ich uns manchmal wie Don Quijote gefühlt – im Kampf gegen einen übermächtigen und wahnsinnig gewordenen Gegner, der überall: auf dem Schulhof, in den Zeitschriften, in der Werbung, in der Mode, in Filmen nur dünne Mädchen haben will. Die Mädchen widersetzen sich den verrückten Anforderungen nicht, im Gegenteil: Sie spielen mit. Einmal habe ich in meiner Verzweiflung Herrn Ganser angerufen und ihm erzählt, dass ich am liebsten alles fahren lassen würde: Lass sie doch hungern, wenn sie unbedingt hungern will! Lass sie zum Strich werden! Er erinnerte mich aber gleich an meine Elternpflicht, Marie war schließlich erst 14 und ich noch für sie verantwortlich. So einfach sei es leider nicht mit dem Loslassen. Zumindest nicht, solange sie noch nicht volljährig sei. Das Thema Loslassen wurde dann für mich zu einem Hauptthema in der Auseinandersetzung mit meinen Töchtern und der Magersucht – später mehr dazu, jetzt nur dieses: Das Loslassen ist die größte Herausforderung für eine Mutter, die sich um ihr Kind sorgt.

Wir hofften immer noch, dass Marie sich fangen würde. Einfach wieder anfangen würde, normal zu essen. Den Bedürfnissen des Körpers nachgeben. Das konnte doch so schwer nicht sein! Doch an ihrem Essverhalten änderte sich leider nichts. Sie hatte ihr »Traumgewicht« erreicht – und schraubte sich immer tiefer in ihren Diätwahn hinein. Zum Wiegen ging sie – wegen der unzuverlässigen Waage beim Arzt – in die benachbarte Apotheke. Ihre Schwester Anna, die auch immer dünner wurde, begleitete sie dorthin. Wenn Marie so weitermachte, könnte sie den Mühlbach und alles Sommervergnügen vergessen, drohte ich. Weil sie nämlich ausschauen würde wie ein Gespenst! Das sagte ich und wusste schon: Es ist ihr inzwischen egal, wie schön oder blöd der Sommer wird. Sie hat ihn eh schon abgeschrieben und sich in ihr trauriges Schicksal gefügt. Der Streit mit ihrer Schwester eskalierte. Anna war jetzt richtig sauer auf Marie, weil sie so wenig aß. Denn dann konnte sie ja auch nicht so viel essen wie gewohnt. Aus Diätsolidarität. Und weil sie natürlich nicht viel dicker sein wollte als ihre Schwester. Mein Mann fand das alles vollkommen schwachsinnig. Ich konnte Anna verstehen. Als junge Frau bin ich einmal mit einer Studienkollegin verreist, die, ohne es mir mitzuteilen, beschlossen hatte, im Urlaub fünf Kilo abzunehmen. Die Frau aß so gut wie nichts. Mir verging auch der Appetit, und der Reise fehlte etwas.

Ist das eigentlich normal, dass man lieber mit Leuten zusammensitzt und isst, die ordentlich zulangen? Oder ist das auch schon essgestört? Das habe ich mich in dieser Zeit häufig gefragt. Ich gebe zu, es gefällt mir, einen Mann zu haben, der mehr isst als ich. Umgekehrt würde ich wahrscheinlich ein schlechtes Gewissen haben. Das ist natürlich schon gestört. Denn man soll ja auf sich gucken und für sich selbst gut sorgen, egal was die anderen treiben. Aber: Essen ist immer auch ein soziales Vergnügen. Wenn man eingeladen ist, pickt man nicht auf dem Teller herum, sondern greift zu. Das verlangen gute Erziehung und, ja auch, Lebensart. Woraus folgt: Natürlich macht es viel mehr Spaß, mit Menschen am Tisch zu sitzen, die Appetit haben, als mit Kostverächtern. Die Diätwütigen sind eine Plage, wenn man's recht bedenkt.

Zu Beginn der Erkrankung gibt die Magersucht den Mädchen viel. Sie sind stolz, so schlank zu sein, und werden von ihren Freundinnen für diese außerordentliche Leistung bewundert. Auch Marie sah, glaube ich, am Anfang nur Vorteile im Diätleben. Sie würde dünner – und somit schöner – sein als die anderen (und ihre Schwester). Ihr Sommer würde perfekt werden. Die Jungs würden Schlange stehen. Und der größte Vorteil überhaupt: Die Sache mit dem Dünnsein wäre allein ihr Ding. Ihr größter Solitärerfolg sozusagen. Doch der Krankheitsgewinn, wie die Fachleute sagen, war bei uns nur von kurzer Dauer. Denn dann kam alles anders. In kürzester Zeit hatte Marie immer weniger von ihrem Leben. Sie stritt sich mit ihrer Mutter und ihrer Schwester. Ihr ging es psychisch immer schlechter. Das Joggen wurde zur Qual. Im Sportunterricht gab es erstmals in ihrem Leben schlechte Noten. Das Verhältnis zu den Freunden kühlte ab. Bei unseren Mädchen – denn Anna folgte ihrer Schwester wenig später nach in die Essstörung – konnte man beobachten, wie schnell sich die Abwärtsspirale beim Abnehmen dreht. Zunächst noch ein Kraftakt (»Ich will weniger essen!«), verkehrt die Magersucht jede Schlankheitsdiät in ein lebensgefährliches Roulette. Beim Fasten verliert sich der Appetit bekanntlich schon nach wenigen Tagen. Jedenfalls kam Marie sehr rasch mit sehr wenig Nahrung aus. Man liest ja immer davon, dass die Natur dem Dünnsein – im Unterschied zum Dicksein – einen Riegel vorgeschoben habe, das heißt: Es ist viel leichter, dick als dünn zu werden. (Weil die Evolution natürlich nichts mit Hunger anfangen konnte.) Hat man eine gewisse Schwelle unterschritten, scheint dieses Gesetz außer Kraft zu treten. Andererseits sind Marie und Anna beide immer schon sehr willensstark gewesen.

In dieser Zeit hatte ich einen Alptraum: Zwei Mädchen sitzen im Führerhaus eines Lkws, der Feuer gefangen hat. Ich selbst bin nur Zuschauer in einer seltsam abgehobenen Position, wie Zeus schaue ich von oben herab dem Geschehen zu. Im Unterschied zu ihm kann ich aber nichts tun. Die beiden können sich nicht befreien, ich schreie in die Menge, die um den Laster herumsteht, und flehe die Leute um Hilfe an. Doch keiner hat den Mut, sich dem Wagen zu nähern. Er könnte explodieren. Ganz zum Schluss löst sich ein Mann aus der Menge und rüttelt an einer Wagentür, ein anderer stürzt ihm zu Hilfe. Gibt es eine Rettung? Ich erwache schweißgebadet.

Es ist fürchterlich für eine Mutter, zusehen zu müssen, wie das eigene Kind immer weniger wird. Immer schlechter ausschaut und sich immer schlechter fühlt. Diese absolute Hilflosigkeit, die Tatsache, nichts tun zu können, war für mich die bislang schlimmste Erfahrung meines Lebens. Warum isst sie nicht einfach? Was habe ich falsch gemacht, dass sie mir das antut? Solche Fragen, natürlich die falschen Fragen, habe ich mir gestellt. Nächtelang habe ich mich sinnlosen Grübeleien ausgeliefert. Was ist bei uns verkehrt gelaufen? Was haben wir getan, dass es dazu kommen musste? – In einer Nacht, mein Mann war außer Haus, bin ich derart außer mir gewesen, dass ich Marie geweckt habe, um sie (quasi auf Knien) anzuflehen, endlich aufzuhören mit dem Hungern. »Wofür bestrafst du uns«, schluchzte ich melodramatisch. »Du schadest doch nur dir selbst, du hast doch gar nichts davon, wenn du dich an uns rächst – für was auch immer.« Diese Aktion hätte ich mir sparen können, sollen, müssen. Nein, eine souveräne Mutter war ich nicht in dieser Zeit. Übrigens gingen diese Fragen an Marie komplett vorbei, denn ihre Erkrankung hatte gar nicht so viel mit mir oder uns Eltern zu tun. Jedenfalls nicht, was den emotionalen Background betraf. Manchmal dachte ich, die Magersucht verläuft wie eine schwere Virusgrippe, sie fängt langsam an, wird dann schlimm und akut und bessert sich nach Rückfällen langsam wieder. Es ist egal, was die Mutter tut oder sagt: Die Krankheit nimmt sich einfach ihre Zeit.

»Ich kann nicht anders, Mama.« Sagte Marie am Morgen danach. Nach der Nacht meines Alptraums. Da wurde mir klar, wie sehr sie unter der Essstörung litt. Ihre Nahrungsverweigerung war nicht mutwillig, wie ich manchmal in meinem Zorn auf ihr »verrücktes« Verhalten unterstellte. Sie war Opfer – und doch zugleich ihr eigener Täter. Was für eine perfide Geschichte!

Nach dem ersten Anlauf bei der Caritas hatte ich parallel Kontakt zu einer weiteren Beratungsstelle aufgenommen. Dort würde man, erzählte mir eine Freundin, den Jugendlichen ordentlich die Leviten lesen. Ihnen erzählen, welchen gesundheitlichen Risiken sie sich aussetzten, wenn sie ihr Hungerkonzept weiterverfolgten. Von ärztlicher kompetenter Seite ausgesprochen, fand ich diese Schocktherapie nicht verkehrt. Meine Erwartungen waren also relativ hoch. Leider war dann unser zweiter Vorstoß in Richtung Aufklärung ein ziemlicher Reinfall.

Ich hatte vorab nicht mit der Ärztin in der Beratungsstelle für Essstörungen gesprochen, auch nicht mit Marie zusammen, sondern einfach darauf vertraut, dass sie die Lage erkennen und entsprechend agieren würde. Das war wahrscheinlich ein Fehler, jedenfalls habe ich mir das im Nachhinein vorgeworfen. Denn schließlich lief die Sache so, dass die Ärztin im Gespräch mit Marie meinte, es gebe (noch!) kein Problem und wenn es zu einem würde, so solle sie doch einfach wieder vorbeischauen. Wieder vorbeischauen! In einer Situation, in der bei uns daheim schon das Wasser kochte, die Schwestern sich nur noch stritten, die Mutter verzweifelt war und der Vater fassungslos ob des Unglücks, das sein Haus so plötzlich heimgesucht hatte. Dass die Ärztin die Sache so entspannt gesehen hatte, war natürlich Wasser auf Maries Mühlen. Marie war sich wieder sicher: Seht ihr, ich habe gar kein Problem, das Problem seid nur ihr mit euren bescheuerten Sorgen, vor allem die Mama spinnt ja total. Andere Mütter sagten gar nichts dazu, wie viel oder wenig ihre Töchter essen. Die hielten sich da raus, weil sie wüssten, dass sie das nichts anginge. – Nach Maries Gesprächszusammenfassung bin ich noch einmal hinaufgegangen in die Beratungsstelle und habe offen geäußert, wie enttäuscht ich persönlich wäre. Warum hatte man das Kind nicht auf die Gefahren der Magersucht hingewiesen? Das wäre doch die Aufgabe eines Arztes gewesen. Marie hätte schließlich in kurzer Zeit über acht Kilo abgenommen. So schlimm sei die Lage ja noch nicht bei meiner Tochter, hieß es, sie selbst wolle ja nicht noch mehr abnehmen. Und wenn es schlimmer komme, könne sie jederzeit wiederkommen. Es kam schlimmer, und ich wusste es.

Die Szenerie in der Beratungsstelle werde ich allerdings nie vergessen. Zufällig wurde dort gerade ein Fernsehfilm zum Thema Essstörungen gedreht, und es sprang ein Haufen aufgeregter Jugendlicher herum. Junge Leute, die in den Ess-WGs wohnten, nahm ich an. Eigentlich ganz normal aussehende Jugendliche, mir ist kein Hungerhaken aufgefallen, allerdings ist mir aufgefallen, worüber sie redeten: nur übers Essen. In dieser halben Stunde, in der ich auf Marie wartete, habe ich erfahren, was sie gestern, vorgestern und heute gegessen haben, was sie für morgen planten, welche Rezepte sie toll fänden und was sie dringend einmal ausprobieren wollten. Ich weiß noch, wie ich dachte: Lieber Gott, lass diesen Kelch an uns vorübergehen! Das ist ja schrecklich, diese ständige Beschäftigung mit dem Essen. Und dann wohnen die auch noch alle zusammen, und das potenziert sich. Dass ich zu Hause eine ähnliche Szenerie hatte, war mir in dem Moment gar nicht bewusst. Später habe ich dann gelesen, dass die übermäßige Beschäftigung mit Lebensmitteln und dem Kochen ein typisches Anzeichen für die Essstörung ist. Die Tochter einer Freundin zum Beispiel backt vorzügliche Kuchen, die sie dann selbst nicht anrührt. Ich selbst erinnere mich, dass ich mit zwölf Jahren eine Phase hatte, wo ich es liebte, meine Schwester mit Essen zu bedienen, und »nebenbei« darauf achtete, dass sie mindestens so viel aß wie ich selbst. Die ersten Anzeichen der Störung sind tatsächlich weit verbreitet.

In den Osterferien sind mein Freund Werner und ich mit den Kindern in meine alte Heimatstadt gefahren. Konfirmationskleider kaufen, mit dem Patenonkel, besagtem Werner, im Café sitzen, wie schon so oft. Ein winziges kleines Petit Four würden Anna und Marie doch bestimmt essen, nicht wahr? Ich weiß noch genau, wie enttäuscht wir waren, als jeglicher Kuchenverzehr abgelehnt wurde. »Zwei Glas Wasser, bitte!« Der Patenonkel verstand an diesem Nachmittag, dass die Lage ernst war. Auf der Fahrt hatte er den geschlossenen Raum des Autos nutzen wollen, um mit den Mädchen ins Gespräch zu kommen. Ganz ernst hatte er zu ihnen gesprochen, ob sie sich darüber im Klaren wären, was sie sich selbst antun würden mit dieser Hungerei. »Ihr wart so schöne Mädchen! Außergewöhnlich. Ihr könnt mir nicht erzählen, dass ihr jetzt besser ausseht!« Schweigen. »Eure Eltern gehen vor Sorge vor die Hunde, daran solltet ihr auch mal denken! Ihr habt doch alle Möglichkeiten, eure Eltern unterstützen euch, ihr könnt alles machen im Leben. Warum tut ihr euch das an?« Natürlich fanden Anna und Marie die Ansprache vollkommen abartig und den Onkel gleich dazu.

Gerade in der ersten Zeit der Erkrankung sind die Gefühlsschwankungen enorm – auch aufseiten der Mutter. Ich war ziemlich erledigt nach dem Gespräch in der Beratungsstelle. Wieder eine Hoffnung vergebens verfolgt. Ich war traurig in Köln. Traurig beim Kauf der Kleider für meine geliebten Töchter. Traurig darüber, dass Werners kleine Ansprache nichts ausrichten konnte. Traurig und fassungslos.

Marie ist krank. Wir können ihr nicht helfen. Diese Einsicht hat mich mehrere Nächte gekostet. Bis dahin habe ich immer noch gehofft, dass wir selbst eine Lösung finden oder sich das

Problem in Luft auflösen würde – nach dem Motto: So schlimm ist unsere Familie auch wieder nicht, dass man hier dauerhaft hungern muss! Gleich am nächsten Morgen habe ich einen Termin zum Vorgespräch in der Klinik ausgemacht. Moment einmal, werden Sie vielleicht denken, gerade eben habt ihr doch noch über eine ambulante Therapie nachgedacht, vielleicht auch einen vertrauenswürdigen Menschen gefunden, der das machen könnte. Tatsächlich, das hatten wir. Bloß würde die Therapie bei der Caritas nur vierzehntäglich stattfinden können. In dieser Frist waren wieder zwei Kilo weg. Letztlich läuft dir mit einem magersüchtigen Kind die Zeit davon. Das vereinbarte Klinikgewicht war erreicht. Basta. Die Klinik war jetzt unser vorerst letzter Strohhalm.

»Ich kann nicht anders, Mama.«

Vom Erkennen
der Krankheit

Ich kann nicht anders, Mama«, hatte Marie zu mir gesagt. Das war am Morgen nach meinem Alptraum, wo ich hilflos hatte zusehen müssen, wie zwei Mädchen (natürlich meine) in einem brennenden Lkw festsaßen. »Ich kann nicht anders«, dieser Satz hat mich damals berührt – und er berührt mich bis heute. Weil in ihm die Erkenntnis steckt: Ich bin gefangen, ich muss so handeln, wie ich handle, obwohl ich es nicht will. Die Krankheit hatte noch nicht lang Besitz ergriffen von Marie, und sie wusste bereits, dass sie in ihr steckte. Ein Brocken löste sich vom Felsklotz in meinem Herzen. Denn Erkenntnis ist doch immer der erste Schritt zur Veränderung, nicht wahr? »Ich weiß, Marie. Ich weiß es schon«, viel mehr habe ich nicht gesagt und gehofft, dass man auf die Einsicht Maries würde bauen können, wenn es um weitere Schritte ging. Zum Beispiel um ihre Einweisung in die Klinik.

Auf den Vorstellungstermin dort haben wir übrigens nicht lange warten müssen. Wir wollten zu viert in die Klinik fahren, Marie, Anna, Paul und ich. Anna empörte sich zunächst, warum sie denn dahin müsse. Sie habe schließlich nichts zu tun mit diesem ganzen Mist. »Marie hat angefangen, ich wäre nie so dünn geworden ohne Marie.« Ich habe ihr erklärt, dass, wenn ein Familienmitglied an Magersucht erkrankt, alle anderen auch betroffen seien. Wir alle seien jetzt gefordert! Was ich nicht sagte: Sie selbst war ja das beste Beispiel dafür, dass die Magersucht auch eine Familiensache war. Anna war, was ihr Essverhalten betraf, nicht frei von Marie, sondern im Gegenteil so verbunden mit ihrer Zwillingsschwester, dass sie ihr in die Krankheit folgen könnte. Sie verhielt sich wie eine koabhängige Ehefrau, die den geliebten Mann (und Alkoholiker) nicht loslassen kann. Ich hatte diese Sorge um Anna schon Herrn Ganser gegenüber erwähnt, als ich ihm von der möglichen Einweisung Maries berichtete. Wer würde sich um Anna kümmern, wenn Marie tatsächlich stationär behandelt werden müsste? In der Klinik würden sie auch auf die Zwillingsschwester eingehen, beruhigte er mich. Ich müsste jetzt nicht auch noch aktiv werden für Anna. »Überlassen Sie das mal den Profis, Frau Wendt!«

Dann fuhren wir hin zu den Profis. Ohne Jakob. Was bemängelt wurde, aber dazu später mehr. Im Tagebuch notierte ich vor unserer Abfahrt: »Gleich geht's ab in die Klinik. Ich komme mir sehr abgeklärt vor. Doch tief in mir ist die Wunde offen – ist ja auch kein Wunder. Wie lange ist das her, dass wir ein kerngesundes Mädchen hatten, das uns keine großen Sorgen machte? Zehn Wochen? Zwölf? Meine Seele hält nicht Schritt mit der Entwicklung. Und vielleicht hat die Seele ja auch recht, und die ganze Sache ist nur ein Spuk. Vielleicht sogar ein hausgemachter Spuk. Manchmal denke ich, ich hätte länger schweigen sollen. Beobachten und still sein. Gestern habe ich bei Amazon in einer Leserkritik gelesen, dass es für gefährdete

Mädchen ganz verkehrt sei, Geschichten von gestörtem Essverhalten zu lesen. Für sie entwickelten diese Geschichten einen Sog, dem sie sich nicht entziehen könnten. Was aufklärerisch gemeint sei, würde als Anregung zum besseren Fasten verstanden. Selbst wenn die Geschichte tödlich endet, wie das ja in manchem gut gemeinten Jugendbuch zum Thema der Fall ist. Dieser Hang zur Selbstzerstörung – das alles ist Pubertät.«
Folgendes schrieb ich in mein Tagebuch:

Es ist ein lichtdurchfluteter Raum über den Dächern der Stadt, in dem wir Platz nehmen. Die Ärztin – sie leitet die Station für essgestörte Kinder und Jugendliche – erscheint mit Notizblock und wirkt konzentriert und sympathisch. Wir sitzen im Kreis. Zunächst befragt sie nur Marie. Über ihre Essgewohnheiten. Was sie morgens isst, was mittags, was nachmittags, was abends, was als Spätmahlzeit, was als Zwischenmahlzeit. Da fallen tatsächlich die Begriffe Spätmahlzeit und Zwischenmahlzeit! Es ist immer ein bisschen befremdlich in der Welt der Essgestörten, auch unter denen, die sich professionell damit befassen. (Aber wer wollte ihnen das vorwerfen? Schließlich geht es bei ihnen auch ständig ums Essen, selbst wenn das Essen nur ein Stellvertreter ist für tiefer liegende Probleme.) Also, mit Spät- oder Zwischenmahlzeiten ist bei Marie nicht zu punkten. Wie viel und wie schnell sie denn abgenommen habe? Ob eine Diät am Anfang ihres Abnehmens gestanden hätte? Hat Marie ihre Menstruation? Warum wollte sie abnehmen? Ich wollte einfach dünner sein, sagt Marie unter Tränen. Dann fragt die Ärztin Anna, wie es ihr ergehe mit der Situation. Anna bricht augenblicklich in Tränen aus. Der Druck, der auf ihr lastet, ist offensichtlich.

Mich hat es fast zerrissen, meine beiden Mädchen in so desolater Verfassung zu sehen. Die armen Mäuse! Ich wollte sie umarmen, aber auch diese selbstverständliche Geste wirkte deplaziert – und das nicht nur, weil wir uns im Sprechzimmer einer Klinik befanden. Als wir uns wieder gefangen hatten, kamen die Erwachsenen an die Reihe. Die Ärztin fragte nach psychischen Auffälligkeiten oder auch Krankheiten innerhalb unserer Ursprungsfamilien. Ich konnte zu dem Zeitpunkt mit wenig dienen. Sicher, es gab Depressionen, aber weiter weg, bei Cousins der Eltern und entfernten Onkeln. Dafür gab es erhebliche Kriegsschäden: Alle drei Brüder meines Vaters und der einzige Bruder meiner Mutter hatten ihr Leben im Krieg gelassen; mein Vater, die Tante und die Großeltern verloren ihre Heimat. Aber das war ja alles verdammt lang her. Explizit nach Fällen von Magersucht in meiner Familie wurde ich nicht gefragt, wenn ich mich recht entsinne. Bei meinem Mann lag das Drama näher. Sein geliebter Bruder hat sich als Student umgebracht. Eine alptraumhafte Geschichte, weil er zunächst zwei Jahre verschollen war, bevor man seine Überreste in einem Waldstück fand. »Konnte man ihn denn überhaupt noch identifizieren?«, fragte die Ärztin. Paul war damals hingefahren, um diese Aufgabe zu übernehmen. Er erkannte den Bruder, obwohl kaum etwas zu erkennen war. »Dann waren Ihre Eltern schon tot oder sonst wie ernsthaft verhindert?«, kam die Nachfrage. »Nein, gar nicht, aber es war klar, dass sie nicht fahren können, ich habe das übernommen, war ja auch nicht so weit.« Mein Mann erzählte ganz sachlich von einem Ereignis, das doch eigentlich eine Überforderung für ihn gewesen war. Natürlich wäre es die Aufgabe der Eltern gewesen hinzufahren! Man schickt doch nicht den jüngsten Sohn! Keiner sagte mehr etwas, aber die Ärztin hatte Tränen in den Augen, und mir wurde klar, was mein Mann hatte tragen müssen.

»Ich bin noch ganz benommen vom vielen Psycho«, schrieb ich am Abend desselben Tages ins Tagebuch.

Wir haben da innerhalb einer Stunde unsere gesamte Familiengeschichte inklusive großelterlicher Probleme auf den Tisch gelegt. Eine echte Familienanamnese. Aber es war richtig und gut so, glaube ich, und es hat Marie auch gefallen.

Nach dem Aufnahmegespräch durfte Marie zu den anderen Mädchen gehen und allein mit ihnen sprechen. Die Jugendlichen wohnen dort zu siebt bis neunt in zwei geräumigen Zimmern, und die Stimmung war ziemlich wie bei Hanni und Nanni. Jungen gibt es manchmal auch, klärte uns die Ärztin auf, sie bekämen aber ein eigenes Zimmer. Wir standen noch etwas im Gang herum, und ich nutzte die Gelegenheit, die Ärztin zu fragen, wie sie bei Magersucht die Aussichten auf Heilung sehen würde. Von Heilung könne keine Rede sein, meinte sie etwas brüsk. »Die Sucht begleitet die jungen Frauen ein Leben lang, aber hier lernen sie, mit ihr umzugehen.« Das sei allerdings harte Arbeit. Peng! Hier, das begriff ich gleich, wurden die Sorgen der Eltern in ihre Schranken gewiesen. An der Möglichkeit von Heilung hielt ich aber dennoch fest – und tue das bis heute.
Aber die Unterbringung? Ich hatte meine Zweifel daran, dass unsere verwöhnte Marie, die am liebsten allein in ihrem Zimmer nächtigte, sich auf diese Jugendherberge einlassen würde. Nur ein Klo für vier bis fünf Mädchen. Ich rechnete damit, dass sie zu Hause verkünden würde: »Nie und nimmer gehe ich in diese Absteige! Das könnt ihr total vergessen.«

Als wir nach Hause fuhren, wurde mir der Ernst der Lage so richtig bewusst. »Die Sucht begleitet sie ihr Leben lang«, hatte die Ärztin gesagt. Was für eine Aussicht! Sollte Marie innerlich nie wieder wirklich frei sein? Die Gefahr immer latent, beim ersten Liebeskummer zum Beispiel oder bei einer nicht bestandenen Prüfung? Das Leben läuft ja nicht immer glatt! Insgeheim hatte ich gehofft, dass es vielleicht doch gar keine Magersucht wäre, was Marie hätte, sondern nur eine vorübergehende Erscheinung. »Dünnsein auf Probe kommt in der Pubertät häufiger vor, als Sie denken, Frau Wendt. Vergeht dann wieder von allein. Machen Sie sich keine Sorgen, das wächst sich aus!« Eine solche Auskunft hätten wir beide, mein Mann und ich, nicht ungern gehört. Vor allem Paul glaubte manchmal, dass ich übertrieb. »Du regst dich aber auch zu sehr auf!«, war sein geflügeltes Wort in dieser Zeit. Seine wunderbaren Töchter nur noch Schatten ihrer selbst, und das aus eigenem Antrieb: Das leuchtet keinem vernünftigen Mann ein. Er konnte und wollte es einfach nicht fassen.

Beim anschließenden Mittagessen – die Zwillinge teilten sich eine Pizza – war die Stimmung aufgehellt. Okay, die Diagnose Magersucht war gestellt. Daran hatte die Ärztin keinen Zweifel gelassen. Aber es gab eine Perspektive für Marie. Ihr hatte es auf der Station gut gefallen. Alle Mädchen waren ausgesprochen nett und auskunftsbereit gewesen. »Wird euch hier wirklich geholfen?«, hatte sie die anderen gefragt. Das hätten alle bejaht, und nun würde sie überlegen, tatsächlich dorthin zu gehen. Mein Mann und ich drückten unter dem Tisch die Daumen: Lass sie sich anmelden, lieber Gott! In der Klinik verlangten sie nämlich, dass die Jugendlichen sich selbst »einschreiben«. Das leuchtete ein, ohne die Kooperationsbereitschaft der Patienten würde es ja keinen Ausweg aus der Essstörung geben. Um 19 Uhr rief Marie in der Klinik an und sprach ihre Anmeldung aufs Band. Ich war so erleichtert und wahnsinnig stolz auf meine tapfere Tochter. Paul auch.

Apropos anrufen. Ich habe noch nicht erwähnt, dass Marie ungern irgendwo anrief. (Angerufen werden und mit Freundinnen telefonieren stand freilich auf einem anderen Blatt!) »Früher« hatte sie ihre Not, irgendwo anzurufen und zum Beispiel einen Arzttermin abzusagen oder auch auszumachen, und überließ das gerne ihrer Schwester oder mir. Jetzt musste sie grundsätzlich selbst den Hörer in die Hand nehmen – und (wie so oft, wenn man sich erzieherisch einer Sache wirklich sicher ist): Es funktionierte wunderbar! Letztlich ist die Rolle der »Kleinen«, selbst wenn sie nur elf Minuten jünger ist als die Schwester, nicht leicht. Die ältere Schwester übernimmt lästige Aufgaben, die jüngere hat es bequem – und revoltiert doch irgendwann gegen die Bevormundung, die ja ursprünglich nicht als solche gedacht war. Geschwister tarieren ihre Rollen ständig neu aus. Was gestern noch bequem war, kann heute schon eine Fessel ein. Eltern müssen ganz schön auf Draht sein und sich bewusst machen, dass die Geschwisterrollen nicht selbstverständlich sind, sondern in ständigem Fluss. Für Marie, das kann man, glaube ich, schon sagen, war die Magersucht auch ein Akt der Befreiung. Leider ein irrsinnig gefährlicher Akt.

Kurz vor dem Vorstellungsgespräch in der Klinik haben wir übrigens noch die Konfirmation der Zwillinge gefeiert. Wenn ich heute die Fotos betrachte, läuft mir ein Schauer über den Rücken. Es war zu kalt für die Jahreszeit, und die Mädchen sehen aus, als würden sie gleich erfrieren. Marie will die Bilder von ihrer Konfirmation überhaupt nicht mehr anschauen. Wir hätten bestimmt keine Fotos gemacht ohne den ja eigentlich fröhlichen Anlass der Konfirmation. Darauf zu sehen: Marie als Gerippe mit traurigen Augen. Eine bedrückt wirkende Anna. Ihre Konfirmandenkleider hatten wir gemeinsam gekauft, Sommerkleider, die nun deutlich Maries hervorstechende Schlüsselbeine zeigten. Jeder konnte damals sehen, dass es ihr nicht gutging. Körperlich nicht und seelisch erst recht nicht. Dennoch hat kein einziger mit ihr befasster Erwachsener irgendwie auf die deutlich geschrumpfte Person reagiert. Der Pfarrer nicht, kein Lehrer. Man merkt vielleicht nicht gleich, wenn ein junger Mensch unglücklich ist, aber wenn er in wenigen Wochen so viel Gewicht verliert, das muss man doch bemerken. Allein Maries Mathematiklehrerin war etwas aufgefallen an dem Kind, sie hatte bereits mit dem Lateinlehrer gesprochen, und beide wollten uns anrufen – ich kam ihnen allerdings zuvor, als ich sie über Maries bevorstehende Einweisung ins Krankenhaus informierte. Zu dieser Zeit sah Marie aus wie ein Gespenst. Heute frage ich mich: Warum wird die Parzivalfrage nicht früher und häufiger gestellt? Warum trauen wir uns nicht, andere Menschen, denen es offensichtlich schlechtgeht, zu fragen: Was fehlt dir? Kann ich etwas für dich tun? – Gestern war in den Nachrichten zu hören, dass Lehrerinnen und Lehrer eine Art Lehrgang zum Thema Essstörungen verordnet wird. Damit sie eine Ahnung bekommen vom Wahnsinn, der unter den Schülerinnen um sich greift. Inzwischen soll jedes dritte Mädchen im Teenageralter an einer Essstörung leiden. Vielleicht hilft ja das Wissen dabei, menschlich mehr zu wagen.

Die Konfirmation war trotz allem ein schönes Fest. Natürlich wussten alle Bescheid, und natürlich waren die Zwillinge dünn, dünner, am dünnsten – aber das tat der Stimmung kaum Abbruch. Am Vorabend gab es ein Kartoffelsalat-und-Leberkäs-Essen in unserer Küche, bei dem sich, glaube ich, alle wohl fühlten. Die Zeremonie am nächsten Tag in der Kirche war gut, der Segen des Pfarrers wohltuend und echt, das gemeinsame Mittagessen in einem Lokal in der Nähe entspannt. Anna und

Marie saßen mit zweien ihrer Freundinnen zusammen, die meisten Erwachsenen an einem benachbarten Tisch. (»Die beiden essen doch! Ich weiß gar nicht, was ihr habt!« – »Ja, aber – ach, egal.«) Dass Menschen trotz größter Sorgen und Nöte zusammen feiern können, und vor allem, dass sie das Leben genießen können, ist doch eine große Begabung. Ein Beispiel: Eine meiner besten und ältesten Freundinnen leidet seit Jahren an einer schweren Autoimmunkrankheit. Die körperlichen Schäden sind erheblich. Und doch habe ich einmal, als ein lange abwesender Freund sich nach ihrem Befinden erkundigte, gesagt: Maria geht es gut. Erst dann fiel mir ein, dass er wahrscheinlich nichts wusste von der Erkrankung, und ich erzählte ihm davon. »Wie kannst du dann sagen, ihr geht es gut?«, fragte er fassungslos. »Weil sie ihr Leben genießt, trotzdem.« Es gibt keinen Automatismus des Unglücks, wenn man krank ist. (Wobei ich das Leiden nicht herunterspielen will. Wir selbst haben ja erfahren, wie Sorge und Leid das Leben überschatten.) Die Konfirmation jedenfalls war ein Lichtblick in einer wolkenverhangenen Phase. Genau das braucht man eben auch, die Gäste, das Lachen, das normale Leben – wenn man nicht verrückt werden will vor Sorge. Ziehen Sie sich nicht zurück von Ihrer Umgebung, wenn Ihr Kind psychisch erkrankt. Bleiben Sie drin im Leben! Das fällt manchmal schwer, zumal angesichts der ganzen Vorurteile, die einem als Eltern begegnen. Aber es lohnt sich. Für einen selbst und für die Kinder.

Die Oma schrieb damals den Mädchen in ihr Konfirmationsalbum:

> *Von guten Mächten*
> *wunderbar geborgen,*
> *erwarten wir getrost,*
> *was kommen mag.*

Gott ist bei uns
am Abend und am Morgen
und ganz gewiss
an jedem neuen Tag.
(DIETRICH BONHOEFFER)

Leider musste Marie dann auf die tatsächliche Einweisung in die Klinik (für unser Gefühl) lange warten. In dieser Zeit ging das Leben normal weiter mit Schule, Chor, Sport … mit Höhen und Tiefen. Es gab gute Momente, wie das Gespräch mit Marie, von dem ich gleich erzählen möchte. Es gab überraschende Momente, wie Maries Klage, wir würden so wenig gemeinsam unternehmen. Paul war ganz gerührt, als Marie äußerte, sie wolle mal wieder mit der Familie wegfahren. Zwei Jahre lang wurde selbst die Idee eines Halbtagesausflugs für abartig befunden und nun: ein neues Bedürfnis! »Selbstverständlich können wir mal wieder eine gemeinsame Reise machen«, meinte Paul. »Wir wussten ja nicht, dass du darauf Lust hast!« Und es gab schlechte Momente, wie zum Beispiel den, als ich beim Frühstück die Fassung verlor, weil Marie ihr halbes Brötchen in kleine Stücke zerlegte.

Marie hatte sich in der Klinik angemeldet. Sie war also grundsätzlich zur Veränderung bereit. Warum fing sie dann nicht direkt damit an? Warum schraubte sie sich im Gegenteil noch weiter in die Essstörung hinein? Diese (ungerechten) Fragen rumorten in meinem Hirn, während ich auf das zerpflückte Brötchen und die bockige Marie starrte. Wenn sie zu Hause gesund werden könnte, hätte sie sich in der Klinik nicht anmelden müssen. So sprach die Vernunft. Es gab aber auch den Gedanken: Wenn sie zu Hause gesund werden würde, könnte sie sich die Klinik sparen. Letztlich habe ich damals die Kraft der

Krankheit unterschätzt. Oder, anders ausgedrückt: Ich war nicht in der Lage, meine Tochter von der Krankheit zu trennen. Ich warf im Gegenteil alles in einen Topf, und das in Situationen, wo eine Differenzierung dringend nötig gewesen wäre.

Ein Beispiel: Marie kommt von der Schule heim. Ihr ist kalt. Sie fühlt sich zum Kotzen und sieht auch schon ganz grün aus. Sie hat zum ersten Mal in ihrem Leben eine schlechte Note im Schulsport kassiert, obwohl sie doch dreimal die Woche joggt. Wie reagiert die verständnisvolle Mutter? Sie sagt (in meinem Fall): »Dann iss halt etwas! Dann geht's dir auch besser!« – Natürlich hätte ich mich in dieser Situation fragen können: Spricht hier die Magersucht, oder spricht Marie selbst? Marie hatte sich über die schlechte Note beklagt, begriff sie aber noch nicht als Konsequenz ihrer ebenfalls erwähnten körperlichen Schwäche, sondern setzte (wieder im Sinn der Magersucht) dagegen: »Ich laufe doch dreimal die Woche.« Also sprachen hier ja beide! Auf der einen Seite Marie, die ihren Zustand beklagte, auf der anderen die Magersucht, die Marie das Zerrbild vom Joggen und fitten Körper vorspiegelte. Ein guter Therapeut hätte die widersprüchlichen Positionen bestimmt erkannt und sie zu einem Erkenntnisgewinn auf Maries Seite genutzt. Denn nicht ich (oder der Therapeut oder sonst wer) sollte ja die Krankheit erkennen, sondern Marie. Mit meiner brüsken Antwort sprach ich die Magersucht an, dabei wäre es viel besser gewesen, Marie selbst anzusprechen. Die heile Marie. Die unzerstörbare Marie.

Einer der besten, weil erhellendsten Momente mit Marie war folgender: In der Küche erklärte sie mir, sie habe vor allem deswegen abnehmen wollen, um anders als ihre Schwester zu sein. »Das verstehe ich gut, das Anderssein-Wollen«, sagte ich,

»aber der Weg ist der falsche, Marie! Such dir ein neues Hobby, eine Sache nur für dich, und unterscheide dich darin von deiner Schwester!« Schweigen auf ihrer Seite. »Außerdem bist und bleibst du doch Marie. Ich habe dich immer als eigenständige Person empfunden.« – »Ich weiß nicht.« – »Natürlich, du bist Marie und einzigartig. Aber wenn du im Moment daran zweifelst und glaubst, du stehst im Schatten deiner Schwester – das bekommst du doch mit Hilfe einer guten Therapeutin hin. Liebe Marie«, beschwor ich sie, »bloß die Abnehmerei, das ist ein Irrweg, glaube mir.«

Überhaupt waren die Gespräche, die dann doch – neben fürchterlichen Auseinandersetzungen – stattfanden, mit das Beste in dieser schweren Zeit. Jedenfalls habe ich das so empfunden. Mein Mann und ich besprachen nachts die Lage und überlegten, was zu tun sei. Es gab zum ersten Mal in unserem gemeinsamen Leben einen Moment, wo er mich seine Verzweiflung spüren ließ. Das hat mein Herz berührt. Uns beiden war die ganze Zeit über klar: Wir müssen jetzt zusammenhalten, wir haben einander, sind in dieser Zerreißprobe nicht auf uns allein gestellt. Wir haben auch Beschlüsse gefasst nachts. Die wir dann am Morgen wieder verwarfen. Zum Beispiel den, dass wir bis zur Einweisung den guten und den bösen Manager geben könnten. In der Wirtschaft hätte man beste Erfahrungen damit gemacht, meinte mein Mann, er wäre auch bereit, den bösen Part zu übernehmen. Dann könnte ich die Gute sein, das wäre doch mal etwas! – Ich kam auf die Idee, dass man die Zwillinge trennen müsse, damit sich Anna nicht auch noch »infiziert«. Inzwischen aß sie kaum noch mehr als ihre Schwester. Mit solchen Beschlüssen – manche durchgeführt, andere fallengelassen, alle irgendwie sinnlos – hielten wir uns aufrecht bis zur Einweisung.

In dieser Zeit entschieden wir aber auch, eine Sache nur für uns bzw. für uns und Jakob zu tun. Wir fuhren ein verlängertes Wochenende weg, zu dritt, ohne die Mädchen, und wir genossen es sehr. Vater, Mutter, Kind, eine ganz normale Familie, die abends Brettspiele spielte und tagsüber auf Wiesen faulenzte. Mir erschien der Dreierbund zwar ein bisschen unvollständig, dafür genoss mein Mann die Abwesenheit der Konflikte mit den Mädchen umso mehr. (»Familie ist Konflikt«, hatte er vor Jahren aufgestöhnt und sich seither in das für ihn Unbegreifliche geschickt. »Familie ist Konflikt, endlich siehst du es ein!«, jubelte ich. Mit den Konflikten der Magersucht hatten wir da noch überhaupt nicht gerechnet!) – Zu Hause holte uns der Schreckensalltag wieder ein, kaum dass wir die Einfahrt passiert hatten. Obwohl die Zwillinge nur eine Nacht daheim verbracht hatten, und das gemeinsam mit Freundinnen, waren beide deutlich geschrumpft. Ich habe das natürlich sofort gesehen und (blöderweise!) auch gleich angesprochen. Daraufhin stieß Marie ihren Bruder, der fröhlich auf sie zusprang, mit Wucht von sich. Und wer war schuld? Natürlich Mama (aber diesmal echt!). Bonjour la tristesse! Anna erzählte mir später, dass das Mädchen-Wochenende ziemlich belastet gewesen sei. Marie hätte nur einen Apfel verspeist zum Abendessen, dabei hatten die beiden mit ihren Freundinnen ein nettes Fernsehgelage geplant. Es gab Knabbereien und Pudding und Obst zum Film. Und es gab Marie, die nichts davon genießen konnte. Anna war deswegen ganz zerknirscht. Beim nächsten Wiegen stellte sich dann heraus: Marie hatte tatsächlich drei weitere Kilo verloren und wog jetzt nur noch 41 Kilogramm. Anna war ihr mit 45 Kilo dicht auf den Fersen.

Letztlich schien es nichts zu geben, was die Situation hätte entschärfen können. Ständig fragten wir uns: Wann würde Marie in die Klinik aufgenommen werden? Schon vor Pfingsten oder erst danach? Sie verlor pro Woche ein Kilo. Was wäre, wenn ihr Gewichtsverlust sein Tempo beibehalten würde? Wäre ihr Leben dann gefährdet? Sollten wir sie nicht doch irgendwie »zwingen« zu essen? Aber wie zwingt man jemanden zum Essen? Mit Geschenken, mit Versprechungen, mit Verboten? Ab welchem Gewicht wäre es unverantwortlich, sie allein U-Bahn fahren zu lassen? Marie beklagte sich oft ihrem Vater gegenüber, dass er sich in ihr Privatleben überhaupt nicht einzumischen hätte. Das alles ginge ihn nichts an. Paul konterte dann, dass er als Erziehungsberechtigter im Gefängnis landen könnte, wenn Marie etwas passierte. Marie war in der Klinik angemeldet, und wir fühlten uns dennoch alleingelassen. Müsste man nicht doch etwas wegen Anna unternehmen? Schließlich hatte sie beinahe das Gewicht erreicht, bei dem Herr Ganser die stationäre Behandlung empfohlen hatte. Nein, Geduld, jetzt erst einmal Marie unterbringen. Die Warteliste der Klinik war überschaubar, das hatte uns die Ärztin gesagt, aber was, wenn plötzlich ein noch schlimmerer Notfall hereinkäme? Was, wenn sich der Aufenthalt eines entlassungsreifen Mädchens verzögerte? Wir schwebten in ständiger Angst. In unserer Not bettelten, drohten und flehten wir die Kinder an. In Aussicht gestellt wurde ein 1000-Euro-Einkaufsgutschein in einem angesagten Klamottenladen in der Stadt. Was haben wir noch versprochen im Fall der Gewichtszunahme? Eine Reise, einen Auslandsaufenthalt, einen Laptop – nein, das waren Freunde von uns, die auf den gleichen Gedanken gekommen waren mit ihrer Tochter. Bei ihnen hat sich die Situation wieder entspannt, Gott sei Dank, aber es war sicher eher nicht der Laptop, der ihre Tochter dazu gebracht hat, wieder anzufangen zu essen. Wiederum in der Nacht – viel geschlafen wurde damals nicht bei uns – beschlossen wir, dass es richtig wäre, Maries Aktivitäten zu reduzieren, um einen möglichen Zusammenbruch abzufangen bzw. zu verhindern. Wir strichen Marie sukzessive das Tennisspielen, den Chor und das Schwimmen. Sie ging noch zur Schule, aber auch das wäre ja vorbei, sobald die Klinik ihr den Platz zugewiesen hatte. Täglich warteten wir auf den Anruf aus der Klinik. Marie hatte die 40-Kilo-Marke unterschritten.

War es wirklich günstig, Maries Leben derart zu beschneiden? Vom Chor – ein anspruchsvoller Chor mit zum Teil stundenlangen, kräftezehrenden Bühnenproben – war sie befreit, Tennis war sowieso vorbei, das schaffte sie gar nicht mehr. Ebenso Schwimmen. Das Joggen schließlich verbot ich ihr. Letztlich schnurrte ihr Leben auf die mickrige Nahrungsaufnahme zusammen. Würde sie, die echte Marie, die Fessel, die die Magersucht ihr anlegte, als solche begreifen? Würde sie darunter leiden, dass ihr Leben so reduziert war? Oder würde sie sich im Gegenteil – oh Graus! – bestätigt fühlen in ihrem Weg (der Krankheit als Lebensbewältigung)? Ich wusste es nicht. Sie zog es derweil vor, mich anzufauchen: »Ihr seid komplett abartig, der Papa und du! Von euch lasse ich mir gar nichts verbieten, gar nichts, kapiert?«

Ich muss zugeben, dass das Jogging-Verbot nicht nur von der Vernunft bestimmt war. Es spielten auch andere Gründe mit. Erst einmal schmerzte mich der Anblick der erschöpften Marie, wenn sie vom Laufen kam. Das schnitt mir ins eigene Fleisch. Dann war ich auch wütend auf sie: Sie aß nichts, aber rennen musste sie! Das Laufverbot war auch Bestrafung. Sollte sie doch selbst zusehen, wohin diese verdammte Krankheit sie führte. Jedenfalls nicht zum guten Leben. Das habe ich ihr immer wieder gesagt.

Letztlich liefen alle unsere Versuche, sie aus der Magersucht herauszuziehen, aufs Gleiche hinaus: unsere Machtlosigkeit. »Wenn Ihre Tochter Leukämie hat, können Sie ja auch nichts tun«, hat eine Lehrerin später einmal zu mir gesagt. Aber ich weigerte mich, machtlos zu sein. Wenn Liebe Handeln bedeutet, dachte ich, werde ich kämpfen und etwas tun, vielleicht manchmal das Falsche, aber nicht NICHTS. Dass ich dabei manchmal wie ein Rhinozeros vorging, wurde mir erst sehr viel später klar, als ich auf Empfehlung von Prof. Fichter das Skills-Buch für Angehörige von Treasure, Smith und Crane las. Leider gab es dieses Buch zur Zeit der Erkrankung unserer Töchter noch nicht. Sonst wäre ich besser Delphin gewesen, der den Prozess der Erkenntnis sanft begleitet, aber hinterher ist man immer schlauer. Selbst als Rhinozeros.

Eine Geschichte aus dieser Zeit möchte ich noch erzählen, weil sie so schön ist. In dieser Zeit hatte ich einen Blog, in dem ich über unser häusliches Leben berichtete. Wie das so ist im Netz, wurde ich massiv attackiert – vor allem von einer speziellen Geschlechtsgenossin namens Lara C. Eines Tages las ich mit Freude folgenden Eintrag: »Liebe Lara C., ich stelle Sie mir so vor: Den lieben langen Tag sitzen Sie daheim am Computer und surfen im Netz. Verwandte gibt es keine in Ihrem Leben, Freunde haben Sie schon lange nicht mehr. Ihnen bleibt nichts anderes übrig, als Frau Wendt und andere Bloggerinnen mit Ihren gemeinen Kommentaren zu verfolgen. Lassen Sie es doch einfach bleiben. Es wird Ihnen guttun!« Gezeichnet Charlotte. Natürlich schloss ich Charlotte umgehend in mein Herz, sie war ohne Frage große Klasse. Dann erfuhr ich, wer Charlotte war: meine Tochter Marie.

Es gab auch später immer wieder weiche Momente mit Marie. Aber nur, wenn es nicht ums Essen oder irgendwelche mit der Magersucht verbundenen Einschränkungen ging. Die Magersucht würde die Mädchen verhärten, hatte mir die Klinikärztin gesagt, als wir nach dem Aufnahmegespräch im Gang miteinander sprachen. Marie war da gerade im Patientenzimmer. Natürlich dachte ich gleich an die charakterlichen Veränderungen, wie sie bekanntlich bei Alkoholikern stattfinden. Ich dachte aber auch an einen Fall in meiner Ursprungsfamilie. Suchtkranke Menschen schotten sich ab. Sie sind oft nicht in der Lage, angemessen auf ihre Umgebung einzugehen. Aber war die Magersucht wirklich eine Sucht wie andere Süchte? Schließlich brauchte man keinen Stoff. Das Wort Sucht leitet sich vom mittelalterlichen Begriff des Siechtums (*suht*) ab, Seuche klingt an, *siech* steckt im englischen *sick*, gemeint waren Krankheit, Leiden und Auszehrung. Für die Magersucht ist die ursprüngliche Bedeutung passender als die heutige Sucht-Konnotation, die doch immer auch den Lustfaktor betont (zumindest beim Rauchen oder Schokoladeessen). Ganz am Anfang, wenn das Dünnsein noch den Modelmaßen entspricht, gibt die Magersucht der Betroffenen einen Kick. Das Stimulierende verliert sich aber sehr schnell, und es geht ihr schlecht. In einem ihrer Bücher betont Monika Gerlinghoff, dass Magersüchtige richtig Hunger leiden. Der drängende Ruf des Magens wird aber verleugnet. Ein unglaublicher Kraftakt, auf den sich alles konzentriert. Sich nicht gehenlassen ist ein Kennzeichen der Magersucht, das sie von anderen Süchten deutlich unterscheidet. Das Bewusstsein für die eigene Verfassung fehlt – was wiederum ein Kennzeichen klassischer Sucht ist. Ach, viele kluge Worte wurden schon gesagt über die Sucht, ihre Nähe zur Suche (nach Liebe oder nach verdrängter Not), dann die Sehnsucht, auch eine Suche nach mehr ... Eine dumpf schmerzende Leerstelle wird notdürftig gestopft durch die Sucht. Wo war diese Leerstelle bei Marie? War es ihr Gefühl, hinter der Schwester zurückzustehen? Nicht sie selbst sein zu können? Marie war erst 14, ein Kind auf dem Weg zum Erwachsenwerden. Wer kennt sich in diesem Alter schon selbst?

Ein weiteres anerkanntes Merkmal der Magersucht ist die sogenannte Körperschemastörung. Das heißt, ein junges Mädchen steht vor dem Spiegel und findet sich dick, obwohl schon überall die Knochen herausspitzen. Für sie ist Fleisch gleich Fett. »Schau sie dir an, diese Hungerhaken! Die finden sich auch noch schön!« – so lautet ein beliebtes Vorurteil über Magersüchtige. Nein, schön finden sich diese Mädchen mit Sicherheit nicht. Sie können sich vielleicht nicht so sehen, wie sie tatsächlich sind, weil der Druck der Magersucht die Sensibilität für andere und sich selbst mindert, aber ihre Illusion heißt nicht Schönheit, sondern Beherrschung. Ich beherrsche mich, also bin ich. – Machen Sie sich manchmal schöne Augen vor dem Spiegel? Ich blinzle mir ganz gerne zu, freundlich oder auch aufmunternd, wenn ich traurig bin. Manchmal auch selbstverliebt, wenn ich mich gut aussehend finde. Der bestätigende Blick in den Spiegel – den gab es, glaube ich, bei Marie nicht in dieser Zeit. Die Krankheit bringt keine wirkliche Bestätigung des Selbst. Zumal das Selbst ja auch labil und versehrt ist durch die Magersucht. Meine Freundin Sabine hat Ähnliches beobachtet bei ihrer Tochter. »Sie ist jetzt gertenschlank. Aber dann, wenn am Wochenende die Party steigt und sie passt in ihr neues Kleid – ist da keine Freude bei ihr. Ich wäre begeistert, wenn ich wieder in ein Kleid passen würde: Wenn ich Diät lebe, dann allein deswegen! Aber sie – sie freut sich nicht über ihre Figur. Sie ist überhaupt nicht froh.« Genau das ist der

Punkt: Man kann in der Magersucht nichts freudig erreichen, weil es ja immer weitergeht mit dem Diätleben, weil es uferlos ist und in der letzten Konsequenz lebensfeindlich. Die Magersucht gibt dir nichts, sie nimmt nur weg. Sie entzieht dir Gesundheit und Schönheit, Selbstbewusstsein und Liebe. Wenn man sich selbst schön findet, sich von innen und außen kennt und liebt, braucht man keine Magersucht mehr. Oder bedeutet ein solcher Satz wieder ein Unterschätzen der Krankheit? Auf alle Fälle ist die Anerkennung des eigenen Unglücks ganz wichtig für den Genesungsprozess. Maries »Ich kann nicht anders« hieß ja auch: »Mir geht es nicht gut.« Wer gibt so etwas schon leichthin zu? Ich jedenfalls nicht.

Eine der schlimmsten Erlebnisse für mich in dieser Zeit war der Kauf von neuen Bikinis für die Mädchen. Mein Mann hat mich gescholten dafür: »Warum bist du überhaupt mitgegangen? Warum tust du dir das an?« Ich antwortete etwas kleinlaut: »Weil sie mich dabeihaben wollten.« Mein Tagebuch verzeichnet:

Ich war mit Anna und Marie Bikinis kaufen. Marie träumt ja immer noch von einem schönen schlanken Sommer am Mühlbach. Die Szene spielte im dritten Stock eines Sportgeschäfts, ich in Warteposition auf einer großen schwarzen Ledercouch, die beiden Mädchen in zwei Kabinen gegenüber bei der Anprobe zur Bademodenschau. Früher, also vor kurzem, hatte ich solche Ausflüge mit meinen Töchtern in die Modewelt geliebt. Aber jetzt? Man hätte an Robert Altmans Film »Prêt-à-Porter« denken können, an dessen letzte Sequenz, in der die Models nackt und zum Erbarmen abgenagt über den Catwalk schreiten. Da konnte man auch kaum hinschauen, so groß war der Jammer! Sabine hat einmal gesagt: Angezogen sieht dünn ja noch gut aus, aber nackt ... Wobei Anna noch geht. Aber Marie. Unsere schöne Marie. Ich hätte heulen können. Ich musste mich sehr zusammenreißen, um nichts zu sagen, und habe beiden, ohne mit der Wimper zu zucken, die gewünschten Teile gekauft. – Mir fällt die Szene ein, wo die Zwillinge als Säuglinge über Pauls Schultern schauen, eine rechts, eine links, er durchschreitet das Zimmer, hin und her, damit sie ruhig werden und wieder einschlafen nach dem nächtlichen Aufwachen. Eine Schlüsselszene häuslichen Friedens. Ich weiß noch genau, wie ich damals dachte: Dieses Bild willst du dir merken ein Leben lang. Heute die Bikiniszene – ein Abgrund tat sich auf. Beides gehört jetzt zu unserem Leben.

In der darauffolgenden Nacht wurde übrigens der Beschluss mit dem guten und dem schlechten Manager gefasst.

Noch immer war kein Anruf aus der Klinik gekommen. »Was ist, wenn die mich nun doch nicht nehmen? Was soll ich dann machen?«, fragte mich Marie. »Natürlich nehmen sie dich. Aber bei denen wird die Hölle los sein. Du bist ja nicht das einzige Mädchen mit dieser Erkrankung. Die haben bestimmt alle Hände voll zu tun, da können sie nicht alle naselang anrufen und dir den Stand der Warteliste durchgeben.« So war es dann ja auch, aber ruhig war ich, wie gesagt, auch nicht. Ich traue es mich kaum zu sagen, aber wissen Sie, wer nachts, wenn ich nicht schlafen konnte, im Korbsessel gegenüber von meinem Bett saß? Meine Großmutter väterlicherseits. Sie saß dort alterslos und passte auf mich auf.

Immer wieder habe ich in Gesprächen mit Marie und Anna um Einsicht gerungen. Dabei gleicht der Kampf um Einsicht dem des Sisyphos, der immer wieder einen schweren Stein den

Berg hinaufwälzt, damit dieser herunterrollt. Man kann nicht wirklich aufbauen auf den Einsichten. Es gibt immer wieder Momente, wo gar nichts vorangeht, nichts kapiert wird. Etwas erkennen und bei der Erkenntnis bleiben sind wie gesagt zwei Paar Schuhe, bei der Erkenntnis bleiben und etwas tun ein weiteres Paar. Wahrscheinlich das, das am beschwerlichsten zu tragen ist, wie Maries Zeit in der Klinik zeigen wird. »Du hast wirklich überhaupt keine Ahnung, Mama!«, »Du weißt nichts von mir, gar nichts!«, »Ach, halt doch endlich mal die Klappe, Mama!« Das Rhinozeros rannte gegen diese Klippen an und stieß sich wund. Und doch … bin ich grundsätzlich davon überzeugt, dass kein Wort, das aus dem Herzen kommt, im Leben umsonst gesprochen ist. In dem bereits erwähnten Buch zum Umgang mit essgestörten Anverwandten von Treasure, Smith und Crane werden Grundtypen elterlichen Verhaltens anhand von vier Tieren dargestellt. Da gibt es zunächst die durchscheinende Qualle, deren Emotionen immer sichtbar sind, Leid, Freude und Verzweiflung werden unmittelbar mitgeteilt. Ihr emotionaler Kontrapunkt ist Vogel Strauß, der lieber den Kopf in den Sand steckt, als Probleme zu sehen und anzugehen. Das Känguru mit seinem Baby im schützenden Beutel erklärt sich von allein. Eltern unter dem Zeichen des Rhinozeros wollen das erkannte Ziel mit aller Macht erreichen, notfalls auch mit Aggression und Drohung. Ein Delphin-Typ hingegen dringt nicht zu sehr ein in das Leben des Betroffenen, er ist bei aller Not ein freundlicher Begleiter. Beim Besprechen der Wahrheit würde er sich an Max Frisch halten, der sagte: »Man sollte die Wahrheit dem anderen wie einen Mantel hinhalten, dass er hineinschlüpfen kann – nicht wie ein nasses Handtuch um den Kopf schlagen.«

Manche Mädchen bremsen die Krankheit übrigens schon in der Erkenntnisphase aus. Die Tochter einer Freundin begann wieder zu essen, nachdem ihr Schwimmtrainer sie für künftige Wettkämpfe gesperrt hatte. »Du kannst nicht trainieren und an Wettkämpfen teilnehmen, wenn du so dünn bist. Nimm zu, dann kannst du wieder herkommen.« Ach, ich liebe solche Menschen, die den Müttern die schweren Aufgaben abnehmen! Bei diesem Mädchen war das Diätleben tatsächlich nur eine Episode. Die Tochter meiner Freundin Sabine legte den Schalter herum, nachdem beide Eltern ihr ernsthaft und unter Aufbietung eines Arsenals von Hilfeleistungen entgegengetreten waren. Sabine und ihr Mann saßen am Bett des Kindes und beteuerten, wie sehr besorgt sie seien um Lunette, die sie doch beide so sehr lieben würden. Die Tochter müsste sich »nur« noch entscheiden: entweder eine Therapie (die Therapeutin stand schon bereit) oder eine Klinik oder – was stellte sie sich vor? Was würde ihr ihrer Meinung nach helfen, wieder zu wachsen? Luna war nämlich noch nicht ausgewachsen. Sie entschied sich dafür, ihr Diätleben aufzugeben. Danach ging es ihr auch psychisch wieder besser.

Was bringt dein Kind dazu, die Gefahr zu erkennen? Was bringt es ab von der fixen Idee, im Dünnsein liege das Heil des Lebens? Die Angst davor, nicht mehr zu wachsen? Der Rauswurf aus dem Training, das so viel Spaß und Erfolg gebracht hat? Die bewusste Zuwendung der Eltern? Die Autorität eines hinzugezogenen Experten? Freunde, die es lieben, wie es ist? Man weiß es nicht. Man kann nur hoffen, dass die eigenen Worte das Ohr des Kindes erreichen – und sich die Wahrheit ihren Weg bahnt. Aus meinem Tagebuch:

Endlich: Die Ärztin hat angerufen. Marie soll erst nach den Pfingstferien eingewiesen werden, weil ein anderes Mädchen, das eigentlich später kommen wollte, jetzt doch schon bereit ist für die Klinik. Uns fällt ein Stein vom Herzen. Anna hat sich entschlossen, mit ihrer Freundin nach Kroatien zu fahren, die Familie der Freundin hat sie eingeladen. Jetzt bleibt Marie auch noch ein wenig Zeit, etwas zu unternehmen. Vielleicht eine kleine Reise mit Mami? Sie freut sich sehr über den Vorschlag – den ich nicht gemacht hätte, wenn nicht zwei Freundinnen mich in dieser Richtung bestärkt hätten. Wenn sie nach mehr Aufmerksamkeit verlangt, musst du ihr die jetzt geben. – Mein Mann ist skeptisch: Wirst du das durchhalten? Vier Tage allein mit einem Kind, das so gut wie nichts isst? – Doch, ich würde das durchhalten, ihr zuliebe.

Ziehen Sie sich nicht zurück von Ihrer Umgebung, wenn Ihr Kind psychisch erkrankt, habe ich oben mit einiger Emphase geschrieben. Das ist aber nicht so leicht, denn nicht nur Ihre Familie hat sich verändert durch die Erkrankung, auch die Umgebung verändert sich bzw. Sie nehmen die Umgebung anders wahr. Unsere Großmütter hatten schon recht: In der Krise erweist sich, wer dein Freund ist und wer nicht. Wie haben die Menschen in unserer Umgebung reagiert? Die Reaktionen waren so unterschiedlich wie sie selbst. In meiner Not habe ich nicht wenigen von der Magersucht unserer Tochter erzählt. Ich muss Dinge loswerden, die mich bedrücken, und kann dann auch schlecht übers Wetter sprechen, wenn man mich fragt, wie es geht. Manche waren ziemlich verständnislos. »Ja, und was ist da der Grund?«, wurde ich gefragt. Meine Güte, dachte ich dann, wenn unser Kind Krebs hätte, würde niemand wissen wollen: Was ist da der Grund? So eine ignorante Frage! »Ich weiß es nicht«, antwortete ich wahrheitsgemäß und später, als ich besser informiert war über die Erkrankung: »Magersucht ist eine multifaktorielle Erkrankung.« Medizinerdeutsch erschien mir genau richtig als Antwort. »Jetzt machst du dir bestimmt viele Vorwürfe«, auch das wurde mir gegenüber geäußert. Diese Bemerkung traf den Kern der Vorurteile gegenüber psychischen Erkrankungen von Kindern, an denen ja die Mütter, wie man lange meinte, immer ursächlich beteiligt seien. »Ich habe nächtelang wach gelegen und gegrübelt«, antwortete ich einmal wahrheitsgemäß, »aber mir ist nichts Schlimmes eingefallen.« Mit der Magersucht unserer Mädchen lernte ich (ein weiteres Mal) zu unterscheiden und auch meine Zunge besser zu hüten. Die eigene Verzweiflung kann man tatsächlich nur mit ganz wenigen Menschen teilen. Gott sei Dank gab es diese wenigen, die mich anhörten, die Tränen aushielten, ohne viel zu sagen, meinen Mann und mich einluden ohne Seitenblicke, Trost spendeten und einfach auf unserer Seite waren. Während der Magersucht unserer Kinder habe ich gemerkt: Die besten Freunde sind die, die nicht urteilen. Ich habe dieses Nichturteilen seither zu einem Lebensgrundsatz gemacht. Damals schrieb ich in mein Tagebuch:

Ich nehme mir jedenfalls fest vor, dass ich nicht mehr über andere urteilen will. Wenn bei uns dieser Mist passieren kann, dann bin ich ja wohl die Letzte, die anderen altkluge Ratschläge erteilt.

Übrigens reagierten die Männer, denen wir unser Leid mit den Mädchen klagten, anders als die Frauen. Nicht selten murmelten sie etwas von »eins hinten drauf« in ihre nicht mehr vorhandenen Bärte. Dieses Wohlstandsgezicke ging einfach über ihr Fassungsvermögen. »Sie soll sich nicht so anstellen, täglich verhungern 37 000 Menschen auf der Welt, und zwar, weil sie nichts zu essen haben! Nicht weil sie vor den Delikatesshaufen hocken wie Buridans Esel!« Tatsächlich hat die Essstörung ja auch etwas Skurriles – wenn sie nicht so traurig wäre. Im Roman »Lieder ohne Worte« von Anne Packer benennt der Vater den Widerspruch, der zwischen der Depression und dem eigentlichen Glück seiner geliebten Tochter besteht, die eine schöne Kindheit hatte und keine offensichtliche Not litt. Dennoch schneidet sie sich die Pulsadern auf. Auch Paul hatte wenig Sinn für die Magersucht: Wie konnte man nur so blöd sein und seine Gesundheit aufs Spiel setzen? Vor allem als Anna ihrer Schwester in die Krankheit folgte, setzte sein Verständnis aus. – Das Leben liefert oft keinen »Grund«, der der Tiefe und Ernsthaftigkeit der Erkrankung entspräche. Depressionen und Essstörungen sind Wohlstandserkrankungen. In Afrika hungert niemand »freiwillig«. Aber ist das ein Argument, das man gegen das Leiden eines Menschen anführen könnte? Nach dem Motto: Stell dich nicht so an! Eben ganz und gar nicht. Schmerz und Freude sind genauso groß oder klein, wie sie gefühlt werden. Wenn die Tochter in Packers Roman nicht mehr leben wollte, dann entsprach das ihrer Gemütsverfassung. Marie konnte nicht anders. Das Leid anerkennen, auch wenn man es persönlich nicht nachvollziehen kann, das ist keine leichte Aufgabe. Vor allem für einen Vater.

Aber auch nicht für die Mutter. Zeitweise wäre ich am liebsten mit dem Löffel hinter den Zwillingen hergelaufen, um sie zu füttern. So wie es die Mutter meiner Mutter immer mit ihren Kindern und Enkelkindern getan hatte. (Was einem so alles einfällt, wenn man über das weibliche Bedürfnis zu nähren nachdenkt!) »Iss doch einfach« zu einer Magersüchtigen zu sagen ist dasselbe, wie wenn man zu einer von Depression geplagten Person sagt: Lach doch mal. Das hätte ich aus eigener

Erfahrung wissen können. Als unsere Zwillingskinder klein waren, hatte ich alle Hände voll zu tun. Die Nächte waren unruhig, die Tage ebenso. Die beiden waren ein Full-Time-Job, ich wollte aber auch für den Verlag arbeiten und die Zeit des Elternurlaubs dazu nutzen, mir eine freie Existenz als Redakteurin aufzubauen. Anna und Marie waren sehr lebhafte, fordernde Kleinkinder, richtige Wirbelwinde und dann: störrisch wie die Esel, wenn's darum ging, der Mama etwas zu Gefallen zu tun. Was ich sagen möchte: Ich war nervös und streckenweise überfordert mit den Mädchen. »Bleib ruhig«, riet mir meine Mutter damals gern am Telefon – und ich hätte in den Hörer brüllen können: ICH BIN DIE RUHE IN PERSON!

Mit Unverständnis kommt man bei einer magersüchtigen Tochter jedenfalls nicht weiter. Aber das heißt nicht, dass man die verschlungenen Wege der Essstörung nachvollziehen müsste. Jeder, der einmal mit einem magersüchtigen Menschen Umgang hatte, weiß, wie spitzfindig und vordergründig logisch die Argumentationsketten der Diätwütigen sind, vor allem wenn es ums Essen geht. Da wird gefeilscht um jede Kalorie und jedes Gramm, dass sich die Balken biegen. »Tut mir leid, ich hab grad überhaupt keinen Hunger, wir waren im San Fran und haben dort ein Riesen-Sandwich und ein Muffin gegessen.« – »In meinem Alter interessiert sich keine Mutter mehr dafür, was ihr Kind isst. Außer dir!« – »Du hast selbst gesagt, ich soll Sport treiben, und jetzt mache ich das, und du bist wieder unzufrieden. Nie bist du zufrieden!« Das Wort wird einem im Mund verdreht – nein, man kann sich nicht vernünftig auseinandersetzen mit der Magersucht, im Gegenteil, wer versucht, deren Mechanismen zu verstehen, gerät rasch an seine Grenzen, mental und emotional. Das haben wir beide, Paul und ich, am eigenen Leib erfahren. Mehr dazu im nächsten Kapitel.

Wann hat Marie erkannt, dass sie Hilfe benötigte? – Eben bin ich zu ihr hinaufgegangen und habe sie gefragt: »Wann wurde dir klar, dass du krank, ich meine, dass du magersüchtig bist?« Sie antwortete ohne Umschweife: »Ich glaube, das war bei Herrn Ganser. Als er davon gesprochen hat. Da wusste ich, dass ich damit zu tun hatte.« – »Nicht, als deine Sportnoten schlechter wurden?« – »Doch, da auch, das kam ja sowieso nach und nach, auch in der Klinik noch.« – Wie ist das bei uns Erwachsenen mit dem Erkenntnisprozess? Ich befürchtete schon früh, dass unsere Tochter magersüchtig sein könnte. Bei Paul hat es gedauert, weil er die Möglichkeit nicht aufgeben wollte, dass alles nur eine kurze Phase sein könnte. Seine Mutter wiederum reagierte mit Unverständnis, ihr taten vor allem der Sohn und die Schwiegertochter leid, die nun, obwohl sie doch gute Eltern gewesen waren, solche Sorgen hatten. Wie konnte Marie das ihren Eltern antun! Sicherlich hat sie auch an den Verlust des eigenen Sohnes gedacht. Der Opa, mein Vater, war betrübt, sah aber einiges Konfliktpotenzial zwischen den Zwillingen deutlicher als ich. Die Großmutter mütterlicherseits wiederum war wie immer voller Mitgefühl für die Mädchen, an meiner Stelle hätte sie alles getan, damit bloß kein Streit war zu Hause. Mit ihr habe ich in der Familiengeschichte gegraben. Ihr fiel die eigene Großmutter ein, die man nie am Esstisch sitzend antraf, sondern immer nur im Service für die Familie. Die Cousine meiner Mutter war im Konfirmationsalter umgekippt, Eltern und Verwandte seien besorgt gewesen, war sie doch so sehr dünn – auch daran erinnerte sie sich plötzlich. Dann der Onkel mit seinen Depressionen. Ein Selbstmord. »In meiner Familie gab es Gemütserkrankungen«, das gab sie zu, die doch sonst gerne von den »guten Genen« in unserer Familie schwärmte. In den Prozess des Erkennens treten nicht nur die Betroffenen selbst, sondern auch die Eltern und die Großeltern, die Geschwister, Freunde und Lehrer ein. Sie alle können das betroffene Mädchen unterstützen. Ja, ihre Bereitschaft, sich zu öffnen, das Leid an der Magersucht als reales Leid anzunehmen, kann ungemein wichtig sein für den Genesungsprozess des Kindes.

Essstörungen waren in meiner Ursprungsfamilie kein Thema – und dennoch hat es sie gegeben. Zu dieser Erkenntnis zu stehen hat mich einige Kraft gekostet, aber auch dazu geführt, dass ich mit den eigenen Töchtern wieder zuversichtlicher wurde. In meinem Tagebuch steht:

Meine Schwester hatte wohl auch eine magere Phase. Das ist mir schlagartig klargeworden, als mir meine Mutter erzählte, Miriam habe bei ihrer Konfirmation nur 40 Kilo gewogen. Miriam selbst habe ihr das erzählt, als sie neulich über Marie und ihren deutlichen Gewichtsverlust sprachen. Meine Mutter wusste zwar, dass Miriam schrecklich dünn war als junges Mädchen, aber Schlüsse wurden damals keine gezogen. Eine Therapie gab's folglich auch nicht. Auch keine Bewusstwerdung, leider. Bei ihr war die Sache mit der reduzierten Nahrungsaufnahme, jedenfalls stellt sich das mir im Nachhinein so dar, ein Ruf nach mehr Aufmerksamkeit. Der Ruf wurde auch erhört, allerdings im Sinne der Essstörung. Das Muster meiner Schwester war: Ich bekomme nicht das Richtige zu essen = ich bekomme nicht die nötige Zuwendung. Die Eltern gingen darauf ein – und das (inzwischen zucker- und fleischlose) Essen bekam einen viel zu hohen Stellenwert im Leben, die wirklichen, darunter verborgenen Probleme blieben unerkannt.

Hier unterbreche ich. Ich selbst kenne die Muster der Essstörung zu genau, um meine Schwester zu kritisieren. Die Eltern haben getan, was sie konnten. So wie wir es heute auch tun.

Außerdem ist es eine Riesenillusion zu glauben, dass Eltern, wenn sie nur bewusst und liebevoll genug handelten, logischerweise keine Probleme hätten mit den Kindern. Fakt bleibt: Es gab Essstörungen in meiner Familie. Es sind Dinge geschehen, über die niemand je gesprochen hat, und diese Dinge, mit denen niemand je gerechnet hat, haben sich wiederholt. An meiner geliebten Tochter.

Ach, letztlich holt dich alles im Leben ein. Die schönen Dinge, aber auch die Schwächen der Ursprungsfamilie. Der (tatsächliche oder eingebildete) Mangel an Liebe. Die Erpressbarkeit der Eltern. Versuchen Sie nie, im Nachhinein Fehler wiedergutzumachen, ist einer der besten Ratschläge des Pubertätsspezialisten Jan-Uwe Rogge. Ich habe der Familie als junges Mädchen den Rücken gekehrt, mein eigenes Leben gelebt. Unter der Sauve-qui-peut-Haltung der großen Schwester hat die kleine mit Sicherheit gelitten. Mit meiner Schwester hatte ich nicht viel zu tun als Erwachsene. Aber jetzt? Habe ich Marie in derselben Krankheit und natürlich ganz viel damit zu tun.

Damals ist mir auch klargeworden, warum ich so rasch auf Maries verändertes Essverhalten reagiert habe: Ich kannte die Erkrankung schon. An meiner Schwester und auch an mir selbst hatte ich die Geschichte bereits erlebt.

Wie ging es weiter mit Marie? Ihre Einweisung stand fest – aber erst einmal freute sie sich auf die kleine Reise, die wir zuvor noch unternehmen wollten. Sie hatte für uns beide im Internet recherchiert und eine Liste gemacht mit Sehenswürdigkeiten und Märkten in der Nähe unseres Quartiers am Gardasee. Vier Tage wären wir direkt am See untergebracht, Tage, die wir, wenn wir nicht gerade auf den Märkten waren, im Liegestuhl vertrödeln wollten mit Lesen und Sonnenbaden, vielleicht schon Schwimmen? Ja, wir würden übermorgen fahren. Das Zimmer war gebucht, Freunde hatten im Nachbarort ein eigenes Ferienhaus, die könnte man ja mal besuchen, für Jakob war gesorgt, Paul würde sich kümmern. Anna war schon am Tag zuvor mit ihrer Freundin nach Kroatien abgereist. Dann kam der Anruf, auf den wir diesmal gar nicht gewartet hatten. Die Klinik ließ – wieder auf Band, ich weiß auch nicht, wo wir immer steckten zu der Zeit – mitteilen, dass das andere Mädchen nun doch mit ihren Eltern in die Ferien fahren würde und daher spontan ein Platz zu vergeben sei. Marie möge sich bitte morgen um 11 Uhr auf der Station einfinden. Ich hörte das ab und wusste: Oje, das gibt Tränen. Mir war aber auch klar: Das müssen wir jetzt machen. Kein Kurztrip an den Garda, sondern ab in den Klinikurlaub. Marie weinte, wusste aber auch, dass es zur Einweisung keine Alternative gab. Mein Mann war froh: »Jeder Tag, den sie früher dort beginnt, ist ein Gewinn«, beruhigte er mich. Marie und ich haben dann einen Mutter-Tochter-Tag in der Stadt verbracht, einen klassischen Trosttag, wie ich es von meiner Mutter her gewöhnt war: ein bisschen einkaufen, dann ins Café. Geld spielte keine Rolle! Marie hat die kleinste G-Star-Jeans bekommen, die sie je auf Lager hatten, vermute ich. »Was ist, wenn sie mir nicht mehr passt? Ich hatte noch nie eine so coole Jeans!« – »Kein Problem«, flötete ich, »du kriegst sofort eine neue, wenn du zunimmst! Du kannst immer neue G-Stars haben, wenn es dir bessergeht!« (Ha, das war eine glatte Lüge, danke dir für dein Verständnis, liebe Marie!) Wir haben ein entzückendes Geschirr gekauft für die Klinik, alles andere war schon besorgt: Nachtwäsche, Bettwäsche, Toilettenartikel, alles lag bereit. Am Nachmittag kam Maries Freundin. Das war sowieso ausgemacht gewesen. Doch jetzt müsste man ihr sagen, was Sache war. Sie wusste schließlich noch nichts! Über Mittag probten wir verschiedene Erklärungen. Es war an Marie, die Wahrheit zu sagen, sie würde zugeben müssen, dass sie krank sei und nun morgen in die Klinik müsste. Ich würde nur im Notfall eingreifen, sollte aber dabei sein. Ich weiß noch, wie Lisa kam und wir drei in der Küche herumstanden. Marie sagte nichts, also half ich ihr: »Lisa, Marie möchte dir etwas sagen.« Und dann sagte sie es. Sie sagte es ganz normal und wie nebenbei. Lisa reagierte adäquat: »Ach, das Wetter ist eh beschissen, Mühlbach wird sowieso nicht sein in den Ferien, dann komme ich dich oft besuchen!« Am Abend rief Lisas Mutter an und erzählte mir, Lisa habe schon einen Besuchsplan ausgearbeitet für Marie. Ich freute mich für meine Tochter. Aus meinem Tagebuch:

Am nächsten Tag fahren wir alle gemeinsam in die Klinik, um Marie abzuliefern. Jakob inspiziert gleich ihr neues Zimmer und bewundert all die Fotos und selbstgemachten Bilder, die die Mädchen an die Wände gepinnt haben. Am liebsten würde er von einem Bett aufs nächste springen! Auf den Nachttischen Fotos von Eltern, Geschwistern und Freunden, an der Wand die Konterfeis von Robbie Williams und Lindsay Lohan sowie handgeschriebene Briefe und rührende Plakate mit »Wir vermissen dich!«.

Ganz viel Liebe rankt sich um die Krankenhausbetten in diesem großen Zimmer, das sich fünf Mädchen teilen. »Die Mädchen selbst sind eine nette Bande«, schrieb ich damals noch ins Tagebuch:

Zwei von ihnen werden bald entlassen. Eine hat nur noch eine einzige Woche, dann fährt sie gemeinsam mit ihrer Familie in die Ferien. Du siehst richtig gut aus, lobe ich sie mit einem Seitenblick auf Marie (ach, wie gern hätte ich meine gesunde

Tochter wieder!). Ja, sie würde sich auch gut fühlen. Was für ein Wahnsinn, dieses Hungern, sage ich und frage, wie die Mädchen sich denn so verstehen würden hier auf der Station. Gut, bloß mit Pauline, der anderen Schönen, hätte sie sich oft gestritten. Aber das würde man dann ja alles ausdiskutieren in der Gruppe. Ach, und jetzt müsste sie rasch zu ›ihrer Einzel‹. Aha. Wir verstauen Maries Sachen in einem großen Wandschrank, der schon vollgestopft ist mit Mädelskram. Im Bad häufen sich Tuben und Tiegel. Die Mädchen haben schon ausgemacht, was sie am Nachmittag machen wollen. Marie ist dabei. – Wir verlassen sie mit einem guten Gefühl.

Was haben wir gemacht – an diesem ersten Tag ohne Marie? Ich weiß es nicht mehr. Ich weiß nur noch, dass ich erleichtert war. Und gespannt, wie es ihr ergehen würde, so allein unter Essgestörten. Noch einmal mein Tagebuch:

Am Anfang wollte ich noch täglich in die Klinik fahren, weil die kleine Marie mir leidtat. Aber dann, siehe da: Es ist gar nicht nötig, dass ich so oft komme, im Gegenteil, es ist sogar hinderlich. Einmal wird es in der Klinik nicht gerne gesehen, wenn ständig die Mami am Bettrand sitzt (ist ja auch verständlich), und dann ist Marie, wie sie bereits am zweiten Tag meinte, ziemlich eingespannt und braucht ihre Ruhepausen. Sie will alles richtig machen, und sie macht alles sehr gut, finde ich. Sie hat mir erzählt, dass sie in der zweiten Gruppensitzung das Thema Unabhängigkeit vorgeschlagen hat. Alle hätten sich dann Gedanken gemacht, wie Marie unabhängiger von ihrer Schwester werden könnte. Die Therapeutin hätte sie aber kaum ausreden lassen, weil sie immer »wir« gesagt hätte oder »meine Schwester und ich« – was freilich der Therapeutin gar nicht gefiel. Da musste ich doch schmunzeln angesichts des klassischen Therapeutenlateins! Wobei es natürlich gut ist, dass sie lernt, ich zu sagen.

Persönlich ging es mir seit Maries Einweisung besser. Ich wusste, sie war gut aufgehoben, außerdem bedeutete ihr Klinikaufenthalt eine enorme Entlastung für uns Eltern: Jetzt sollten sich die Profis um sie kümmern, genug mit der elenden Stümperei zu Hause! Gleich zu Beginn nahm sie auch an Gewicht zu, jedenfalls erzählte sie das ihrem Vater am Telefon. Wir alle waren voller Hoffnung. Marie wäre ja viel weiter als die anderen Mädchen, mental und auch sonst, verkündete mein Mann. Wahrscheinlich würde sie alle im Genesungsprozess überholen. Hach, unsere Tochter, sie war ja gar nicht so schlimm krank, nicht wahr? Im Vergleich war sie ja noch stark! Sie würde jetzt ein paar Wochen in der Klinik verweilen, und dann wäre wieder alles wie früher.

Wir hofften, dass unser Familienleben sich wieder einpendeln würde. Jedenfalls hatten Paul und ich das dringend nötig. Am nötigsten hatte es unser Jüngster, keine Frage. Natürlich vermisste ich Marie, aber nicht das Mädchen, das sie vor der Einweisung gewesen war. Und Anna? Wie würde sie mit der Abwesenheit ihrer Schwester klarkommen? Im Moment fand ich es nur gut, dass die beiden nicht mehr zusammen am Tisch saßen. Außerdem befürwortete auch Anna Maries Klinikaufenthalt. Sie hoffte sehr, dass ihre Schwester bald geheilt sein würde. Täglich telefonierten sie miteinander. Der Kontakt war sehr eng.

Früher hatte ich es immer genossen, wenn eine Tochter mal allein zu Hause war. Egal welche: Sie war dann aufgeschlossener, man konnte besser reden, Spaß haben, bekam mehr mit vom Kind. Die kommende Zeit mit Anna sollte sehr intensiv werden, und ich denke bis heute manchmal an diese Wochen zurück. So nah wird mir Anna wahrscheinlich nie mehr sein im Leben. Und so viel Nähe ist auch nicht gut zwischen Mutter und heranwachsender Tochter. Es war eine Ausnahmesituation.

Zwei Jahre später sitze ich mit Jakob und seinem Freund Lukas im Flugzeug. Seine Mutter und ich sind alte Freundinnen, einmal im Jahr treffen wir uns, diesmal um gemeinsam zu verreisen. Lukas ist ein unruhiger Geist. Er will weder lesen noch etwas spielen. Stattdessen stößt er mit den Füßen ständig an den Sitz des Passagiers vor uns. Ich muss ihn ermahnen. Wie soll ich den knapp zweistündigen Flug mit ihm durchstehen? Weiter vorne sitzt meine Freundin mit dem jüngeren Bruder, die haben es gut! Ich beginne mich über Lukas zu ärgern. Muss er sich so benehmen, schließlich ist er nicht mehr drei Jahre alt! Doch ich weiß, dass Lukas an ADHS leidet. Du musst die Störung von dem Kind trennen, sage ich mir. Schau durch die Krankheit hindurch auf den Menschen, den du magst und respektierst. Ich habe dann angefangen, den Rücken des Kindes zu massieren. Es war Ruhe den ganzen Flug hindurch, und auch während des Urlaubs bin ich gut mit Lukas klargekommen. Mit ihm konnte ich umsetzen, was mir mit den eigenen Kindern nicht (oder nur selten) gelang: das Kind von der Erkrankung zu trennen.

Du sollst dem Kind die Hand reichen, nicht der Magersucht. Diese Erkenntnis habe ich immerhin gewonnen.

Die Magersucht sitzt immer mit am Tisch

Familienleben mit einem magersüchtigen Kind

Marie war in der Klinik untergebracht. Wie ging es mit Anna weiter? War sie die starke »große« Schwester, die wir uns für Marie gewünscht hätten? Sie war es nicht und sie konnte es auch gar nicht sein. Schon während wir auf Maries Einweisung warteten, hatte sich auch Anna zu einem Sorgenkind entwickelt. Mich hat man im Freundeskreis darauf angesprochen, ob ich mich selbst in Therapie begeben hätte, ich hätte Unterstützung schließlich dringend nötig. An Anna hat niemand gedacht, dabei hatten doch schon ihre Tränen beim ersten Gespräch mit der Klinikärztin verdeutlicht, wie schwer sie sich mit der Erkrankung der Schwester tat. Richtig bewusst wurde mir ihre Not an dem besagten schwarzen Morgen mit der Rupfsemmel. Es war ein Samstag, einer der geliebten Samstage, an denen Paul immer das Frühstück macht, es Brötchen gibt statt Müsli und alle zusammensitzen und den Start ins Wochenende genießen. Marie stocherte in ihrer Brötchenruine, Anna hatte keinen Hunger und Tränen in den Augen. Paul trank schweigend seinen Tee. Ich habe ziemlich wild herumgeschluchzt an diesem Morgen, Jakob hat sich gleich vor den Fernseher geflüchtet, ich weiß gar nicht mehr, was ich unter den Tränen gesagt habe. Pädagogisch sinnvoll oder gerecht wird es wohl nicht gewesen sein. Am Nachmittag lag ich dann mit einer Migräne auf der Couch und versuchte mir selbst zu verzeihen, und inmitten all dieser Schmerzen kam mir die Eingebung, dass es dringend an der Zeit wäre, etwas für Anna zu tun. Wie konnte ich nur so blind sein und glauben, sie würde das alles locker wegstecken mit ihrer Schwester. Anna, der starke Zwilling, aber immerhin auch erst 14 Jahre alt. Aus meinem Tagebuch:

Sie isst kaum mehr als ihre Schwester, was ja nichts anderes heißt, als dass sie ihre Schwester nicht loslassen kann. Sie kann sie nicht loslassen und tritt daher ein in den Wettbewerb: Wer isst am wenigsten, wer ist am dünnsten? In der Konsequenz hieße das: Lieber gemeinsam mit der Schwester untergehen, als selbst gesund zu bleiben. Was für ein Wahnsinn!

Sage niemand, auf der Couch könne man keine Erkenntnisse gewinnen! Die Erkenntnisse fielen wie Sternschnuppen auf mich herab. In der Folge überlegte ich, ob es nicht vernünftig wäre, die Zwillinge für eine gewisse Zeit voneinander zu trennen. Später sprach ich Anna in einem ruhigen Moment darauf an: »Es ist ja nur in deinem Sinn, damit du nicht auch abgleitest in die Erkrankung. Natürlich nur vorübergehend, natürlich nur so lange, wie es dir guttut. Wenn es dir nicht gefällt, kommst du sofort wieder heim. Versprochen!« Anna zögerte: »Ich weiß nicht, Mama.« – »Denk mal an die vielen Streitereien mit Marie! Du hättest endlich deine Ruhe. Außerdem könntest du ja am Nachmittag auch herüberkommen.« – »Nein, wennschon, dann richtig weg.« – »Okay, dann probieren wir es halt. Marie wird ja sicherlich bald eingewiesen, spätestens dann kannst du wieder nach Hause kommen.«

Tatsächlich stritten sich Anna und Marie in diesen Wochen wie die Kesselflicker. Solchen Streit hatte es seit ihren Kindertagen nicht mehr gegeben. Damals hatten sie sich bis aufs Blut bekriegt. Jede Mutter mit mehr als einem Kind weiß, wie sehr der Geschwisterstreit an den Nerven zerrt. Bei uns gab es 80 Prozent Streit und 20 Prozent Spiel. Himmel, was soll bloß aus unserer Familie werden, dachte ich damals oft, unsere Kinder hassen sich! Aber dann, oh Wunder, beschlossen die beiden um ihr fünftes Lebensjahr herum, dass genug gestritten war – und spielten seither friedlich zusammen. Streitquotient: normale 20 Prozent. Die Kämpfe im Kleinkindalter waren aufreibend gewesen, die Kämpfe jetzt fand ich hingegen gar nicht übel. Die beiden mussten sich voneinander lösen, um danach wieder ein gutes Verhältnis haben zu können. »Jetzt müsst ihr gehen, damit ihr morgen wiederkommen könnt«, sagt ja schon die schlaue Pippi Langstrumpf. Der Streit war also nicht das Problem für mich, das Problem bei den Zwillingen war das Abgucken des Essverhaltens, die gegenseitige Beeinflussung trotz verbaler Beteuerungen. Das Starren auf den Teller der anderen. Das genaue Abwägen: Wie viel isst Marie? Aha, nicht viel. Dann esse ich lieber auch etwas weniger, sonst werde ich ja viel dicker sein als sie. Und das kommt natürlich überhaupt nicht in Frage! Diese Mechanismen am Esstisch fand ich unerträglich. Tag für Tag konnte ich beobachten, wie Anna von Maries Hungerkünsten infiziert wurde. Ich befürchtete, dass die Erkrankung sich aus sich selbst heraus generieren könnte. Dass man vielleicht gar nicht so große Probleme im Leben haben müsste, um magersüchtig zu werden. Dass das Vorbild der Zwillingsschwester reichte. So wie bei anderen Mädchen vielleicht das Vorbild der Freundin reichen könnte. Ich befürchtete, Anna könnte wider Willen und Gefühl erkranken, nur weil sie immer weniger aß.

Doch zu wem könnte Anna übersiedeln? Ich machte einige Vorschläge. Alle Familien mit größeren Jungen schieden automatisch aus. Zu viel »Schönheitsstress«. Familien mit lebhaften, fordernden Kleinkindern ebenso. Anna wollte ihre Ruhe haben. Eine allein lebende Freundin von Mama – das wäre jetzt perfekt. Leider war meine Freundin Frauke, Annas Patentante, zu dieser Zeit bereits in ein anderes Bundesland umgezogen. Es reichte, dass Marie die Schule versäumte. (Wobei das Versäumen der Schule das geringste Problem ist!) Eine ortsansässige Freundin, die wir fragten, traute es sich nicht zu, mit einem gefährdeten jungen Mädchen zusammenzuleben. Sie würde den ganzen Tag über arbeiten, was wäre, wenn Anna verzweifelte? Das würde sie dann gar nicht mitbekommen. Kurz, es war ihr zu viel Verantwortung. Okay, wen konnte man noch fragen? So viele Familien gab es ja nun auch wieder nicht, die sich dazu bereit erklärt hätten. Also kamen wir auf das Angebot einer benachbarten Familie zurück. Anna hätte dort ihr eigenes Zimmer und Bad. Der Schulweg wäre derselbe. Niemand würde ihr auf den Teller gucken und rufen: Du isst ja auch nichts! Der Streit mit ihrer Schwester wäre ausgesetzt. Wir wollten es versuchen. Am Tag von Annas Auszug schrieb ich in mein Tagebuch:

Der ganze Tag ist überschattet. Anna packt ihre Koffer, Paul ist völlig fertig: Das Kind aus dem Haus geben, er findet das instinktiv schrecklich. Jetzt beim Schreiben muss ich auch heulen, aber ich stehe zu der Entscheidung, ich muss auch Jakob schützen. Er sitzt schließlich immer dazwischen, wenn die Zwillinge sich anschreien, dass sie sich hassen – so wie sie im letzten Jahr mich angeschrien haben. Das kann doch so ein kleiner Kerl gar nicht verstehen! Und er soll das auch nicht verstehen müssen. – Letztlich ist diese Krankheit beinhart. Die

Marie ein Gerippe, die Anna aus dem Haus, die Mutter ein psychisches Wrack, der Bruder kapiert die Welt nicht mehr, dem Vater steht die Sorge ins Gesicht geschrieben.

Mit Sicherheit hätte es eine Alternative zu unserer Entscheidung gegeben. Es gibt fast immer eine Alternative. Letztlich zeugt unser Entschluss, Anna für eine gewisse Zeit zu Freunden zu schicken, von dem großen Zugzwang, unter dem die Eltern von magersüchtigen Kindern stehen. Die Magersucht ist wie ein schlimmer Unfall: Da muss gehandelt, nicht abgewartet werden. Jedenfalls ist dies der natürliche elterliche Impuls. Was mir gerade auffällt: die »Verschickung« von Marie in die Klinik haben wir nie angezweifelt. Zu Hause wäre Marie nicht gesund geworden. Punkt.

Anna ging es zunächst gut bei den Holländers. Souverän übernahm sie die Rolle der großen Schwester, hatte einen eigenen Schlüssel und konnte ein und aus gehen, wie es ihr gefiel. Ich war stolz auf sie, darauf, dass sie es probierte, obwohl ich sie natürlich vermisste. Dann kippte die Situation. Das war, als wir einmal alle zusammen unterwegs waren und sie dann nicht mit nach Hause kommen konnte. Sie weinte. Alle in ihrer Klasse würden das sowieso abartig finden, dass sie das Haus hätte verlassen müssen. Warum sie und nicht Marie? Kein Mensch würde das verstehen! Bei den Holländers käme sie nicht wirklich zur Ruhe, die Kinder seien sehr lebhaft und würden auch viel streiten. Sie säße dann immer zwischen den Stühlen. Kurzum: »Ich will wieder zurück.« Ich überredete sie, noch die wenigen Tage bis zu den Pfingstferien durchzuhalten, dann würde Marie – wenn sie noch nicht in der Klinik aufgenommen wäre – zur Oma fahren und Anna könnte es sich zu Hause gemütlich machen oder mit ihrer Freundin wegfahren. Wie immer sie wollte. – Im Hinblick auf ihr Essverhalten hat der Auszug übrigens nicht viel gebracht. Annas Gastmutter (und meine Freundin) Christiane berichtete mir, dass alle sich sehr gefreut hätten über Annas Anwesenheit, »aber viel essen tut sie ja nicht! Ich habe den Eindruck, sie hat nie richtig Hunger.« Christiane sah genau, dass Anna in der Erkrankung steckte. Ich wollte daran festhalten, dass Annas Verhalten ein koabhängiger »Spleen« war, eine Art schwesterliche Folgeerkrankung. Nicht ungefährlich, aber längst nicht so bedrohlich wie bei Marie.

In den ersten drei Wochen ihres Aufenthalts würde Marie übrigens nur stundenweise am Wochenende die Klinik verlassen können. Diese Regel galt für alle Neuankömmlinge und war Teil eines festen Programms, das bestimmte Freiheiten der Patientinnen an deren Kooperationsbereitschaft und deren aktuelles Gewicht koppelte. Wer etwa zu dünn war oder diesbezüglich keine Fortschritte machte, konnte nicht am Therapieangebot teilnehmen – und musste öde Vormittage im Bett verbringen, während die anderen sich in der Gruppe näherkamen. Gruppentherapie war etwas, auf das sich alle freuten. Es gab zwei Rituale, die den Mädchen noch wichtig waren: einmal der »Klinikrun« – dann marschierten sie im Sauseschritt übers Gelände – und der Einkauf im Supermarkt um die Ecke. Klar, dass überwiegend Low-Fat-Produkte und Gummibärchen gekauft wurden. – Gleich in den ersten Tagen fiel auch der Begriff »Päppeln«. Was ist das denn, wollten Paul und ich wissen, als wir an Maries erstem Sonntag zusammen im Café saßen. Zum Päppeln komme man, wenn man zu dünn sei für die Therapie, erklärte uns Marie. Man bekommt dann zusätzlich zu den Mahlzeiten eine hochkalorische Flüssignahrung. Ein Mädchen aus Maries Gruppe hatte ein beachtliches Arsenal von Flaschen unter ihrem Nachttisch stehen, getrunken hatte sie davon aber angeblich nichts: alles ins Klo gekippt. Logisch, dass sie nicht zugenommen hätte, meinte Marie, sie hätte aber versucht, die mangelnden Pfunde durch Wassertrinken zu kaschieren. Aha, staunten wir. So etwas würde unsere Tochter aber nicht tun, oder? Das hofften wir, ohne es auszusprechen. Wir hatten einen Heidenrespekt vor Marie in dieser ersten Zeit ihrer stationären Therapie. Wir bewunderten sie für ihren Mut. Außerdem waren wir natürlich gespannt, was sie alles erlebte und erfuhr in der Klinik und löcherten sie mit Fragen, die sie bereitwillig beantwortete. Auch sie war stolz auf sich. Glücklicherweise hatte ihre medizinische Eingangsuntersuchung keine schwerwiegenden Schäden zutage gebracht. Ihr Blutdruck war zwar im Keller, ihr Herzschlag verlangsamt, ihr Cholesterinspiegel erhöht, die Anzahl ihrer weißen Blutkörperchen reduziert, ihr Zyklus ausgesetzt. Aber es gab keine erkennbaren Schäden an Herz, Leber oder anderen lebenswichtigen Organen. Marie würde ihren Weg gehen, davon waren wir überzeugt. Mehr als sechs oder sieben Wochen wäre sie bestimmt nicht stationär untergebracht.

Apropos stationär: Was war eigentlich mit der Schule? Die besorgte Frage nach dem Versäumen des Unterrichts haben wir oft beantworten müssen. Allerdings waren sowohl die Krankmeldung als auch die monatelange Abwesenheit von der Schule kein Problem. Maries Schuldirektor reagierte ohne viele Worte, dafür aber mit sofortigem Verständnis. Ja, es stellte sich sogar heraus, dass Maries Gymnasium eine Art Undercover-Station für in der Stadt stationierte Magersüchtige war. Mädchen über 16 (heute sogar schon ab 12!) können in betreuten Wohngemeinschaften zusammenleben – und parallel »unerkannt« Maries Schule besuchen. Zudem bot die Klinik einen

täglichen Überbrückungsunterricht in den Kernfächern Latein und Mathematik an. Marie hatte in der Regel zwei Stunden regulären Schulunterricht pro Tag.
Bei ihrer Einweisung haben wir gemeinsam überlegt, wie man ihre Abwesenheit in der Schule am besten erklären könnte. Ich war erleichtert, als Marie von sich aus äußerte, es sei wohl am besten, einfach vor der Klasse die Wahrheit zu sagen. Das sollte Frau Nitsch übernehmen, ihre geschätzte Mathematiklehrerin. Und so geschah es. Es gab keinen Skandal unter den Mitschülern, im Gegenteil hat sich die Klasse gleich überlegt, was man für Marie tun könne. Einen Brief schreiben! Geschenke schicken! Oder vielleicht auch hingehen?

Am zweiten Wochenende ihres Klinikaufenthaltes ist Marie auf dem Weg zum Bad kollabiert. Das wurde uns von ärztlicher Seite mitgeteilt. Am Nachmittag rief sie selbst zu Hause an und erzählte uns, dass sie umgekippt wäre. Sie hätte wieder abgenommen und dürfte nicht raus am Wochenende, noch nicht einmal die gewohnte halbe Stunde zum Spazierengehen. Sie klang ziemlich verzweifelt und verstand ihren Zusammenbruch überhaupt nicht: »Mir wurde einfach schwarz vor Augen, Mama. Ich weiß auch nicht, wie das passieren konnte, ich esse doch so viel.« Natürlich glaubten wir ihr. Aber die Stimmung war getrübt, vor allem Paul fragte sich, warum sie sich so verdammt schwertat mit dem Zunehmen. Einerseits verkündete sie, dass sie die Krankheit im Kopf bereits überwunden und keine Probleme mit einer Gewichtszunahme hätte, andererseits fiel sie noch unter ihr Einweisungsgewicht zurück: 38 Kilo hatte sie jetzt nach eigener Auskunft erreicht. Mussten da tatsächlich noch Reserven gefüllt werden im Körper, wie wir uns die angenehmste Erklärung zurechtlegten, oder aß sie nach wie vor viel zu wenig? – Ich rief die Ärztin an.

Sie sagte zwei Dinge, die zutrafen: erstens, dass Marie nach wie vor in der Sucht, sie sagte wirklich SUCHT, steckte und ihr kleine Essensportionen riesengroß erscheinen würden, und dann: »Je mehr Sie sich jetzt um Marie kümmern, desto schlechter geht es Anna.« Das saß. »Bitte, lieber Gott«, schrieb ich in mein Tagebuch, »lass diesen Kelch an uns vorübergehen – und überhaupt möchte ich später nie nie nie mehr über Diäten und Essverhalten nachdenken müssen!«

Als hätte sie das Gespräch mit der Ärztin belauscht, stand Anna bereits am nächsten Tag weinend in der Küche. »Bei mir läuft alles schief«, schluchzte sie. Sie hätte keine Freunde mehr und Spaß hätte sie auch keinen. Jeden Tag säße sie sieben Stunden in der Schule und am Nachmittag vier Stunden im Chor. (Das entsprach eher der gefühlten Wahrheit.) »Ich bin 14, und mein Leben läuft beschissen. Alles wird immer schlimmer, nichts ist schön, dabei soll das doch die schönste Zeit im Leben sein!« Mein Gott. Die arme Maus. Ich lud umgehend ihre Last auf mich und grübelte die ganze Nacht, was ich für sie tun könnte. Sicher, das achtjährige Gymnasium war eine Tortur mit seinen vielen Unterrichtsstunden. Dafür waren sie und ihre Schwester von allen häuslichen Pflichten befreit. Im Chor stand eine Premiere an, aber sie hatte selbst an den Proben teilnehmen wollen. Das jetzt abzubrechen, würde sie sicherlich ablehnen. Am nächsten Mittag – ich war noch ganz zerknautscht vor Sorgen – kam sie strahlend aus der Schule. Alles wieder bestens. Oder doch nicht? Am Anna-Kind konnte man sehen, wie das Wenig-Essen die depressive Stimmung nach sich zog. Mich irritierte vor allem ihr kindliches Verhalten: beim Dankesschreiben für ihre Konfirmationsgaben sollte ich ihr über die Schulter schauen, am besten gleich den ganzen Brief diktieren. Als wäre sie wieder ein Kleinkind. Unsere einst so selbstbewusste Anna.

Die Magersucht ist eine psychosomatische Erkrankung. Man fragt sich, ob die Henne zuerst da war oder das Ei. Ist es das mangelnde Gewicht, das sich auf die Stimmung schlägt? Oder ist das Unglück des Kindes der tiefere Grund für das Hungern? Es wird wohl beides zusammenkommen. Bei Anna und Marie zeigten sich zwei Aspekte einer Erkrankung.

Über die Pfingsttage hatte ich das Buch der amerikanischen Psychotherapeutin Peggy Claude-Pierre (»Der Weg zurück ins Leben«) gelesen. Heute weiß ich, dass sie und ihre Privatklinik in Kanada umstritten sind – worüber mir kein Urteil zukommt –, aber ihr Buch hat mir damals geholfen. In ihm plädiert sie für einen liebevollen Umgang mit den erkrankten jungen Mädchen und Frauen. Die Verhärtung der Patientinnen lastet sie allein der Krankheit an, dahinter aber stünden überaus sensible, liebenswürdige Menschen, die unseren höchsten Respekt verdienten. Tatsächlich haben ihre eigenen Erfahrungen sie für die Arbeit mit Magersüchtigen prädestiniert. Ihre beiden Töchter, eine nach der anderen, waren magersüchtig und von schweren Minderwertigkeitsgefühlen geprägt, aber gemeinsam haben sie es geschafft, die Mädchen aus der lebensbedrohlichen Krise herauszuholen. Sie beschreibt, wie sie ihr krankes Kind rund um die Uhr betreute, beim Essen saß sie, selbst essend, daneben – und redete die ganze Zeit mit dem Kind, schob ihm kleine Bissen hinüber, versuchte es langsam wieder aufzubauen und vor allem aufzuheitern. Mit der Idee, gemeinsam eine Klinik für Essgestörte zu gründen, sorgte sie für eine Perspektive für sich und die Töchter. »Die Rundumbetreuung ist wohl nicht unser Weg«, habe ich damals in mein Tagebuch geschrieben, »dafür sind die Mädchen zu widerborstig und wir alle zu freiheitsliebend.« Heute erscheint mir auch die Gemeinsamkeit des Mutter-Tochter-Projekts eigenartig – aber damals fühlte ich mich in dem bestärkt, was mein Herz mir schon gesagt hatte: dem Recht, mich in dieser Situation besonders um Anna zu kümmern, einer Art liebevoller Belagerung. – »Lass uns Tacheles reden«, sagte ich zu Anna, als wir draußen am Biertisch saßen, »du steckst auch drin in dieser Krankheit.« – »Ja, stimmt schon, Mama.« – »Deswegen möchte ich dir ein kleines Programm vorschlagen: Ich kümmere mich ab sofort um deine Ernährung, und wir schauen beide, dass du ein wenig zunimmst und vor allem nicht weiter abnimmst.« – »Aber 46 Kilo sind doch okay.« – »Genau das hat deine Schwester auch gesagt, als sie bei 46 Kilo angelangt war. Und dann? Diese Krankheit entwickelt einen Sog, dem kannst du dich nicht entziehen, das ist ja das Gefährliche! Ich helfe dir, dass du nicht weiter hineinrutschst, und dafür bitte ich dich, mich nicht anzufahren, wenn ich mich in deine Ernährung mische.« Wir vereinbarten, dass ich ihr die Mahlzeiten fortan hinstellen würde. Die Portionen würden immer gut zu bewältigen sein und nach ihrem Geschmack. Sie würde einfach essen und bräuchte nicht zu überlegen, wie viel sie sich auftun dürfte, ob Marie weniger essen würde in der Klinik etc. Später am Telefon erzählte sie ihrem Vater: »Die Mama nervt wieder total. Jetzt will sie ein Programm aus Amerika mit mir ausprobieren!« Da dachte ich: Wir sind auf dem Weg.

Heute denke ich: So verkehrt (wie man mir später in der Klinik vorwarf) war der Ansatz nicht. Zumal es ja nicht nur ums Essen ging, sondern generell ums Sich-Kümmern. Wenn Sie das Handbuch von Treasure, Smith und Crane lesen, werden Sie dort auf den »Ernährungscoach« stoßen, der die junge Patientin zu Hause beim Essen begleitet. Bevor der in seine Dienste tritt, müssen freilich einige Dinge miteinander besprochen werden. Vor allem muss der »Heimpatient« einem solchen Coach zustimmen. Zwischen den beiden sollte ein sprachlicher Code gelten, der mit der Erinnerung ans Essen die Liebe zum Kind kommuniziert. Also nicht kontrollierend: Es ist elf Uhr, hast du schon deine Banane gegessen?, sondern liebevoll: Es ist elf Uhr, und ich denke an dich. Es ist möglich, sein Kind auch beim Essverhalten zu unterstützen, man selbst braucht allerdings eine geradezu himmlische Geduld dazu sowie die Unterstützung von professionellen Therapeuten. Beides hatte ich nicht. Als Mutter ist man sowieso nur bedingt geeignet für den Job als Ernährungscoach des eigenen Kindes, oft sind Liebe und Ernährung zu eng verknüpft. Dazu mehr im fünften Kapitel. Aus meinem Tagebuch:

Übrigens ist das Buch von Peggy Claude-Pierre eines der wenigen Bücher auf dem Markt, die überhaupt Mut machen. Die anderen Autoren schaffen es mit ihrer Gründlichkeit immer wieder, ein schlechtes Gewissen zu erzeugen. Da ist von Kindheitstraumata die Rede, von Missbrauch und Perfektionismus, von überhöhten elterlichen Erwartungen, Vernachlässigung oder überbehüteter Kindheit – das ganze Programm und das Gegenteil davon gleich mit: Hauptsache, man findet einen Grund. Natürlich fragt man sich als Elternteil, was man falsch gemacht hat mit diesem Kind, nächtelang befragt man sich, und der Prozess der inneren Befragung ist auch wichtig und notwendig für die Heilung. Aber in dieser schwierigen Situation braucht man keine schnellen Urteile, sondern großzügige und echte Menschlichkeit, die eben nicht urteilt.

Zu »unserer« Zeit der Magersucht gab es tatsächlich kaum ermutigende Literatur in Deutschland, auf die Eltern hätten zurückgreifen können. Das praktische und Mut machende Buch von Janet Treasure, »Gemeinsam die Magersucht besiegen« (1999), war von mir übersehen worden. Das Buch von Prof. Manfred Fichter über »Magersucht und Bulimie«, das die Eltern der Betroffenen explizit entlastet, erschien erst 2008.

Nach vier Wochen Klinikaufenthalt kam Marie zum ersten Mal übers Wochenende nach Hause. Mir war etwas mulmig zumute angesichts des Lackmustests: Wie würden die gemeinsamen Mahlzeiten verlaufen? Am Telefon hatte ich mit ihr den »Essensplan« fürs Wochenende besprochen. Sie wollte früh zu Mittag essen, weil sie es jetzt so gewohnt war, ein spätes Essen gegen 17 Uhr – wie wir es gerne am Wochenende einnahmen – wäre für sie wegen ihrer Zwischenmahlzeiten schwierig. Daran wollten wir uns natürlich halten. Annas Situation hatte sich, so mein Eindruck, in den letzten Wochen entspannt. »Du weißt, wie wichtig du für Marie bist«, meinte Paul: »Wenn du es schaffst, wieder mehr zu essen, wird sich auch Marie leichter tun.« Wir schworen Anna auf das Wochenende mit Marie ein – und überforderten sie, wie ich es heute besser weiß. Überhaupt planten wir das erste Wochenende mit Marie generalstabsmäßig mit Kino- und Restaurantbesuch. Wir würden zukünftig oft essen gehen (arme Haushaltskasse!). Im Restaurant fängt man schließlich nicht an zu streiten, wer wie viel isst oder nicht isst. Außerdem bekommt jeder seine Portion vorgesetzt. Apropos: In der Klinik befolgte Marie inzwischen einen Ernährungsplan, der genau auflistete, was sie über den Tag verteilt zu sich nehmen sollte. Sie hatte mir am Telefon davon berichtet und war stolz darauf, ihn einzuhalten – obwohl sie manchmal richtige Bauchkrämpfe von dem Essen bekommen würde. Es war halt die normale Krankenhauskost, die keinen Unterschied zwischen essgestörten und anderen Patienten machte. An diesem Wochenende erzählte mir Marie aber auch, dass ihre Psychotherapeutin, die den Ernährungsplan für sie gemacht hatte, deswegen Ärger bekommen hätte im Haus. Essenspläne wären nicht vorgesehen im Behandlungskonzept. Sie würden die Eigenverantwortung der Jugendlichen unterlaufen. Maries Therapeutin, eine schon ältere Dame mit Format (wie wir später feststellten), hatte sich verteidigen müssen.

Trotz aller Vorabsprachen verlief das Wochenende, wen wundert's, schwierig. Dazu mein Tagebuch:

Immer geht es nur ums Essen! Das ist ja grauenhaft! – Ich weiß nicht, wann dieser Satz fiel am Wochenende, aber er trifft zu. Dabei sind es vor allem die Zwillinge selbst, die sich diesen Stress ums Essen machen: Marie hält eisern ihr Klinikprogramm ein, jammert zwischendurch, wie sehr sie sich vor den Kalorien und dem Zunehmen ängstigt (800 Gramm mehr auf der Waage: Hilfe, das geht mir alles viel zu schnell!), Anna ist enttäuscht, weil Marie immer noch die Marmelade auf die Semmel kratzt statt schmiert. Marie verdächtigt Anna, ihren Joghurt ins Klo geschüttet zu haben. Tränen und Geschrei. Klokontrolle durch den Vater. Es war eine Posse, wenn es kein Trauerspiel gewesen wäre … Ich glaube, Marie war nicht unfroh, wieder ins Krankenhaus zurückzudürfen. Sie fühlt sich sehr wohl mit den anderen Mädchen und genießt den Aufenthalt als die große Schonfrist, die er ja auch ist.

Die meisten Klinikmädchen wirkten auf mich erstaunlich heil. Sie waren dünn, okay, oder eben nicht so dünn, wenn sie bulimisch waren, aber die Gesichter – waren liebe Gesichter, mit offenen, interessierten Augen. Eine war sehr angeschlagen, das merkte man gleich, aber die anderen? Ganz normale Girls, die

Illustrierte blätterten, von Jungs, Mode und Ferien redeten, Karten spielten und viel miteinander kicherten. Wenn bloß diese tückische Krankheit sie nicht alle im Griff gehabt hätte ... Auch die dazugehörigen Eltern erschienen durchweg nett und bemüht. Autoritär kam mir niemand vor. Auch nicht lieblos. Sondern im Gegenteil: alles gebend, alles ermöglichend, so wie es heute die meisten Eltern tun (wenn sie es können).

Wie schon gesagt, erschien mir die Krankheit damals wie ein schweres Virus, das seine eigene Dynamik entfaltet und seine Zeit braucht, um wieder abzuklingen. Körper und Seele sind betroffen und leiden sehr. – Damit möchte ich den psychischen Hintergrund nicht vom Tisch wischen, bei Marie waren einige Dinge nicht so rund gelaufen in den zwei Jahren vor ihrer Erkrankung. Dazu kam das große Thema der Ablösung von ihrer Zwillingsschwester. – Aber vielleicht war es auch einfach Pech. Ebenso, wie du Glück haben kannst, und der richtige Mensch bewahrt dich im richtigen Moment vor der Katastrophe, ebenso kannst du auch Pech haben, und es tauchen immer die »falschen« Helfer auf. Die mangelnde menschliche Wärme im Chor und in der Schule, das Gefühl, im Schatten der Zwillingsschwester zu stehen, der Mangel an wirklich guten Freundinnen und dazu das Diktat der Äußerlichkeiten, dem sie sich unterwarf und sich dennoch nicht wohl fühlte. Da hat so eine Erkrankung ein leichtes Spiel.

Zwillinge machen es der Magersucht offensichtlich besonders leicht. In der Nacht zum Sonntag während dieses ersten Heimaufenthalts von Marie sprachen Paul und ich darüber, warum Anna so deprimiert war in letzter Zeit. »Marie hat jetzt ihre besten Freundinnen in der Klinik«, meinte Paul. Das stimmte. Marie nabelte sich ab, und Anna blieb daheim zurück. Eine

Umkehr der Verhältnisse – denn bislang war es ja meist Anna gewesen, die vorneweg sauste. »Die beiden waren doch immer so starke Mädchen«, sagte ich. »Weißt du noch, wenn sie etwas nicht wollten: Dann hattest du keine Chance.« – »Ja, gemeinsam waren sie stark, aber jetzt begreifen sie, dass sie ihr Leben allein angehen müssen, und da sind sie erst einmal schwach.«

Am Sonntagnachmittag hatte Marie ihrer Schwester und mir ihr »Fell« gezeigt. Ihr ganzer Leib war von einem Flaum bedeckt, wie bei einem jungen Tier. Natürlich hatte ich davon gelesen, dass Hungern zur Lanugo-Behaarung führen kann. Ich rang dennoch um Fassung. Wie musste das für Anna sein, eine 14-jährige, einen geliebten Menschen in einem derart desolaten Zustand zu sehen? Unvorstellbar.

»Familienleben mit einem magersüchtigen Kind« ist dieses Kapitel überschrieben. Wir hatten zwei magersüchtige Kinder. Wie die meisten Familien hatten wir nicht mit der Magersucht gerechnet, aber auch nicht damit, dass die Pubertät unserer Mädchen so heftig verlaufen würde. Dabei wäre das bei Zwillingen nicht unüblich, wie mir Rosa später erklärte. Aber dass die Trennungskrise der beiden in die Magersucht führen würde? Dafür hatte es zumindest in der Kindheit unserer Mädchen keine Indizien gegeben.

Wie waren Anna und Marie als Kinder? In der Literatur zum Thema wird ja manchmal von der »Magersucht-Persönlichkeit« gesprochen. Damit sind begabte junge Menschen gemeint, die ehrgeizig sind und zum Perfektionismus neigen – sowie zu seinem Pendant, dem geringen Selbstbewusstsein. Oft wird auch die ausgleichende und konfliktscheue Seite solcher Persönlichkeiten erwähnt, demnach fühlen sie sich zuständig für die Harmonie in der Familie, die sie vielleicht in ihrer frühen Kindheit nicht zur Genüge genossen haben. Magersüchtige sind keine Hoppla-hier-komm-ich-Rufer, sondern stellen sich gerne hinten an. All diese Charakteristika trafen auf unsere Töchter nicht zu. Anna und Marie waren beide lebhafte, selbstbewusste und fordernde Kinder. Ich weiß noch genau, wie ich Anna einmal aus Versehen mit Marie anredete und sie sogleich empört rief: ANNA! Da war sie keine zwei Jahre alt. Auch Marie wusste immer genau, was sie wollte und vor allem: nicht wollte. Unsere Zwillinge waren eine Herausforderung und wir überwiegend stolz auf sie (wenn wir nicht völlig erledigt auf der Couch lagen). Ruhig in der Ecke sitzen und spielen? Vergiss es! Warten, bis die Schwester fertig ist und man selbst drankommt? Never ever. Ich war immer mit dem lauten Doppelpack unterwegs, »zwei tickende Zeitbomben«, meinte meine Freundin Sabine einmal, »du weißt nie, wann die erste hochgeht«. Beide brauchten tagsüber und leider auch nachts die volle Aufmerksamkeit ihrer Eltern, mit »beide« meine ich ausdrücklich »jede für sich«. Von »ein Aufwasch« oder Ähnlichem konnte überhaupt keine Rede sein. Nein, ich begriff schnell – und fand das auch gut so –, dass die beiden, obwohl sie sich einen Bauch geteilt hatten, denselben Anspruch auf Exklusivität erhoben wie jedes andere Baby auch. Sie waren einzigartig und doppelt zugleich. Wobei die Dopplung eher ein Problem für die Eltern war als für die Kinder, die ihre Stärke zu zweit grundsätzlich genossen, glaube ich. In der Grundschule besuchten sie dann übrigens eine gemeinsame Klasse: Ich hatte es nicht über mein Mutterherz gebracht, die beiden zu trennen, weil wir doch gerade umgezogen waren und sie niemanden an der neuen Schule kannten. Im Gymnasium, das war so abgesprochen mit ihnen, würden sie in zwei verschiedene Klassen gehen. Ich wusste, dass es wichtig war, sich für jedes Kind einzeln Zeit zu nehmen, und wir machten das gerne, weil es immer besonders nett war, »nur« mit einer Tochter etwas zu unternehmen. Paul und ich achteten darauf, dass die beiden nicht alles gemeinsam machten. Aber – wenn Sie selbst mehr als ein Kind haben, wissen Sie, wovon ich spreche: die individuelle Erziehung ist manchmal schwer umzusetzen im Alltag, zumal Anna und Marie sehr ähnliche Interessen hatten. Sprich: Beide spielten Klavier, weil es beiden gefiel und praktisch war. Beide sangen im Chor, weil er so prominent war und keine freiwillig auf die Teilnahme verzichten wollte. Das erleichterte natürlich auch das Abholen … Später ging Marie zum Schwimmen: Sie war ein »Lichtblick seit Jahren«, wie ihre Trainerin meinte. Wir freuten uns für sie – aber Marie hatte auf Dauer keine Lust auf das anstrengende Bahnenziehen. Eine Schinderei, meinte auch mein Mann. Vielleicht war es ein Fehler, dass Marie das Schwimmtraining wieder aufgegeben hat. Vielleicht hätte es ihr geholfen … andererseits: kein Training ohne Trainingsziele, Wettkämpfe und Leistungsdruck. Der Druck aus der Schule und dem Chor reichte uns allen vollkommen aus.

Der Opa, mein Vater, sah übrigens sofort die innere Not, in der Marie steckte. Er habe häufig beobachtet, dass Marie ihrer Schwester den Vortritt überlassen habe. Beim Schwimmen sei sie erst später ins Wasser gesprungen, damit Anna siegen konnte. Waren Paul und ich diesbezüglich betriebsblind gewesen? Wahrscheinlich waren wir einfach nur froh, wenn zwischen den Geschwistern Frieden herrschte. Wie alle Eltern.

Als die Mädchen neun waren, haben wir Jakob bekommen, unser Kind fürs Alter, wie ich gerne sage. Die ersten drei Jahre mit Jakob waren dann auch ganz wunderbar, keine Eifersucht vonseiten der Zwillinge, der Kleine schnuckelig, die Großen entzückend zu ihm. Von mir aus hätte es ewig so weitergehen können. Dann wurde Jakob drei und bekam seinen eigenen Kopf, die Großen wurden zwölf und interessierten sich für vielerlei, aber nicht für den Bruder oder die Familie. Wir unternahmen zunehmend Dinge zu dritt. Vater, Mutter, Jakob-Kind. Mir ist das schon schwergefallen damals, der Abschied von der »Großfamilie«. Andererseits begannen Anna und Marie zeitgleich damit, mir den Abschied zu erleichtern ... Vielleicht sind viele Jugendlichen ja nur deshalb so anstrengend in ihrer Pubertät, damit es die Eltern leichter haben?

Außerdem war Jakob, das gestehe ich freimütig, ein kleiner Aufmerksamkeitsterrorist. Als er Kleinkind war, fanden alle seine Veitstänze noch lustig, aber dann, mit der Zeit, waren vor allem die Mädchen genervt von diesem lauten Energiebündel namens Brüderchen – so lieb er auch war und alle ihn hatten. Mit Jakob am Tisch war ein normales Gespräch kaum möglich. Sein Mitteilungsbedürfnis war so stark, dass bald alle ihre Überdosis Jakob hatten und er nicht bis zum Schluss einer Mahlzeit ausharren musste, sondern sich zurückziehen durfte, sobald er fertig gegessen hatte. Dann kamen die Mädchen zu Wort. Jakob hat viel Raum genommen und auch bekommen bei uns. Nach neun Jahren Zwillingsherrschaft kam so ein kleiner Krakeeler zur Welt und nahm die Eltern in Beschlag, da verschoben sich die Gewichte in der Familie, keine Frage.

Als Zweitgeborene war Marie für mich manchmal schon die Kleine, Anna die Große. Verrückt, wenn man bedenkt, dass nur elf Minuten ihren jeweiligen Eintritt in die Welt trennten. Hinzu kam, dass Marie vom Wesen her zurückhaltender war,

Anna forscher. Oh Gott, habe ich manchmal gedacht, wenn Anna als Erste einen Freund hat und Marie noch keinen, das wird schwierig. (Dann kam es erstens anders und zweitens als man denkt – aber das ist ja oft so im Leben.)

Eine Rolle in unserer Magersuchtgeschichte haben auch meine Bedenken gespielt, die »Kleinere« wegen ihrer »Zweitstellung« zu verhätscheln. Bei meiner um knapp zwei Jahre jüngeren Schwester und mir war das ein unguter Prozess. Die »Kleine« war auch zurückhaltender und wurde lange von den Eltern behandelt, als wäre sie zu kurz gekommen, was ihr nicht gutgetan hat letztlich. Aber Marie war nicht Miriam, das würde mir Maries ambulante Therapeutin noch klarmachen. Zu Recht: Mit Sicherheit habe ich eigene Kindheitsmuster auf unsere Töchter übertragen. Zum Beispiel hatte ich die Idee, dass die schüchterne Marie vielleicht weniger attraktiv wäre für Jungs, besser gesagt: Ich glaubte, Marie bräuchte einen zweiten Blick, um »entdeckt« zu werden. »Aber es ist doch gerade Marie, wohin die Jungs immer spitzen!«, entrüsteten sich Freunde von uns, deren Sohn das gleiche Gymnasium besuchte. Also wieder eine vorgefasste Meinung der Mutter. Ach, in der Erziehung der Kinder holt dich doch immer wieder die eigene Vergangenheit ein.

Es ist nicht leicht, Zwillinge aufzuziehen. Schon während der Schwangerschaft mit den beiden habe ich mir Gedanken gemacht, ob ich als Solo-Mama zwei Säuglingen auf einmal überhaupt gerecht werden könnte. Wie wird das werden mit dem Stillen, fragte ich mich. Welche darf zuerst an die Brust? (Ich nahm dann beide gleichzeitig auf.) Wirst du darauf achten, dass du jede gleich lang anschaust? Der Gesichtskontakt soll doch so wichtig sein! Das waren letztlich Grundfragen, die sich in der Kindheit unserer Mädchen wiederholten: Bekam wirklich jede die Aufmerksamkeit, die sie brauchte? Lobte man die eine, reklamierte die zweite genau diese Fähigkeit und also das Lob für sich. Differenzierung war, wie schon gesagt, schwierig. – Als die Zwillinge noch klein waren, habe ich einmal eine Erziehungsberatungsstelle aufgesucht. Anna und Marie waren ausgesprochen fordernde Kinder, und ich fühlte mich so manches Mal überfordert. »Wenn es ein Problem gibt«, meinte die Erziehungsberaterin, »dann wahrscheinlich genau Ihre Unsicherheit, ob Sie den beiden genügen. Die Kinder spüren das und denken sich: Aha, bei der Mama ist noch mehr zu holen! Nein, Sie sind eine engagierte Mutter und geben, was Sie können.« Dann sagte sie den Satz, den ich mir hinter die Ohren schrieb: »Ein schlechtes Gewissen ist noch nie ein guter Ratgeber in Erziehungsfragen gewesen.«

An unserer Familie, denke ich gerade, kann man beispielhaft sehen, wie Geschwister sich die elterliche Aufmerksamkeit sichern. Man kann nicht alle Kinder gleich behandeln, sagen Pädagogen und Psychologen. Nein, aber die Kinder holen sich ihre Portion Aufmerksamkeit sowieso selbst. Marie fühlte sich benachteiligt gegenüber ihrer Schwester und zog mit der Magersucht aller Augen auf sich. Wenig später holte sich Anna ihren Vorsprung in Sachen Aufmerksamkeit zurück. Mit der Magersucht der Zwillingsschwestern wiederum war unser kleiner Prinz erst einmal abgemeldet bei den Eltern. – Abgesehen davon, dass solche Überlegungen freilich vulgärpsychologisch sind, spricht deutlich gegen sie, dass niemand eine psychische Erkrankung bekommt, *um* mehr oder besser geliebt zu werden.

Die häusliche Lage hatte sich entspannt, seit Marie in der Klinik war. Aber die Magersucht saß weiterhin bei uns am Tisch. Anna war nicht frei von der Krankheit, und an den Wochenenden mit Marie entzündeten sich die Kämpfe ums Essen aufs Neue. Ich konnte nicht lockerlassen. Mit Argusaugen verfolgte ich die Mahlzeiten der Mädchen, aßen sie, war ich erleichtert und froh, aßen sie nicht, war ich verunsichert und traurig. Dass mal eine mit einem von uns »allein« essen würde, daran war nicht zu denken. Manchmal schaffte ich es, in einem ruhigen Moment mit einer der beiden über ihr Essverhalten zu sprechen. Häufiger platzte ich allerdings mit Vorwürfen in den Mittagstisch. Was natürlich ungut war und zu nichts führte außer Streit.
Zu unserer Gesprächskultur: Sie war schlecht. Wie hatte das passieren können? Heute weiß ich, dass Gut-miteinander-reden-Können das A und O ist bei einer psychischen Erkrankung. Ich weiß aber auch, dass Regeln, die einst funktionierten, durch die Magersucht außer Kraft gesetzt werden. Eine unserer besten und schönsten Gewohnheiten war gewesen, abends gemeinsam zu essen und dabei zu schwatzen. Das fiel jetzt flach. Es fehlten der Appetit, das Zulangen und die Zufriedenheit des Sattseins. Es gab kein Gelächter mehr am Abendbrottisch. Kein entspanntes Erzählen nach dem Essen. Die Magersucht macht dem Familienfrieden einen fetten Strich durch die Rechnung. (Wie es ja auch die Pubertät generell tut, aber damit lässt sich dann doch leichter leben.)

Dennoch waren wir viel zusammen in dieser schweren Zeit. Wenn ich daran denke, wie selten ich die beiden heute sehe, meist sind sie mit Freunden unterwegs ... Damals gab es kaum noch Freunde. Okay, Marie hatte ihre Klinikmädels, sie haben übrigens nach wie vor Kontakt zueinander. Aber Anna? »Ich stehe in der Pause immer allein auf dem Schulhof, Mama. Ich weiß nicht, wo ich hin soll.« Anna frierend und allein auf dem Schulhof, während alle anderen lachend in Grüppchen zusammenstehen. Das schnitt mir ins Herz. Beim Pfingst-Segeltörn mit ihrer Freundin war ihr nur kalt gewesen, was nicht nur am kühlen Wetter in Kroatien lag. »Da war so wenig Lachen bei den Mädchen, normalerweise gackern sie doch die ganze Zeit«, bemerkte die besorgte Mutter der Freundin. Anna fror, körperlich, emotional und sozial.

Wir suchten eine neue Schule für Anna. Auf der alten fühlte sie sich zunehmend unwohl, sie konnte sich dort niemandem anvertrauen. Außerdem hielten wir es für gut, wenn Marie und Anna in Zukunft auf zwei verschiedene Schulen gingen. Jede könnte dann ihren eigenen Freundeskreis aufbauen. Anna, die gerne wechseln wollte, bewarb sich schriftlich bei zwei Gymnasien. Ich sprach dort persönlich vor. »Weshalb möchte Ihre Tochter denn die Schule wechseln?«, wurde ich natürlich als Erstes gefragt. Dann sagte ich die Wahrheit, erntete größtes Verständnis und Mitleid (»In Ihrer Haut möchte ich nicht stecken!«) – und bekam dennoch keinen Platz für Anna. Nach wie vor kümmerte ich mich auch um Annas Ernährung und unternahm viel mit ihr: »Ich kann nicht kommen, Anna und ich gehen heute Abend ins Kino.« – »Nein, heute passt es nicht, Anna und ich wollen in die Stadt.« Im Sommer ohne Marie habe ich meine Freundinnen oft versetzt. Isabelle meinte einmal: »Ach, ich beneide dich, so intensiv war die Beziehung zu meiner Tochter nie.« – »Sei froh«, antwortete ich – und dachte an all die Nachmittage, an denen Anna Tee mit mir trinken wollte. »Wir haben schon ewig keinen Tee mehr zusammen getrunken, Mama!« – »Wieso, erst vorgestern ...« – »Ja, aber da musstest du gleich wieder weg.« Also tranken wir Tee. Natürlich habe ich diese intensive Zeit auch genossen – als das, was sie war: eine notwendige, aber vorübergehende Phase. Ich wusste, dass ich eine Lücke füllte bei ihr, fragte mich aber dennoch zuweilen: War das wirklich richtig, dass ich mich derart zur Verfügung stellte? Würde das nicht ihre Außenkontakte weiter schrumpfen lassen? Auf keinen Fall wollte ich durch mein mütterliches Verhalten dazu beitragen, dass sich Annas Zustand verfestigte. »Wenn Anna das jetzt braucht, musst du es ihr geben«, meinte eine Freundin, die in ihrer Jugend durch mehrere Depressionen gegangen war. »Meine Mutter war in der schlimmen Zeit immer an meiner Seite, und das war gut so.«

Einmal, als Marie übers Wochenende zu Hause war und Paul mit Jakob unterwegs, bin ich mit den Mädchen zu einem Tag der offenen Ateliers gegangen. Lebensfreude finden. Es gab Kunst, Gesang und Tanz, drinnen und auch draußen bei schönster Sommerbrise. Ich kann Ihnen gar nicht sagen, wie traurig ich war an diesem späten Nachmittag. Anna und Marie hatten kein Interesse und keinerlei Spaß. Nicht mit sich selbst – und schon gar nicht mit mir. Die Magersucht ist tatsächlich die größte denkbare Spaßbremse. Kein Wunder also, dass nach einem halben Jahr Magersucht mein Tagebuch gepflastert ist mit Vorhaben wie: »Sich mehr um Jakob kümmern«, »auf Paul schauen und auf mich selbst.«

Es geht nie nur ums Essen bei der Magersucht. Das ist ein ganz wichtiger Satz für den Umgang mit der Krankheit. Das Paradox ist: In der Familie scheint es plötzlich nur noch ums Essen zu gehen. Während ich hysterisch wurde vor Sorge, war Paul angesichts des Essverhaltens seiner Töchter ohne Worte. Vor allem später bei Anna konnte er die Entwicklung überhaupt nicht nachvollziehen. Gleichzeitig sah er die Gefahr und versuchte mit mir an einem Strang zu ziehen. Im Zuge dessen hat er sich manchmal in abstruse Lagen gebracht. Er »bestand« auf einer Auflage aufs Brot, schmierte morgens die Schulbrote, die mittags weiß ich wohin verschwanden. Einmal wollte er Marie »zwingen«, abends noch eine Banane zu essen, und harrte geduldig mit der Banane in ihrem Zimmer aus. »Ich gehe nicht eher, bis du diese Banane gegessen hast!« – »Lass mich endlich schlafen, Papa«, heulte Marie. Er blieb sitzen. Eine Stunde? Zwei? Mein Mann kann sehr hartnäckig sein. Die Banane blieb unberührt. – »Du kannst froh sein, dass du so eine gute Konstitution hast, Marie«, bemerkte Paul später anlässlich von Maries Untersuchungsergebnissen in der Klinik, »stell dir mal vor, dein Herz wäre geschädigt. Ein Leben lang würdest du darunter leiden! Du solltest schleunigst gesund werden, Marie, sonst geht es womöglich nicht so glimpflich weiter!« Seine Vorträge über die gesundheitlichen Konsequenzen der Magersucht verhallten – ebenso wie die etwas spitze Äußerung, dass es ja jetzt wohl nichts werde mit der Jugendreise im Sommer. Schon im Vorjahr hatten Anna und Marie mit ihren Freundinnen eine gemeinsame Jugendreise geplant, das war lange ein Fixpunkt gewesen, sie hatten sich sehr gefreut. Viele Dinge konnten nun schwarz an die Wand gemalt werden. Da standen sie dann und bewirkten: wenig bis nichts. Paul war ebenso machtlos und verzweifelt wie ich, das tröstete mich. Mit dem »Dublin-Vertrag«, von dem später noch die Rede sein wird, hat er seine väterliche Autorität dann richtig gut ausgespielt, er schuf eine Perspektive für Marie – neben der eigenen Kraft übrigens das beste Heilmittel für die Erkrankung.

Zweieinhalb Jahre später sitze ich mit Professor Manfred Fichter am Besprechungstisch der Klinik Roseneck. Ich möchte ihn für mein Buch gewinnen – und bringe prompt die Rede auf mein Verhalten während der Magersucht. »Ich habe vieles falsch gemacht«, bemerke ich, »zum Beispiel konnte ich nie ruhig zusehen, wenn meine Töchter so gut wie nichts aßen.« – »Denken Sie einmal daran, wie machtvoll ein Hungerstreik ist«, beruhigt er mich, »dem kann sich keine Regierung entziehen. Gandhi hat damit sogar ein politisches System ins Wanken gebracht.« Die Magersucht ist eine gewaltige Provokation (auch wenn sie nicht so gemeint ist), und ich habe wie aufgezogen reagiert und mich provozieren lassen. Beim Frühstück zum Beispiel habe ich sicherlich nicht sachlich geäußert: Würdest du bitte etwas essen, sondern gerufen: Schluss mit dem Diätfrühstück in diesem Haus – ich ertrage das nicht länger! Und ich ertrug es tatsächlich nicht. Zwei Schatten am Tisch, die sich ständig zurückhielten beim Essen, keinen Hunger mehr hatten und schon gar keinen Appetit: Ich fand das nie-der-schmet-ternd. Aus meinem Tagebuch:

Vergangenen Sonntag waren wir nach dem Spazierengehen zu fünft im Café. Schokolade für alle? Nein, zweimal nur Leitungswasser, bitte! Sich dann einen Ruck geben und zu sich selbst sagen: Okay, Leitungswasser, kein Problem! – Das müsste man hinbekommen!

Paul bekam das im Großen und Ganzen besser hin als ich. Er war eindeutig der Coolere in Sachen Ernährung, was vor allem seinem Verhältnis zu Marie zugutekam. Die ganze Familie litt. Jakob wurde fahrig und begann zu »poltern« (wie die Logopäden falsch sagen: eigentlich müsste es holpern heißen). Manchmal bekam er kaum noch einen Satz geradeheraus. Beim kleinsten Anflug von Streit zog er sich vor den Fernseher zurück. Das durfte doch nicht sein, dass ein kleiner Kerl so grundlos litt. Glücklicherweise fanden wir in dieser Zeit eine wunderbare Ergotherapeutin, die sich seiner annahm und ihm auch ins Herz schaute. – Für ihn war Maries Abwesenheit eine Entlastung – weil es weniger Streit gab. Sosehr er sie vermisste – und er vermisste sie wirklich!

Essenspläne waren nicht vorgesehen in der Klinik. Marie und ihre Zimmerkumpaninnen aßen, was die Krankenhauskantine hergab. Dahinter steckte die Überlegung, dass sich Heranwachsende ungern vorschreiben lassen, was sie zu essen hätten. Das Zunehmen sollte in ihrer Hand liegen und nicht in der des Betreuungspersonals. Das leuchtete mir ein – aber dass bei der Ernährung Essgestörter überhaupt keine Rücksicht auf deren Bedürfnisse genommen wurde, fand ich nicht gut. Du kannst doch Verhungernden kein paniertes Schnitzel geben! Marie litt in den ersten Wochen an fürchterlichen Krämpfen. Mit meiner Kosmetikerin (einer Buddhistin, die nach den fünf Elementen kocht) habe ich über die Klinikkost gesprochen. Sie würde Hühnchen geben, meinte sie gleich, die klassische Schonkost, leichte Suppen, ein Hauch Ingwer überall, frischen Salat, Sprossen ... »Schade, dass es sich immer noch nicht herumgesprochen hat, wie heilsam Nahrung sein kann, finden Sie nicht auch, Frau Wendt?« Das fand ich auch. Ich würde allerdings den Teufel tun und die Klinikernährung anfechten – dann wäre das Bild der »Kontrollmami« (das Feindbild der Klinikärzte und -therapeuten) komplett gewesen. Im Nachhinein hat sich zumindest für Marie bestätigt, dass die Qualität des Essens nicht so entscheidend ist für den Genesungsprozess. Ihr war das Essen nicht so wichtig.

Ihr war das Essen nicht so wichtig. Tatsächlich war das bei Marie immer schon so gewesen. In ihrer Kindheit gab es Weihnachtsfeste, wo alle Shrimps und Lachs aßen – und Marie saß mit einem Butterbrot daneben. Sie war mehr für das Vertraute. Diese Anspruchslosigkeit kam ihr dann in der Klinik und auch später im Ausland zugute. – Dennoch stimmt der Satz nicht ganz, zumindest nicht im Zusammenhang mit der Magersucht. »Richtiges Essen« war nicht so wichtig für Marie, das eigene Mageressen, wie ich es jetzt einmal nenne, hingegen schon. Eine der schönsten Vergnügungen der Klinikmädchen war, wie schon gesagt, der Einkauf im nahe gelegenen Supermarkt. Dort wurden erstanden: kleine Becher Joghurt oder Pudding oder Quark, Müsliriegel, Gummibärchen – alles Sachen, die es bei uns zu Hause eher nicht gegeben hatte. Ihr gemeinsamer Nenner: null Komma irgendwas Prozent Fett. Nun ist die Versuchung groß, sich in der Familie den Regeln der Magersucht anzupassen und »einfach« magere Nahrungsmittel auf den Tisch zu bringen. Magermilch. Du-darfst-Käse. Putenbrust. Pasta mit Tomatensauce ohne Olivenöl. Essigsauren Salat. Wackelpudding. Zero Coke. Dazu könnte man dann Vitamine reichen, um die Ernährungsbilanz anzuheben. Eine Freundin empfahl mir allen Ernstes: »Warum besorgst du Marie nicht ein Kombipräparat aus Vitaminen und Mineralstoffen, wenn du dir Sorgen um ihre Gesundheit machst?«

Abgesehen davon, dass ich keine Cola und keine Vitaminpillen kaufen mag und vollfetten Käse und richtige Wurst liebe, habe ich mir schon überlegt, ob ich nicht angesichts der lebensnotwendigen Gewichtsfrage den Gelüsten nach Zeroprozent nachgeben sollte. Es wäre doch besser, fettreduzierten Joghurt zu essen als gar keinen, nicht wahr? Einmal habe ich auch sogenannte Astronautennahrung für Marie gekauft – die dann im Kühlschrank verschimmelte. – Ob fettreduziert oder hochkalorisch: Ernährungspolitisch lässt sich die Essstörung nicht in den Griff bekommen. Das ist jedenfalls das Fazit einer

Mutter, die es wirklich versucht hat mit dem guten Essen. Ich halte bis heute an unserer mehr oder weniger gesunden Lebensweise fest – und die Mädchen kaufen sich selbst ein, was sie an »Extras« wünschen.

Letztlich schwankt man bei der Erziehung der Kinder immer zwischen Gefühl und Härte. Insbesondere bei der Magersucht, die ja einen enormen Druck auf die Eltern ausübt. Instinktiv wollte ich nichts mit der Magersucht zu tun haben. Keine mageren Produkte kaufen. Kein Gejammer wegen der Folgen des Hungerns anhören. Keine Kompromisse mit dieser verflucht gefährlichen Erkrankung eingehen. Heute weiß ich, dass gleichzeitig gilt: die Wünsche des Kindes beachten, auf seine Bedürfnisse eingehen, sein Leid an der Krankheit annehmen. Immer wieder unterscheiden zwischen der Magersucht und dem betroffenen Kind. Das ist die große Herausforderung, der sich eine Familie mit Magersucht stellen muss. »Nur du allein kannst es schaffen, aber du kannst es nicht allein schaffen.« Diesen klugen Satz legt das Skills-Buch von Treasure, Smith und Crane magersüchtigen Patienten ans Herz. Der zweite Teil des Satzes gilt auch für Eltern. Allein, ohne die Unterstützung von Freunden und Verwandten sowie ohne professionelle Beratung schafft man das nicht.

Womit wir beim Punkt wären: Uns fehlte in der Klinik ein Ansprechpartner. Wir hatten so viele Fragen und bekamen so wenige Antworten. Es gäbe ja die Familientherapie, da könnte man dann alles besprechen, wurden wir zweimal am Telefon vertröstet. Bloß: die erste Sitzung war erst fünf Wochen nach Maries Einweisung angesetzt, die weiteren würden dann im Zwei-Wochen-Rhythmus für jeweils eine Stunde erfolgen, in der natürlich vor allem Marie und auch Anna zu Wort kommen sollten. Ein Gespräch allein mit uns Eltern war überhaupt nicht avisiert. Dass man die Eltern erst so relativ spät in den Therapieprozess einbezog, hatte sicherlich damit zu tun, dass man zunächst die junge Patientin und deren Sicht auf den familiären Background kennenlernen wollte, bevor man mit der Familientherapie startete. Negativ ausgedrückt bedeutete diese Zurückhaltung aber auch: Die Eltern sollten nicht von vornherein in diesen Prozess einbezogen werden. Warum nicht? Die elterliche Unterstützung von noch so jungen Jugendlichen wäre doch enorm wichtig! – Ja, aber nur, wenn die Eltern nicht ursächlich an der Essstörung beteiligt wären. Dieser Verdacht bestand, ohne dass man je mit den Eltern gesprochen hätte (nimmt man das Einweisungsgespräch mit allen einmal aus).

Wie soll man umgehen mit der Magersucht in der Familie? Welche Möglichkeiten gibt es, den Alltag einigermaßen friedlich zu gestalten, trotz aller Sorgen, Verletzungen und Enttäuschungen? Das Wichtigste sei eine ruhige, entspannte Atmosphäre zu Hause, riet mir der Arzt, bei dem sich Anna später wiegen ließ. Bloß nicht zu viel Aufregung in der Familie, das wäre kontraproduktiv. Zwei Jahre später lese ich in dem Skills-Buch: »It is very important to ensure that communication at mealtimes is positive and warm. Try to suppress any critical and hostile comments. This is very difficult – seeing someone playing and toying with food and taking a long time is very irritating and frustrating. It takes the patience of a saint to do this day in, day out, and meal after meal.« Die Geduld einer Heiligen fehlte mir leider Gottes, was Paul und vor allem mir aber noch mehr fehlte, war eine wirkliche, ernsthafte Beratung und Unterstützung der Eltern durch die professionelle Therapie.

Magersucht und Familientherapie

Eltern unter Verdacht

In den ersten Wochen von Maries Klinikaufenthalt waren Paul und ich guten Mutes und gespannt auf die Familientherapie – sicherlich würde man uns im Umgang mit der Magersucht helfen und wer weiß: Vielleicht konnten wir noch etwas dazulernen fürs Leben? Vielleicht sogar unsere familiären Strukturen verbessern? Meine Freundin Friederike, immer down to earth, hatte zwar schon gewarnt: »Aha, Familientherapie, Prost Mahlzeit, da geht's ans Eingemachte.« – Das sollte uns aber nicht schrecken. Nach fünf Wochen war endlich unser erster Gesprächstermin. Wir kamen zu dritt, ohne Jakob, der im Kindergarten geblieben war. Marie holte uns unten am Empfang ab und geleitete uns nach oben in die therapeutischen Gemächer. Marie war schon vertraut mit den Gegebenheiten, im großen Raum würden immer die Gruppentherapiesitzungen stattfinden, dahinter lag die Kunstwerkstatt, hier entstanden Bilder und Collagen. Wir standen etwas hilflos herum und warteten auf Maries Therapeuten, der dann auch pünktlich erschien. »Sie sind anspruchsvoll«, das war sein erster Satz nach den üblichen Präliminarien des Kennenlernens. Ich habe mich natürlich gleich gefragt: Wie meint er das? Positiv oder negativ? Soll ich jetzt etwas dazu sagen? Der Satz irritierte mich. Wir schwiegen und angelten uns jeder einen Stuhl vom Stapel, um in kleiner Runde im großen Raum Platz zu nehmen. Die Ärztin wäre verhindert, würde aber später nachkommen. So erläuterte uns der Therapeut das Procedere, am Anfang sollte jeder kurz von sich erzählen, dann würde jedes Mal reihum ein Thema vorgeschlagen sowie darüber gesprochen, und gegen Ende hätte dann noch einmal jeder Einzelne das Wort. Wer wollte beginnen? Marie! Marie erzählte von ihren ersten Wochen in der Klinik. Dass sie sich gut eingelebt hätte und sich auch gut verstünde mit den anderen Mädchen. Ihr Thema in der Gruppe sei Unabhängigkeit gewesen, gemeinsam mit den anderen hätte sie überlegt, was sie ausmacht als Person. – Dann berichtete Anna vom Leben zu Hause, sie erwähnte auch das Mutter-Tochter-Programm, das wir gemeinsam gegen das Dünnwerden unternahmen. »Was macht die Mama mit dir?« Dem Therapeuten war seine Skepsis deutlich anzumerken, er fand, dass ich meine Fürsorge lieber an anderer Stelle als gerade beim Essen einbringen sollte. Auch wieder so ein wertender Satz, zu dem man besser schwieg, dachte ich. Allerdings fiel ihm Marie ins Wort und fand »das ganz gut, was die Mama mit der Anna macht«, und auch Anna meinte, das wäre schon okay für sie. Paul und ich äußerten beide unseren Stolz auf Marie. Dass sie unabhängiger werden wollte, fanden wir natürlich gut. Wir würden alles tun, um sie bei ihrem Genesungsprozess zu unterstützen. (Aber: Wir haben nicht gefragt, was genau wir tun könnten – und es wurde uns auch kein konkreter Hinweis gegeben.) Wie waren denn unsere Essgewohnheiten zu Hause?, fragte der Therapeut. Frühstück? Ja, immer. (Frühstück gilt als guter Schutz vor Magersucht: hat bei uns leider nicht funktioniert.) Mittagessen?

Unregelmäßig, weil oft keiner da ist. Dafür sitzen abends alle zusammen am Tisch. Da hellte sich die Miene des Therapeuten auf, das sei also nicht das Problem.

Für Anna verlief diese erste Sitzung erfreulich. Sie erzählte davon, dass sie zur Zeit keinen rechten Anschluss in ihrer Klasse hätte, sie hätte auch keine Lust, mit den anderen zu trinken und zu rauchen. »Bist du eigentlich stolz auf dich, dass du da nicht mitmachst?«, fragte der Therapeut. »Nein, wieso das denn?« Sie könne aber stolz auf sich sein, denn sie beweise Haltung, indem sie nicht mit zum Trinken gehe. Was die anderen als »uncool« und »langweilig« bezeichneten, sei in Wirklichkeit ein gutes Rückgrat. Diese Worte gingen ihr runter wie Butter. Ach, gebe es doch noch mehr Leute, die unsere Kinder bestärken, dachte ich und vermisste wieder einmal meine Freundin Frauke, Annas Patentante.

In der Familientherapie würde es auch um die emotionale Bedürftigkeit der einzelnen Familienmitglieder gehen, meinte der Therapeut abschließend – das ließ mich hoffen. Ich versprach mir mehr Offenheit in der Familie, bessere Gespräche, ja, auch mehr Gefühligkeit. Die zärtlichen Umgangsformen hatten doch sehr gelitten während der Pubertät der Mädchen. Vielleicht könnte man ja hier lernen, liebevoller mit den Schwächen der anderen umzugehen, sich ein wenig zu mokieren über den anderen, ohne ihn zu verletzen. So träumte ich vor mich hin – die Realität der Magersucht und die Realität der psychotherapeutischen Praxis, wie wir sie erlebt haben, holte mich rasch ein. – Heute denke ich: ich habe die Krankheit unterschätzt damals bzw. sie streckenweise nicht als solche akzeptiert, sonst hätte ich bestimmt nachgehakt: Was können wir Eltern zu Hause tun? Wie gehe ich mit bestimmten Gesprächs-

und Streitsituationen um? Wie lerne ich, die Magersucht vom Kind zu trennen? Die große Erwartung: das liebevollere Familienleben – das entwickelt sich entsprechend. Wenn man die Magersucht besiegt hat oder zumindest als Feindin erkannt. – Das nächste Mal müssten wir unbedingt den kleinen Bruder mitbringen, empfahl die Ärztin, die dann doch noch gekommen war, zum Schluss, es sei wichtig, dass er in den therapeutischen Prozess eingebunden werde. Das wollten wir gerne tun.

Die Kliniktherapeuten kümmerten sich um Marie, während wir uns zu Hause um Anna kümmerten – nach der Do-it-yourself- Methode, die ich mir von Peggy March-Pierres »Weg zurück ins Leben« abgeguckt hatte. (Aus Mangel an Alternativen, heute gibt es den präzisen und ermutigenden Leitfaden von Manfred Fichter sowie das detaillierte Angehörigen-Handbuch von Treasure, Smith und Crane, die Sie beide zur Hand nehmen können, wenn ein Familienmitglied an Magersucht erkrankt.)
Sich zu Hause zu kümmern bedeutete für mich auch: Anna bei ihrer Ernährung zu unterstützen. Leider, möchte ich fast sagen, machte das Essen schon immer einen wichtigen Part unseres Familienlebens aus, mit klaren Regeln und geliebten Ritualen. Zum Beispiel bereitet Paul immer das Frühstück, mittags und abends bin meist ich (inzwischen auch die Mädchen) zuständig. Ich kochte in diesen Wochen wie ein Weltmeister (für meine Verhältnisse), ich trank Tee mit Anna und ging mit ihr ins Kino, ich bemaß ihre Portionen und achtete darauf, mir selbst immer mehr aufzutun als ihr. Zumindest dieses Kind wollte ich vor dem Würgegriff der Magersucht bewahren. Anna hielt zunächst ihr Gewicht und rutschte nicht weiter in die Krankheit ab. Einmal kam sie am Abend zu mir und sagte: »Du hast doch recht, Mama, seit ich wieder mehr

esse, geht's mir auch sonst viel besser.« Das freute mich natürlich! Die Erfahrung, dass Essen Leib und Seele zusammenhält, hatte ich selbst gemacht. Als die Zwillinge klein waren und ich sehr wenig schlief, habe ich vor lauter Anstrengung einige Kilos verloren. Da lagen bei mir die Nerven bloß, wie der Volksmund sagt, und das, obwohl ich eigentlich glücklich war. »Sie müssen dringend Muskeln aufbauen«, riet mir damals eine Ärztin, »sonst stehen Sie die Zeit mit den kleinen Kindern nicht gut durch.« Ich begann Sport zu treiben und bewusst mehr und häufiger zu essen. Fleisch auf den Rippen wirkt sich stabilisierend aufs Gemüt aus, das weiß ich seither. Das bestätigen Ulrich Cuntz und Andreas Hillert in ihrem Buch über »Essstörungen«. Sie zitieren eine vor über 50 Jahren durchgeführte Studie an 36 jungen Amerikanern (heute darf man so etwas nicht mehr machen), die über den Zeitraum eines halben Jahres auf Diät gesetzt wurden: Die Männer durften nur noch die Hälfte der üblichen Kalorienzahl zu sich nehmen und verloren im Schnitt 25 Prozent ihres ursprünglichen Körpergewichts. Die Konsequenzen kann man sich denken: ständige mentale Beschäftigung mit dem Thema Essen, Fressanfälle, Reizbarkeit, Depression und Ängstlichkeit sowie die üblichen körperlichen Probleme wie Verstopfung, sexuelle Appetitlosigkeit, Frieren, Haarausfall und Schlafstörungen, um nur einige zu nennen. »Dauerhaftes Fasten führt zu einer nachhaltigen Störung des Essverhaltens, zu einer ganzen Reihe von körperlichen Beschwerden und zu schweren affektiven Störungen.« Das ist das Fazit der beiden Ärzte, beschreibt aber auch, was unsere Mädchen durchmachten.

Die zweite Familiensitzung fand mit Jakob statt, was wirklich nett war, denn wenn unser Sohn spricht, möchte sich selbst der Therapeut vor Lachen biegen. Wie er es denn fände, dass die Marie im Krankenhaus sei, wurde Jakob, fünf Jahre alt, gefragt. Ganz gut, kam die Antwort. »Weil Marie hier geholfen wird?« – »Ja, genau, ihr wird geholfen.« – »Oder ganz gut, weil sie weg ist von zu Hause?« – »Ja, genau, es ist gut, dass sie weg ist.« – »Und warum?« – »Weil es weniger Streit gibt.« – Weiter aus meinem Tagebuch:

Marie äußerte unter Tränen, ich hätte immer, wenn es ihr schlechtging, gesagt, sie solle halt zunehmen, dann wäre wieder alles okay. Natürlich habe ich das manchmal gesagt, in der schlimmen Phase der Erkrankung, wenn sie hinunterkam in die Küche, verhungert ausschaute und sich beklagte, ihr ginge es nicht gut, sie habe Bauchweh, Kopfweh, eine schlechte Note in Sport. Da hatte ich wenig Verständnis, das muss ich gestehen, andererseits – habe ich mich doch immer bemüht, mit ihr zu sprechen und zu erfahren, wo bei ihr die echten Probleme liegen. Dennoch trifft mich ihr Vorwurf zu Recht. Ich habe ihre Erkrankung auch als Angriff auf die Familie empfunden und als selbstzerstörerischen ›Schwachsinn‹. Meine Ungeduld (Dann iss halt etwas!) war sicherlich Ausdruck dieser inneren Haltung, aber auch Ausdruck einer gewissen Distanz zu meiner Tochter. Jetzt, in der Familientherapie, erinnere ich sie daran, wie hart unser letztes Jahr gewesen ist, das Jahr vor der Magersucht, wie viel Krach wir hatten, gerade wir beide. Wie ich einmal nach einem Streit bei ihr am Bett gesessen habe bis zehn Uhr abends und mit ihr gerungen habe um eine Einigung, den Hauch einer Versöhnung. Wie ich ihr versprochen hätte, mir Mühe zu geben und sie sich auch Mühe geben wollte. – Sie konnte sich nicht mehr erinnern. Weil das Geschehen damals auch für sie zu heftig war? Weil ihr neues Selbstbild, das sie ja gerade erst aufbaut, den durchaus hässlichen Zügen von damals widerspricht? Vielleicht ist es ja auch so, dass die

Kinder sich tatsächlich nicht erinnern an ihre verletzende Art während der Pubertät, weil es für sie nur notwendig und nicht wichtig war – während es den Müttern weh getan hat, ja, bei aller Einsicht in die Notwendigkeit hat das doch weh getan.

Warum habe ich überhaupt diese alten Geschichten mit Marie in der Familientherapie aufgetischt? Mir lag an der Trennung zwischen der Mutter-Töchter-Krise im Jahr zuvor und der Hungerkrise unserer Mädchen heute. Ich hielt diese Information für wichtig. Darüber hinaus wollte ich mich rechtfertigen, nicht immer war ich geduldig gewesen mit Marie, hatte ihr manchmal die magere Wahrheit um den Kopf geschlagen wie ein nasses Handtuch (um noch einmal Max Frisch zu zitieren). Ich war oft wütend gewesen auf Marie (aber auch auf Anna) und hatte mich schon im Vorjahr aus Selbstschutz zurückgezogen von ihr. Der Therapeut hat zum Thema Auseinandersetzung in der Pubertät übrigens nichts weiter gesagt. Aber abgespeichert hat er meine Äußerungen schon, wie sich später zeigen würde.

Marie war auf dem Weg der Besserung, davon waren Paul und ich überzeugt. Allein die Tatsache, dass sie von sich aus das Thema Unabhängigkeit in der Therapiegruppe angesprochen hatte, ermutigte uns. Beim Gespräch mit den anderen Mädchen war ihr (und uns, als sie davon erzählte) klargeworden, dass persönliche Unterschiede zwischen jungen Menschen gar nicht so leicht zu definieren sind. Was macht ein Mädchen aus als Person? Ihr Äußeres? Die Art, wie sie sich kleidet? Das kann ja nicht alles sein! Dann vielleicht ihre Hobbys? Dass sie gerne liest oder tanzt? Und was ist, wenn man eine Zwillingsschwester hat, die genauso aussieht wie man selbst und auch gerne liest oder tanzt? Die Mädchengruppe kam zu folgendem

Schluss: Mach doch einfach eine Sache nur für dich und dann merkst du mit der Zeit, was dich von Anna unterscheidet. – Überhaupt schienen ihre Mitpatientinnen einen guten Einfluss auf unsere Tochter zu haben. Die Klinikmädchen (wie wir sie nannten) pushten sich gegenseitig im positiven wie im negativen Sinn. Diejenigen, die kurz vor ihrer Entlassung standen oder schon viele Freiräume hatten, schwärmten von ihren Plänen und den Perspektiven eines freien Lebens unter Familie und Freunden. Ebenso wirksam schienen aber auch die abschreckenden Fälle zu sein, von denen Marie uns recht gern erzählte. Eine war schon das dritte Mal hier, stell dir vor, Mama! Die Ärztin hatte solche Verläufe bestätigt. Manche würden entlassen und kämen nach ein paar Monaten entkräftet wieder, päppelten sich in der Klinik auf, würden erneut entlassen, und dann begänne das Spiel von vorne. »Manche begreifen es nie«, sagte sie.

Nie würde die Unterstützung für Marie wieder so groß sein wie jetzt zu Beginn ihrer Therapie, dachte ich. Die Oma schrieb wöchentlich ermutigende Briefe. Die Klassenkameraden schickten rührende Geschenke und schauten selbst vorbei. Wir, die engste Familie, standen Gewehr bei Fuß, bloß nichts verkehrt machen, die Lage war ernst. In der Klinik befolgten die Mädchen ein festes Programm von Einzel- und Gruppentherapie, es gab aber auch Schulunterricht sowie körper- und kunsttherapeutische Angebote. Die dazwischen liegende Zeit füllten sie mit Kartenspielen. Marie war nach ihrem Klinikaufenthalt ein Bohnanza-Ass. Einmal habe ich sie besucht und mich gefreut, sie so versunken und zugleich in Kicherstimmung mit ihren Klinikfreundinnen zu sehen. Nach sieben Wochen Klinikaufenthalt war Marie über das Gröbste hinweg – dachte ich. Auch Annas Zustand hatte sich stabilisiert. Zumindest nahm sie nicht weiter ab. Die allgemeine Zuversicht wurde allerdings an den Wochenenden getrübt, von denen ich ja schon im letzten Kapitel berichtet habe. Es ist nie leicht, wenn ein Familienmitglied weg war und dann wiederkommt, redete ich mir ein. Das ist bei Pauls Abwesenheiten nicht anders. Die Balance muss sich wiederherstellen. – Das Problem war nur: Es gab keine echte Balance mehr in unserer Familie. Denn Anna steckte auch in der Krankheit, und ich kämpfte einen (aussichtslosen?) Kampf, um sie vor dem Schlimmsten zu bewahren. »Du kannst deine Kinder nicht bewahren«, schrieb ich damals ins Tagebuch, »du kannst sie nicht bewahren, vor nichts.«

Die Wochenenden waren allein deswegen problematisch, weil Anna und Marie wieder an einem Tisch saßen. Nach Meinung der Mädchen war vor allem ich schuld an dem Wochenendstress, weil ich das Essen thematisierte. Ja, aber es war ja auch Thema, solange die beiden sich die Krümel vom Mund abguckten. »Wenn die kein Leberwurstbrot isst, esse ich auch keins!« Bei solchen Bemerkungen musste ich mich schon sehr zusammenreißen, um nichts zu sagen. Wenn Marie und Anna zusammen aßen, erhoben sich die alten Muster wie grässliche Gespenster von neuem. Ich hätte einen kleinen Mann im Ohr gebraucht, der mir ständig zuflüsterte: Übe Nachsicht! Sie sind noch nicht so weit, aber das wird schon! Es war niederschmetternd zu sehen, dass die Fortschritte, die Marie in der Therapie gemacht hatte, sich zu Hause in Luft auflösten. Bei Anna war es dasselbe – wenn man das Mutter-Tochter-Programm als Mini-Therapie annimmt. Am dritten oder vierten gemeinsamen Wochenende mit Marie riss bei mir der Geduldsfaden. Emotional aufgerührt, schrieb ich ins Tagebuch:

Ich muss dringend hier raus. Ich packe ein paar Sachen ein und mache mich auf den Weg, stundenlanges Fahren, die Tränen laufen. Natürlich schlecht für Jakob, der meinen dramatischen Abgang mitbekommen hat, aber ich kann's nun mal nicht ändern.

Die kleine Flucht war nicht verkehrt. Mutter allein im Dorfrestaurant vor Rinderbraten und Knödeln. Ich fand das ganz passend, der Situation angemessen. Natürlich kamen SMS von zu Hause, die mich zur Rückkehr bewegten. Ich telefonierte mit Jakob: Ich bräuchte ein wenig Luftveränderung, käme aber wieder, »heute oder morgen, verlass dich darauf!« Natürlich kehrte ich um und verbrachte keine melodramatische Nacht allein im Landgasthof, so wie es mir filmgerecht vorgeschwebt war. Was war passiert? Am Vormittag waren die Mädchen und ich in der Stadt gewesen und hatten uns in einer Apotheke auf die Waage gestellt, Marie und ich eigentlich nur zum Vergleich, das Ergebnis war wie zu erwarten, aber Anna hatte mindestens zwei Kilo verloren. Sie wog nur noch 43 Kilo. Mir fiel nichts mehr ein. Wir sind dann schweigend nach Hause gefahren. Also auch Klinik für sie, hämmerte es in meinem Kopf, also umsonst gekocht und gekümmert all die Wochen.

An diesem Tag stand mir ein Schreckensbild vor Augen: Was wäre, wenn Marie und Anna so sehr aneinanderhingen, dass sie lieber an der gemeinsamen Magersucht festhielten, als sich von ihr (und dem Vorbild der Schwester) zu befreien? Wenn sie sich einrichteten in der Magersucht? Das Verharren in ihr kostete zunächst weniger Kraft als die Schritte heraus. Mir war aufgefallen, dass die Mutter-Beschimpfungen wieder zugenommen hatten, es herrschte Einigkeit zwischen den Mädchen, dass ich sowieso keine Ahnung hätte und sie in ihrem Leben nur behindern würde. Die Magersucht rieb sich derweil die Hände und profitierte von der schwesterlichen Solidarität, die in diesem Fall keine gute war. Der totale Verlust an Lebensqualität, den die Krankheit für Anna und Marie mit sich bringen würde – den sahen sie nicht. Wie lange würde unsere Familie eine solche Belastungsprobe aushalten können?

In guten Momenten äußerten beide Mädchen den Wunsch zuzunehmen und die Erkrankung hinter sich zu lassen. Freilich nur, wenn ich sie einzeln antraf. Ich vertraute Marie und der klinischen Therapie und ich glaubte Anna, wenn sie sich gegen die Magersucht aussprach. »Ich sehe doch selbst, wie gefährlich diese Erkrankung ist, Mama«, meinte Anna, »ich hab doch gesehen, wie Marie gelitten hat. Ich will auf keinen Fall so ausschauen wie Marie bei ihrer Konfirmation!«

An diesen Wochenenden mit beiden Mädchen zu Hause, aber auch noch oft danach, schwankte ich zwischen der Einsicht in mein ungeschicktes Verhalten (musste ich die beiden auch ans Essen erinnern! Ich sollte besser schweigen!) und der ebenso berechtigten Befürchtung, die aufgefrischte Aggressivität und Unzugänglichkeit der Mädchen hätte mit einem erneuten Landgewinn der Magersucht zu tun. Langsam dämmerte mir: Es würde keine schnelle Heilung geben.

Warum hatte ich mich denn so aufgeregt am Wochenende? Wieder saßen wir in der Familientherapierunde in dem großen hellen Raum über den Dächern der Stadt. »Anna hat abgenommen«, sagte ich, »wir haben uns am Wochenende gemeinsam gewogen.« – »Wer hat sich gewogen?« Der bedrohliche Unterton war unüberhörbar. »Die Mädchen und ich – wir ka-

men gerade an einer Apotheke vorbei und da dachte ich …«
»Wie können Sie so etwas tun«, wurde ich doppelt, vom Therapeuten und von der Ärztin, angeherrscht. Also, die Sache mit dem gemeinsamen Wiegen war vollkommen falsch und geradezu verwerflich gewesen. Himmel, dachte ich, das konnte ich ja nicht ahnen. Ich wollte ja nur Anna auf die Waage bringen (die wir nach wie vor nicht zu Hause hatten) und dachte, das ginge leichter, wenn alle sich wiegen würden. Heute weiß ich, dass jegliches Vergleichen mit anderen »Gewichtsgrößen«, vor allem denen von Müttern und Schwestern, tatsächlich ungut ist in der Magersucht. Gewogen werden sollte im kritischen Fall beim Arzt, und zwar wöchentlich.

Wir sprachen dann kurz über Anna und meine Besorgnis, was ihre Gesundheit betraf. Der Therapeut meinte, ich sei nicht medizinisch verantwortlich für mein Kind. Wenn es bedrohlich würde mit Annas Gewichtsverlust, würde sie in ärztliche Obhut bzw. in die Klinik zum Päppeln kommen. Basta. Ich weiß schon, dass er grundsätzlich recht hatte (und auch recht behalten hat mit seiner Skepsis gegenüber unserem »Mutter-Tochter-Programm«). Dennoch fand ich seine Bemerkung harsch. Diese Haltung hatte etwas von »ab in den Brunnen mit dem Kind, denn nur so findet es von allein wieder heraus«. Im Umgang mit Alkoholikern mochte das angemessen sein – aber in Bezug auf meine geliebten Töchter? Ich konnte doch nicht zusehen, wie sie verhungerten!

In der Woche darauf erfuhren wir, dass die Dame mit Format – Maries erste Kliniktherapeutin – leider für Marie nicht mehr zur Verfügung stand. Sie wäre sowieso nur noch stundenweise in der Klinik tätig, wurde uns durch Marie kolportiert. Maries Einzeltherapie würde der Psychotherapeut übernehmen, der uns ja schon bekannt war. Wie fand Marie denn den Therapeuten, fragten wir. Marie konnte noch nichts sagen, manche Mädchen würden sehr gut mit ihm zurechtkommen, sie selbst wäre aber lieber bei der Ärztin gelandet. Sie vermisste auch ihren Essensplan und hatte wieder etwas abgenommen. Am darauffolgenden Wochenende hörte sie sich gar nicht mehr hoffnungsvoll, sondern verzweifelt an. Ich machte mir Sorgen und bat um ein kurzes Vier-Augen-Gespräch vor der nächsten Familiensitzung.

Die Mädchen warteten draußen im Gang, während wir, der Therapeut und ich, uns in den großen Raum zurückzogen. Marie habe wieder abgenommen, und ich hätte den Eindruck, man würde unsere Tochter manchmal allein lassen mit ihren Nöten, ging ich gleich in medias res. »Maries erste Therapeutin ist nicht mehr für sie da, es gibt auch keinen Essensplan mehr für sie. Am Wochenende wusste Marie nicht mehr, an wen oder was sie sich halten sollte. Warum unterstützt man sie nicht mehr?« Ich fand meine Kritik eigentlich ganz berechtigt. Mein Gegenüber fand das offensichtlich ganz und gar nicht, denn ehe ich mich versah, traf mich der Vorschlaghammer: In Wirklichkeit sei nicht die Klinik, sondern ich dafür verantwortlich, dass es Marie nach wie vor nicht bessergehe. Denn ich würde zu Hause kontrollieren und somit beweisen, dass ich selbst an der Sucht hängen würde. Offensichtlich könnte ich meine Gefühle nur übers Essen äußern. Ja, es sei überhaupt nicht auszuschließen, dass ich ursächlich an der Entstehung der Krankheit beteiligt sei. Das wies ich natürlich umgehend von mir. Er konnte doch von meinem (zugegeben kontrollierenden und panischen) Verhalten in der Magersucht keine Rückschlüsse auf mein Verhalten vor der Erkrankung ziehen. Das müsse man doch trennen voneinander, erklärte ich ihm aufgebracht.

Monate später habe ich bei Janet Treasure gelesen, dass das Verhalten der Eltern während der Magersucht eines Kindes dem des elterlichen Verhaltens bei Mukoviszidose (einer unheilbaren Stoffwechselkrankheit) gleicht. Es ist die reine Angst um das Leben des Kindes. Weiter schreibt sie: »Dies legt nahe, dass ein schwer erkranktes Kind das Familiengefüge beeinflusst, statt dass umgekehrt die Familie die Krankheit des Kindes verursacht. Ein schwer krankes Kind löst bei den Eltern ein behütendes Verhalten aus.« Mir war die mütterliche Besorgnis im Angesicht des verhungernden Kindes so selbstverständlich erschienen, dass ich gar nicht auf die Idee gekommen war, sie könnte im Rahmen der Therapie irgendwie problematisch sein. (Und das war sie, aber dazu mehr im nächsten Kapitel.) Wir sprachen dann auch noch das Thema Auseinandersetzungen in der Pubertät an, die meiner Meinung nach in unserem Fall besonders heftig gewesen waren. »Ja, und warum mussten Ihre Kinder denn so sehr aufbegehren?«, fragte der Therapeut und schaute mich verständnisvoll an. Du Ahnungsloser, habe ich gedacht, steh du einmal eine einzige Auseinandersetzung mit zwei pubertierenden Mädchen durch, du würdest dich wundern, was sie dir alles an den Kopf werfen, nur weil sie schlecht gelaunt sind und Schulstress haben …

In der gemeinsamen Sitzung entschuldigte er sich dann bei mir, seine Kritik sei zu heftig gewesen. Marie war für mich in die Bresche gesprungen, freilich ohne zu wissen, was zuvor vorgefallen war. »Kannst du denn mit der Mama reden?«, wurde sie gefragt in dieser Sitzung. »Ja, natürlich«, meinte Marie, so als würde es sie wundern, dass hier jemand daran zweifelte. »Ich rede oft mit der Mama, und sie hört mir auch zu.« Anna bestätigte das. Der Therapeut hatte sich seine eigene Interpretation zurechtgelegt, ohne uns wirklich zu kennen oder mit mir einmal ernsthaft gesprochen zu haben. Maries Magersucht war demnach der auf die Spitze getriebene Machtkampf einer ansonsten ohnmächtigen Tochter gegen die überstarke Mutter. Dieser Mann hielt seine Schubladen weit offen für uns, das war Paul und mir schon aufgefallen, als er von der »anspruchsvollen« Familie sprach. Leistungsdruck und emotionale Dürftigkeit zählen ja auch zu den vermeintlichen Merkmalen »magersüchtiger Familiensysteme«. – Zu seiner Verteidigung fällt mir ein, dass er nur die geschwächte Marie kannte, ein zutiefst verunsichertes Kind, das bei seiner Einweisung enorm unter Druck stand. Zudem war Marie nach den gemeinsamen Wochenenden in der Familie manchmal verzweifelt in die Klinik zurückgekehrt, auch das wurde uns zum Vorwurf gemacht. Konnten wir nicht dafür sorgen, dass es Marie gutging am Wochenende? – Der Therapeut kannte nicht die einst so fröhliche und selbstbewusste Marie. Ihm war offensichtlich nicht klar, wie zugespitzt die Lage zwischen den Zwillingen war. Überhaupt strahlte die ganze Familie kein Glück aus (wie auch – in dieser Lage). Die Mutter panisch vor Besorgnis, der Vater sprachlos, die Schwester in Tränen, der Bruder – war okay, aber das riss das Gesamtbild auch nicht aus dem negativen Rahmen. In einem solchen Zustand tritt man vor die therapeutischen Richter und ist deren Urteilen aus dem Lehrbuch ausgesetzt. Mein Mutter-Tochter-Programm mit Anna und das gemeinsame Wiegen haben das Negativbild der Kontrollmami perfekt ergänzt.

»Die Therapeuten in der Klinik glauben, ich könnte schuld sein an Maries Erkrankung«, erzählte ich meiner Mutter am nächsten Tag zähneknirschend am Telefon. »Ja, dann nimm doch einfach alle Schuld auf dich«, kam ihre spontane Antwort. »Dann haben sie einen Schuldigen und müssen sich damit nicht weiter aufhalten. Es ist doch egal, ob es stimmt oder nicht, Hauptsache, Marie wird geholfen!« Meine Mutter – eindeutig von der Tiergattung Känguru, was ihre Enkelkinder betraf – hätte alles getan für Maries Genesung. Sie hätte geschluchzt: »Ich habe alles falsch gemacht mit meiner Tochter! Ich war zu streng (zu locker, zu anwesend, zu abwesend).« Dann hätten die Therapeuten mitleidsvoll sagen können, dass es freilich nicht um Schuld ginge (das sagen sie immer), sondern »nur« um die Familiendynamik und eventuell krank machende Strukturen, die man jetzt endlich verbessern könnte. Die Ausklammerung des Begriffs Schuld (sowie das klammheimliche Wiederhereinholen der Schuld durch die Suche nach innerfamiliären Ursachen) ist typisch für unsere Gesellschaft: Auf der einen Seite mag niemand von Schuld sprechen und schon gar keine selbst eingestehen, auf der anderen Seite sind alle ständig auf der Suche nach den Schuldigen. In seinem großartigen Stück »Mea Culpa« bemerkte Christoph Schlingensief, wie gut es in unserer Gesellschaft ankommt, wenn man sich schuldig bekennt. Man klopft sich zerknirscht auf die Brust, und alle anderen sind bewegt und begeistert. Auch ich würde noch dazu kommen, meinen Anteil an der Magersuchtgeschichte zu gestehen, aber er war nicht in meiner oder unserer Erziehung zu suchen, nicht in den Formen des täglichen Miteinanders, nicht in mangelnder Liebe und nicht in ihrem Übermaß. »Ich kann doch nicht mea culpa sagen, wenn ich mich gar nicht schuldig fühle, Mutti! Das würde doch Maries Therapie auch nicht voranbringen!« Nein, ich spürte genau und deutlich, dass Maries und auch Annas Erkrankung wenig mit mir und meiner persönlichen Art zu tun hatten. Sie war auch nicht der fortgesetzte »Machtkampf gegen die Mutter«. Die emotionalen Hintergründe (aber nicht: der Grund) der Magersucht lagen woanders, und wir wussten ja auch schon, wo: in der Beziehung der Zwillingsschwestern zueinander. Hier müsste man ansetzen, um Marie und Anna zu unterstützen in ihrem Bestreben nach Unabhängigkeit – voneinander und von der Essstörung.

Mich verletzte das Bild, das man sich von uns und vor allem von mir in der Klinik gemacht hatte. Jeder Mensch möchte schließlich in seiner Wahrheit erkannt werden. Aber was zählte schon die eigene Verletzung gegen Maries bedrohliche Erkrankung und die Hoffnung auf Genesung? Ich versuchte mich selbst nicht so wichtig zu nehmen – und schlug mir dennoch die Nächte grübelnd um die Ohren. Heute kann ich über meine Erfahrungen mit der Familientherapie lachen, der Therapeut war ungeschickt gewesen mit mir, ich aber auch sehr empfindlich, das muss ich zugeben. Er war ja nicht der Einzige, der von mütterlicher Beteiligung an der Magersucht sprach, überall hörte ich die Spatzen von den Dächern pfeifen: Es ist immer die Mutter! Es ist immer die Mutter! – War ich wirklich zu dominant gewesen mit den Töchtern? Nein, ich hatte ihnen im Gegenteil viele Freiheiten zugestanden, Paul und ich wollten die Mädchen stärken, wo immer es ging. »Wenn es bei euch ein Problem gibt, dann eher zu viel als zu wenig Autonomie bei den Kindern«, meinte meine Freundin Melanie. Zumindest waren wir immer bemüht gewesen, den Bedürfnissen der Mädchen gerecht zu werden. – Gab es zu viel Kontrolle in unserer Familie? Nein, da war nichts, was über die vertrauensvolle Fürsorge ungut hinausgegangen wäre. Außer der aktuellen Fixierung aufs Essen, die uns Eltern und vor allem mir als Mutter zu schaffen machte. – War ich als Frau zu stark? Ach, wäre ich eine schwache Persönlichkeit gewesen, würde den Mädchen die Reibung fehlen oder sonst etwas Essenzielles. Auf alle Fälle hatte ich keine Schwierigkeiten mit dem Heranwachsen meiner Töchter zu schönen und klugen jungen Frauen und auch nicht mit dem eigenen Altern. – Was war mit dem Leistungsdruck und dem elterlichen Anspruchsdenken, das in der Klinik ebenfalls unter die Lupe genommen wurde? Waren wir fixiert auf gute Noten und liebten etwa unsere Kinder nur, wenn sie diese brav ablieferten? Nein, das war tatsächlich nie der Fall gewesen. Natürlich freuten wir uns über gute Noten und platzten vor Stolz, wenn wir Anna und Marie auf der Bühne unter den anderen Chorkindern entdeckten, natürlich waren Paul und ich von der Begabung unserer Kinder überzeugt. Wir wussten aber auch, dass Glück und Erfolg im Leben nicht von guten Schulnoten abhingen. Überhaupt: Wie definierte man Erfolg? Es war Glück, das wir unseren Kindern von Herzen wünschten, weil wir sie liebten. Den Leistungsdruck erzeugten nicht wir Eltern, der Druck ging und geht doch sehr stark von der Schule aus, zumal unsere Mädchen sich im ersten G-8-Jahrgang befanden. Mit diesem Leistungsdruck hieß es zu Hause umgehen: Auf der einen Seite versuchten wir die Kinder zu entlasten, aber manchmal gaben wir den Druck auch weiter, etwa wenn es ums Lernen vor einer unliebsamen Klausur ging. In Sachen Leistungsdruck kenne ich wesentlich anfälligere Familien – in denen niemand magersüchtig geworden ist. Auch das konnte es nicht sein.

Ich weiß nicht, was ich in dieser Zeit ohne den Beistand von Rosa getan hätte. Gott sei Dank fiel mir im rechten Augenblick ein, dass ich sie anrufen und ihr alles erzählen könnte. Seit Jahren wende ich mich an Rosa, wenn es familiäre Probleme gibt, aber auch, wenn ich in mir selbst feststecke. Nun ist es nicht so, dass Rosa meinen Worten grundsätzlich mit halb geöffneten Lippen und voller Begeisterung folgt, im Gegenteil, manchmal bekomme ich mein Fett ab bei ihr – aber dieses

Mal, oh Wunder, war sie spontan auf meiner Seite. Ich hätte überlegt, Marie zuliebe zu den Vorwürfen und Mutmaßungen des Therapeuten nichts zu sagen, erzählte ich ihr. »Aber wer soll denn dann diesen Irrsinn unterbrechen, wenn nicht wir?«, empörte sie sich. Mit Rosa bin ich durch die Schule des Verzeihens gegangen, und sie bestätigte mich in meiner Haltung, dass auch jetzt, in dieser schweren Lage, die Suche nach Fehlern und Versäumnissen verkehrt sei. Als Mutter von zwei magersüchtigen Töchtern würde ich dringend Unterstützung benötigen und keine Schuldzuweisungen. – Was mich nachhaltig beeindruckte, war die folgende Aussage: Zwillinge hätten bekanntlich eine ebenso schwierige Pubertät wie Adoptivkinder. »Wenn sie sich voneinander lösen wollen und ihre eigene Identität finden, geht das nur über Krise, das ist ihr Weg.« Noch einmal wurde mir das existenzielle Ausmaß der Zwillingskrise bewusst. Aber sie war auch ein Wendepunkt und würde wie jede Krise vorübergehen, daran wollte ich festhalten.

In der großen klärenden Familiensitzung, die eigens für uns anberaumt worden war, habe ich – etwas atemlos – eine kleine Verteidigungsrede gehalten für die vermeintliche Kontrollmami und unsere Familie. Ich wollte dem Therapeuten und der Ärztin klarmachen, dass die Probleme in unserer Familie nicht so groß gewesen wären, dass sie eine Magersucht hätten verursachen können. Die Schwere der Erkrankung entsprach nicht dem tatsächlichen Familienalltag (auch wenn er nicht immer leicht war). »Wissen Sie«, sagte ich, »ich ziehe mir grundsätzlich jeden Schuh an und schaue, ob er passt – aber dieser passt definitiv nicht, und ich bin jetzt noch ganz blutig an den Füßen.« In der zweistündigen Besprechung wurde deutlich, dass nicht ein Mutter-Tochter-Konflikt, sondern die Ablösung der Zwillinge voneinander in der aktuellen Psychotherapie das

Hauptthema sein sollte. Von »Gründen« zu sprechen wäre sowieso vermessen, meinte die leitende Ärztin, die doch tiefer schaute als der Therapeut. Die Krankheit sei sehr komplex und vielschichtig. Marie äußerte unter Tränen, dass sie auf keinen Fall mehr wiegen wolle als ihre Schwester, das sei eigentlich ihre Hauptangst. Alle nickten erstaunt mit den Köpfen und taten so, als sei dies ein ganz neuer Aspekt. Dabei hatten wir das doch schon beim Aufnahmegespräch angesprochen, und auch Marie hatte in der Therapiegruppe davon berichtet. – Ich weiß nicht, warum diese Zusammenhänge untergegangen waren. Vielleicht, weil sie nicht dem Lehrbuch entsprachen? Andererseits beschäftigte man sich doch gerade in der Forschung bezüglich Essstörungen stark mit Zwillingen und ihrer Problematik. Auch Anna wurde von den Kliniktherapeuten nicht »gesehen«, sie verschwand im Negativbild der besorgten Mutter, der man keinen klaren Blick zubilligte. – Heute denke ich: In einer Klinik ist dein Kind immer auch eine Nummer, und die dazugehörigen Eltern werden manchmal eher als lästiger Appendix als eine wertvolle Unterstützung gesehen. Deshalb sollten sich Eltern ruhig einmischen, finde ich, auch mal unliebsam, wenn es nötig erscheint. Psychotherapeuten sind keine Götter, so wenig wie Eltern Sündenböcke. Aber dazulernen können beide.

Trotz Rosas ermutigender Worte bereute ich es, in der Familientherapie so offen über meine Probleme mit den pubertierenden Zwillingen gesprochen zu haben. Als hätte ich nicht gewusst, dass man manchen Leuten alles erzählen kann – und anderen besser nichts. Bei denen wartet man lieber ab, bis sie ihre eigenen Erfahrungen gemacht haben – zum Beispiel mit pubertierenden Kindern. Auch Psychotherapeuten sprechen von dem Standpunkt aus, auf dem sie stehen. Ich war offenherzig hineingegangen in die Familientherapie, hatte aber nun den Eindruck, dass meine Offenheit gar nicht zum besseren Verständnis unserer Lage beitrug, sondern im Gegenteil zur Bestätigung bereits bestehender Urteile benutzt wurde. Zudem erschienen mir die Möglichkeiten, sich als Mutter kritisch in den therapeutischen Prozess einzubringen, ziemlich eingeschränkt. Wenn man einer Mutmaßung (wie der, an der Magersucht des Kindes ursächlich beteiligt zu sein, oder später der, selbst magersüchtig zu sein) mit Nachdruck widersprach, hieß es: Aha, Sie regen sich auf, Frau Wendt, also muss etwas dran sein an meiner Beobachtung! Schwieg man, fühlte sich das Gegenüber ebenso bestätigt.

Ein halbes Jahr später sitze ich mit meinen Studienfreundinnen in der alten Heimat beim Abendessen. Maria, Saskia und ich sind gemeinsam durch ein Nibelungenseminar gegangen und haben auch sonst Standhaftigkeit bewiesen. Saskia, die als Kommunikationstrainerin erfahren ist in Sachen Psychotherapie, fand es »absolut unprofessionell«, dass die Familientherapie bei uns vom persönlichen Therapeuten des Kindes geleitet wurde. »Der Therapeut vertritt selbstverständlich die Position seines Patienten, in dem Fall die Position von Marie. Er kennt Maries Sicht der Dinge, und für ihn ist das die gültige Sicht. Das ist auch gut so, er muss schließlich auf der Seite seiner Patientin stehen. Mit der Familientherapie aber müsste ein neutraler Therapeut befasst sein, jemand, der alle unvoreingenommen sieht.« Ich stimmte erleichtert zu – denke aber heute, dass es in der Kinder- und Jugendpsychiatrie bestimmt viel schwieriger ist, zwischen den Interessen des Patienten auf der einen Seite und den Belangen der Eltern auf der anderen zu unterscheiden. Übergriffe (auch von Elternseite) sind hier häufiger, der Therapeut muss die Eltern über Dinge informieren, die ihr Kind bedrohlich betreffen, außerdem liegt es nahe, dass er Informationen, die er im Dialog mit dem Kind aus erster Hand gewonnen hat, im Gespräch mit den Eltern nutzt. Aber ein erfahrener Therapeut würde doch abwägen können zwischen der Wahrheit seiner Patienten und der Realität zu Hause? Er würde zunächst mit allen Beteiligten sprechen, bevor er sich ein Urteil bildet.

»Wenn dein Kind Krebs hat, würde niemand auf die Idee kommen, die Verantwortung dafür in der Familie zu suchen. Alle Kräfte würden sich auf die Heilung konzentrieren«, schrieb ich enttäuscht in mein Tagebuch. Das Bild, das man sich von den Eltern und vor allem den Müttern magersüchtiger Töchter gemacht hatte, erschwerte in unserem Fall erheblich die Kommunikation mit den behandelnden Psychotherapeuten. Wie war es überhaupt zu diesem negativen Image gekommen, fragte ich mich und forschte ein wenig nach. Seit Sigmund Freud gelten Traumata, die man als Kind erlitten hat, als tiefere Ursache für seelische Störungen. Das ist der Kern der psychoanalytischen Ätiologie, die im Laufe der Zeit nicht nur auf neurotische Störungen, sondern eben auch auf schwere psychische Erkrankungen wie Depressionen, Schizophrenie und eben auch Magersucht angewandt wurde (nicht von Freud selbst, muss man anmerken).

Die Magersucht nimmt unter den genannten psychischen Erkrankungen auch insofern eine Sonderstellung ein, als sie sich unmittelbar körperlich auswirkt. Daher dachte man früher, und früher heißt schon im ausgehenden 17. Jahrhundert, wo vergleichbare Fälle erstmalig beschrieben wurden, zunächst an eine Verstimmung des Magens oder Störungen im Verdauungstrakt. Es waren aber keine organischen Ursachen feststellbar. Ausgehendes 17. Jahrhundert? Ja, entgegen andersartiger Vermutungen ist die Magersucht keine genuine Erkrankung der Moderne, im 19. Jahrhundert wurde sie bereits als Nervenleiden überwiegend junger Mädchen und Frauen diagnostiziert. Im Viktorianischen Zeitalter war der gesellschaftliche Druck, der über das Essen auf Frauen ausgeübt wurde, übrigens durchaus vergleichbar mit dem Diätwahn von heute: Lustvolles Essen in der Öffentlichkeit galt als unziemlich, kulinarische Genüsse erinnerten unerwünscht an Sex, weshalb anständige Frauen lieber heimlich aßen oder eben sehr dezent. Das begünstigte damals den Ausbruch der Krankheit so wie heute das Ideal des »Magermodels«. Die meisten Ärzte und Psychiater, die sich seit immerhin 150 Jahren mit der Erkrankung beschäftigen, rieten den Betroffenen zu ausreichender und regelmäßiger Ernährung, Ruhe und frischer Luft. Eine Kur, die bis heute beherzigt wird und dem gesunden Menschenverstand einleuchtet. Allerdings ist dem französischen Psychiater Charles Lasègue schon damals (sein Buch über die »Anorexie hystérique« erschien 1873) aufgefallen, dass die Auszehrung der betroffenen Patienten mit eigenartigen Verhaltensweisen einherging: Die Patientin argumentierte, ihre Ernährung wäre allein ihre Sache, die niemanden etwas angehe, ihr ginge es gut und sie bräuchte nicht mehr zum Leben als eben dies wenige, was sie zu essen bereit war. Diese »Vernunft des Unvernünftigen«, die Leonard Woolf im Umgang mit seiner Frau Virginia beschrieben hat, kommt einem bekannt vor. Wie auch die körperliche Unruhe und das häufige Frieren, was beides im Zusammenhang mit der Anorexie erwähnt wurde. Sogar gewissenhafte Schülerinnen waren die jüngeren der Patientinnen damals schon. Tatsächlich hat sich das Krankheitsbild der Anorexia nervosa (den Begriff prägte der britische Arzt Sir William Gull, ein Zeitgenosse Lasègues) seit den ersten Diagnosen nicht sehr verändert. Der psychiatrische Blick auf ihre Ursachen und die Möglichkeiten ihrer Behandlung allerdings schon. Psychotherapeutische Gespräche – in der Gruppe und einzeln – sowie Verhaltens-, Gestaltungs- und Körpertherapie machen heute neben der Ernährungsberatung und dem regelmäßigen Essen die Therapie aus. Zum Glück weiß man inzwischen, dass eine Essstörung sich nicht »einfach auswächst«, die Betroffenen benötigen psychotherapeutische Unterstützung, um sich von ihr zu befreien.

Die wenigen Ärzte und Psychiater des 19. und frühen 20. Jahrhunderts, die sich mit der Anorexie befassten, wussten bereits, dass ohne moralische (emotionale) Unterstützung der Patienten dieser Krankheit nicht beizukommen wäre. Mögliche Ursachen, erst recht psychogene, lagen im Dunkeln. Psychodynamische Ansätze im 20. Jahrhundert gingen in der Folge der Psychoanalyse davon aus, dass in der Seele des einstigen Kindes eine erhebliche Verletzung stattgefunden hat, die nun, im Alter von Adoleszenz und Bewusstwerdung, zu einer Destabilisierung führt und zum verzweifelten Versuch der jungen Persönlichkeit, sich in der Magersucht eine neue, unanfechtbare Identität zu schaffen. Die Essstörung kann dabei als Flucht in den goldenen Käfig (der Kindheit) gedeutet werden, aber auch als Rebellion gegen das übermächtige Elternhaus oder gegen das angepasste Rollenverhalten der Mutter sowie gegen das weibliche Rollenbild generell. Allen diesen Deutungen gemein ist die Annahme, dass die Magersucht eine (unbewusste) Botschaft enthält, mit der sich die Kranke an der Welt oder den Angehörigen »rächt«. Alice Miller glaubt den Grund dafür zu kennen und schreibt in ihrem 2004 veröffentlichten Buch »Die Revolte des Körpers« über die Magersucht: »[…] um diese Krankheit zu verstehen, müssen wir uns darüber klarwerden, worunter dieser Mensch als Kind gelitten hat und wie er von seinen Eltern seelisch gequält wurde, als sie ihm die wichtige emotionale Nahrung verweigerten.« Die Magersucht ist ihrer Meinung nach Ausdruck des Mangels an »nährender Kommunikation« zwischen Eltern und Kind. Die Eltern haben sich gegenüber den Bedürfnissen des Kindes taub gestellt – und das Kind reagiert, indem es den Eltern in der dürren Gestalt einen Spiegel ihrer Kommunikationsverweigerung vorhält. – Missbrauch, emotionale Gleichgültigkeit, verdeckte Ablehnung und offener Hass, narzisstische Eltern, die ihr Kind zu ihren Zwecken benutzen – dies alles existiert, und man braucht nicht viel Phantasie, um sich vorzustellen, dass diese Art der Missachtung kindlicher (und menschlicher) Bedürfnisse schwere seelische Folgen für den Betroffenen haben kann. Tatsächlich ist die Rate psychischer Erkrankungen in Familien, in denen Traumata vorkamen oder traumatische Bedingungen herrschten, erhöht. Aber darf man deswegen umgekehrt von einer Magersuchtdiagnose auf Traumata und das Versagen der Eltern zurückschließen? Die »Fehlkommunikation«, von der jeder Umgang mit Essgestörten geprägt ist, muss ja weder vor der Störung vorhanden gewesen noch ihr Ursprung sein. Dennoch zählt die Annahme, dass Familien, in denen eine Essstörung ausbricht, »gestört« und also therapiebedürftig wären, zu den am meisten verbreiteten Vorurteilen über die Magersucht.

Bis vor zehn Jahren (oder mehr: Prof. Fichter wird sich hier viel besser auskennen) haben Psychoanalytiker und Tiefenpsychologen versucht, auch schwere psychische Erkrankungen mit dem Fehlverhalten der Eltern in Verbindung zu bringen. Dabei entstanden so groteske Vorstellungen wie die vom schizophrenogenen Vater oder der psychogenen Mutter, die den Eltern zu ihrer Sorge um ihr krankes Kind auch noch massive Schuldgefühle bescherten. Zu den ersten Psychoanalytikern, die »schizophrenogene Mütter« ausmachten, gehörte Frieda Fromm-Reichmann (1889–1957). Ihr negativer Muttertyp ist zwischen Überfürsorglichkeit und heimlicher Ablehnung des Kindes gespalten. Auf Fromm-Reichmann beruft sich auch Monika Gerlinghoff bei ihrer Begriffsprägung der »Magersuchtmütter«. Alice Miller, die ähnliche Vorstellungen kontrollierender und unfreier Eltern mit den Lebensläufen berühmter Dichter wie Friedrich Schiller, Virginia Woolf oder Franz Kafka verfeinert, schreibt: »Die Anorexia nervosa [zeigt] fast immer alle Details einer strengen Erziehung: die Erbarmungslosigkeit, die Diktatur, das Überwachungssystem, die Kontrolle, die Verständnislosigkeit und den Mangel an Einfühlungsvermögen für die wahren Bedürfnisse des Kindes. Dazu kommt die Überhäufung an Zärtlichkeit abwechselnd mit Ablehnung und Verlassen […].« Bloß: Das Muster der wilhelminischen Familie aus väterlicher Autorität, kindlichem Kadavergehorsam und matriarchaler »Heimmacht«, das über Jahrzehnte hinweg die besten Texte der Literatur motivierte, dürfte heute nur noch selten die Realität von Familien prägen. Die klassische Hausfrauenehe ist auf dem Rückzug, die Magersucht aber leider nach wie vor präsent.

Die Idee von der bürgerlich deformierten Familie, deren Gefühlsarmut und Leistungsorientierung wichtige Faktoren für die Psychogenese der Magersucht sind, stammt von der deutsch-amerikanischen Ärztin Hilde Bruch, deren Standardwerk über Essstörungen, »Der goldene Käfig«, 1983 erschien. Auch die deutschen Ärzte Monika Gerlinghoff und Herbert Backmund, die einige populärwissenschaftliche Bücher zum Thema herausgegeben haben, halten an diesem Negativbild der Familie fest. »Gerade in den Familien, in denen Konservieren, das Bewahren überkommener Rollenverteilungen und Moralvorstellungen zum Wertesystem gehört, entstehen Magersucht und Bulimie«, schreiben sie in ihrem 1989 erschienenen Buch über Magersucht und Bulimie. »Die meisten Magersüchtigen stammen aus äußerlich intakten und heilen Familien. Ihr Lebensstil ist geprägt von Konventionen, Pflichtbewusstsein, Leistung und Ordnung. Vernunft wird hoch bewertet, Emotionalität dagegen eher abgewertet. Die Umgangsformen sind ritualisiert, Konflikte werden selten direkt ausgetragen, vielmehr um des Familienfriedens willen lieber totgeschwiegen. Der Wert der Familie steht über allem. Demgegenüber wird die Außenwelt als etwas eher Bedrohliches, wenn nicht gar Feindliches, gesehen [...] Die Rollenverteilung in diesen Familien entspricht [...] den Konventionen des Mittelstandes [...].« Die bourgeoise Familie, wie sie von Franz Kafka oder später von Peter Weiss literarisch verarbeitet wurde, erscheint hier vergleichsweise harmlos. Es braucht also gar kein Trauma, um magersüchtig zu werden, eine herkömmliche Familie reicht auch! – Abgesehen davon, dass viele magersüchtige Mädchen von sich aus intelligent und ehrgeizig sind, muss man bedenken, dass die geschilderten Fälle, zumindest bei Hilde Bruch, den 60er- und 70er-Jahren des vergangenen Jahrhunderts entstammen. Auch die Festungsfamilie, wie sie von Gerlinghoff und Backmund beschrieben wird, erscheint heute nicht mehr beispielhaft.

Magersuchttheorien sind Kinder ihrer Zeit. Sind es heute immer noch gerne die »frustrierten Hausfrauen«, die ihre Wünsche auf die Tochter projizieren und dieser keine Luft zum Atmen lassen, waren es noch in den 60er-Jahren die »berufstätigen Muttis«, denen man die Vernachlässigung ihrer Kinder ankreidete. Beides ist (in Bezug auf die Entstehung psychischer Krankheiten) natürlich Unsinn. Wie dünn das Eis auf dem Teich psychoanalytischer Ursachenforschung ist, kann man auch an der Widersprüchlichkeit der Verhaltenszuweisungen erkennen, die Eltern Magersüchtiger angeblich kennzeichnen: Einmal ist der Vater patriarchalisch und autoritär, dann wieder gleicht er einem Waschlappen. Für die Mutter gelten ähnliche Extreme: Entweder ist sie schüchtern und verklemmt oder kontrollsüchtig und dominant (und natürlich auch verklemmt). Oder beide sind zu normal – was ja auch nicht gesund sein kann! – Es mag nach wie vor verkrustete Familienstrukturen geben, denen psychotherapeutische Aufklärung guttäte, aber die Familien, in denen Magersucht vorkommt, lassen sich eben nicht über einen Kamm scheren, das belegen alle neueren Untersuchungen. Diese Familien sind so unterschiedlich, wie die Magersucht gleich ist.

Verunsichert durch den Angriff des Psychotherapeuten und die genannten Texte, habe ich mir über die bewussten und unbewussten Strukturen innerhalb unserer Familie viele Gedanken gemacht. Wie die tiefenpsychologisch orientierten Therapeuten habe ich nach Gründen für die Magersucht in der Familie gesucht. War es vielleicht die Geburt unseres Nachzüglers, der ja dann auch noch ein Sohn war, oh Gott? Haben die Mädchen aufgrund des überaus lebhaften Bruders zu wenig elterliche Aufmerksamkeit erfahren? Was war mit der Rivalität der Zwillingsschwestern untereinander? Hätten wir Eltern noch mehr darauf achten müssen, die beiden in ihren Aktivitäten zu trennen? Hatte Marie sich wirklich gegenüber ihrer Schwester benachteiligt gefühlt und wenn ja: Warum hatten wir das nicht bemerkt? Unsere Mädchen waren hübsch und intelligent, erwarteten wir deshalb zu viel von ihnen? War es schlecht, dass

in ihrer frühen Kindheit Marie das Papakind gewesen war und Anna das Mamakind? Hatte es zu viel Streit in unserer Ehe gegeben, und die Mädchen ließen uns das jetzt spüren? All diese Dinge spielten und spielen nach wie vor eine Rolle bei uns. Sie reichen für Konflikte aller Art, aber eben nicht für die Psychogenese einer so schweren Erkrankung wie der Magersucht. So dachte ich und denke ich bis heute.
Andererseits können alltägliche Erfahrungen im schwierigen Alter der Pubertät (aber auch noch lange danach) sehr viel Leid erzeugen. Ein ungerechter Lehrer, die Trennung der Eltern, ein Umzug, die Geburt eines Geschwisters, Liebeskummer, Krach mit der besten Freundin, all das kann so schrecklich sein, wie es empfunden wird – und den Ausbruch psychischer Krankheiten begünstigen. Woraus sich keine ätiologische Gesetzmäßigkeit folgern lässt, aber sehr wohl das Gebot, genau hinzuschauen auf den einzelnen Fall.

Das Klischee der konventionellen Familie aus abwesendem Vater und überbehütender Mutter, das Klischee der Leistungsfamilie, die Gefühle nicht zulassen kann, das Klischee der Magersucht als einer Revolte bzw. einer Rache gegenüber den Eltern – all das führt, wenn man es verallgemeinert, eher zu einer Weichzeichnung als zu einer Klärung und letztlich zur Verharmlosung einer lebensbedrohlichen Erkrankung. Die Magersucht ist eben kein Text, der sich psychoanalytisch begründen ließe.

Wissenschaftlich sind diese Theorien überholt. Dennoch geistern sie durch die Köpfe der Menschen, auch der Fachleute. Das haben nicht nur wir erlebt. Ein Bekannter, selbst Arzt, erzählte mir von den »unglaublichen Verdächtigungen, die meine Frau und ich uns anhören mussten, als sich unser Sohn wegen seiner Depressionen in Behandlung begab. Meine Frau war am Boden zerstört.« Es gibt keinen Trost für Eltern in größter Besorgnis. So schreibt zum Beispiel Alice Miller, das Aufspüren innerfamiliärer Ursachen für die Magersucht hieße freilich nicht, »dass die Eltern böse Menschen waren, sie haben nur ihr Kind dazu erziehen wollen, was es auch später geworden ist: ein gut funktionierendes, leistungsfähiges, von vielen bewundertes Mädchen« – das sich mit der Magersucht selbst zerstört: diesen Nebensatz schreibt Miller nicht nieder, aber jeder denkt ihn sich dazu. Die Anklage an die Eltern lautet auf versuchten Mord oder zumindest Totschlag, wenn man die Sache zu Ende denkt. Auch Monika Gerlinghoff »tröstet« betroffene Eltern: »Die Frage der Schuld stellt sich spätestens dann nicht mehr, wenn deutlich wird, dass die Eltern ihrerseits Opfer komplexer Beziehungsstrukturen sind, an denen wiederum deren Herkunftsfamilien beteiligt waren.« Die Schuld ist mit dieser großzügigen Einsicht freilich nicht aus der Welt, sondern wird von Generation zu Generation weitergereicht. Hier wird suggeriert, dass bewusste Eltern diesen unheilvollen Staffellauf durchbrechen und somit die Magersucht verhindern könnten. Das aber ist eine psychologische Illusion, die Eltern unnötig belastet.

Das Schlimme an all diesen Klischees ist, dass sie schon im Kopf sind, bevor die realen Eltern überhaupt in der Familientherapie Platz genommen haben. »Sie trifft keine Schuld an der Magersucht Ihrer Tochter.« Mit diesem Satz eröffnet der erfahrene Psychiater Manfred Fichter das Gespräch mit den besorgten Eltern essgestörter Mädchen. Bei einer solchen Gesprächseröffnung sind Eltern natürlich viel eher bereit, bei den nötigen Veränderungen und Verbesserungen des kommunikativen Klimas in der Familie mitzuwirken. Nicht nur, weil sie selbst unter dem schlechten kommunikativen Klima, das die Essstörung mit sich bringt, leiden, sondern auch, weil die Essstörung nur mit einer Verbesserung ebendieses Klimas in den Griff zu bekommen ist. Aus meinem Tagebuch:

Die Anklagebank ist der falsche Ort für engagierte Eltern. Sie ist der falsche Ort, weil in der Regel die familiären Versäumnisse nicht das Trauma beinhalten, das der Schwere der Erkrankung entsprechen würde. Und sie ist der falsche Ort, weil von hier aus keine wirklich produktive Unterstützung der Eltern zu erwarten ist.

Mir hat damals übrigens der Roman »Lieder ohne Worte« der amerikanischen Schriftstellerin Anne Packer sehr geholfen. In ihm versucht eine Tochter aus gutem Haus sich umzubringen, was von der Mutter in letzter Minute verhindert wird. Diese macht sich in der Folge große Vorwürfe, ihr Kind vernachlässigt zu haben, leichtfertig über seine Sorgen hinweggegangen zu sein. Der behandelnde Psychotherapeut der Tochter entlastet die Romaneltern von diesen Schuldgefühlen. Auslöser für den Selbstmordversuch des jungen Mädchens war dann letztlich zurückgewiesene Liebe. Ein junger Mann interessierte sich nicht für das Mädchen, dieses schwieg über die stark empfundene Schmach. Die Eltern sind nicht schuld am Selbstmordversuch der Tochter (auch nicht der junge Mann!), können aber in der Folge lernen, achtsamer miteinander umzugehen.

Bei Marie war bis zu dieser Zeit (und diese Zeit würde bis nach Weihnachten dauern) in der Psychotherapie noch kein wirklicher Durchbruch erzielt worden. Das lag vielleicht daran, dass es *die* wirksame Therapie bei Magersucht nicht gibt, sagte ich mir und schrieb ernüchtert ins Tagebuch:

Die Therapeuten tappen genauso im Dunkeln wie die Eltern. Beide schieben sich den Schwarzen Peter zu: Die Eltern sind schuld, dass die Störung noch nicht überwunden wurde, weil sie das Essen ständig zum Thema machen, die Therapeuten sind schuld, weil sie bei der Heilung der Seele ständig im Trüben fischen. Ehrlicherweise muss man sagen: Beide Gruppen tun genau das, was ihrem Job entspricht. Die Eltern sorgen sich. Die Therapeuten fischen.

Am Sonntag nach der großen Aussprache sagte Marie wie aus dem Nichts: »Ich erzähle dem Therapeuten sowieso nichts von mir. Ich mag den nämlich gar nicht.« Das sagte sie von sich aus, sie hatte zwar die Auseinandersetzung mitbekommen und mich ja auch in Schutz genommen, aber ich hatte mich wohlweislich mit irgendwelchen Kommentaren oder gar Urteilen zu den Therapeuten in der Klinik zurückgehalten. Ende Juli schrieb ich in mein Tagebuch:

Was sollen wir jetzt tun? Wenn sie dem Therapeuten nicht vertraut und sich nicht wirklich angenommen fühlt von ihm, dann hat die Einzeltherapie keinen Sinn. Kein Wunder, dass sie »hängt«, wie man in der Kliniksprache sagt. Sie öffnet sich nicht – mir gegenüber nicht und dem Therapeuten gegenüber auch nicht. Auf der sonntagabendlichen Rückfahrt in die Klinik habe ich sie gefragt, ob sie selbst das Problem mit dem Therapeuten ansprechen wolle? – Nein, das traue sie sich nicht zu. Sie befürchte auch, er könnte sauer sein auf sie. »Das wird er bestimmt nicht sein«, entgegnete ich, »vielleicht sprichst du auch einfach einmal mit ihm über die Dinge, die dir zur Zeit wichtig sind?«

Aus eigener Erfahrung wusste ich, wie schwierig eine Trennung vom behandelnden Therapeuten während einer Therapie für den Patienten sein kann – und besprach mich mit Paul. Wir zogen Elisabeth, eine Kinder- und Jugendtherapeutin, zu Rate. Sie bestärkte uns darin, das Kind in seiner Haltung zu unterstützen. Wollte Marie sich nicht sowieso lieber von einer Frau behandeln lassen? Ja, das stimmte. Na, dann sollte man doch diesen Wunsch respektieren und um einen Wechsel zur Ärztin ersuchen, riet Elisabeth. »Das müsst ihr für sie übernehmen, damit ist eine 14-Jährige definitiv überfordert.«

Paul rief in der Klinik an und sorgte dafür, dass Marie zukünftig von der Ärztin betreut würde. Allerdings hatte parallel die Urlaubszeit begonnen, weshalb Marie erst einmal ohne neue therapeutische Bezugsperson auskommen musste. Stattdessen würde sie ihrem »alten« Therapeuten eine Liste schreiben mit den Dingen, die sie in den Sommerferien angehen wollte – mit seiner Unterstützung. Das fand ich großartig von ihr. Der Wermutstropfen für uns war bloß: Marie würde die Ferien weder mit ihrer Schwester noch mit uns verbringen können. Die Ärztin hatte uns unmissverständlich klargemacht, dass an eine baldige Entlassung »überhaupt noch nicht zu denken war«. Marie »hing«, wir hatten es ja schon während der gemeinsamen Wochenenden bemerkt. Konnten wir denn wegfahren und eines unserer Kinder im Krankenhaus allein zurücklassen? Erstens sei Marie hier nicht allein, sondern fühle sich wohl in der Gemeinschaft mit den anderen Mädchen, und zweitens hätte sie hier die notwendige Betreuung, medizinisch und psychologisch. – Okay, dachte ich, es ist vielleicht besser so. Allein die Vorstellung, dass wir im Urlaub machtlos danebenstünden, wenn Marie wieder hungerte, zog mein Herz zusammen. Überhaupt befanden wir uns alle in einem Wechselbad der Gefühle, waren zuversichtlich und dann wieder bedrückt von dem Empfinden großer Hilflosigkeit. Mein Tagebuch erzählt vom letzten Wochenende vor unserer Reise, das wir mit den Mädchen, aber ohne Jakob (der bei den Großeltern war) verbrachten:

Nach unserem schönen und friedlichen Ausflug an den Mondsee zerteile ich zwei Nektarinen, für jeden eine Hälfte. Alle greifen zu. Ich glaube zu träumen: Harmonie beim Essen. Im Auto haben wir über die Sommerferien gesprochen und darüber, dass Marie jetzt doch noch eine Zeitlang ausharren müsse in der Klinik. Sie sagt, sie wolle die Zeit vor allem zum Zunehmen nützen. Ich greife das auf und schlage munter vor: »Wie wäre es, wenn du bis zum Ende der Ferien 45 Kilo erreichst?« Ein idiotisches Anliegen, wie mir in dem Moment klarwird, als mir Anna erzählt, dass Marie soeben ihre halbe Nektarine aus dem Fenster (im Dach) geworfen hat. – Ich muss die klassische Mutterrolle aufgeben, so schwer es mir fällt. Keine Nektarinen mehr teilen. Kein Essen mehr anbieten. Dieses Kind hängt oder hängt nicht, sie erzählt uns von ihren Erfolgen und den Misserfolgen der anderen Mädchen, und alles davon ist wahr und nichts davon stimmt. Wir wissen es nicht. Wir sehen nur unsere Marie und bangen und hoffen, dass alles wieder gut wird. Aber wir können so gut wie nichts für sie tun.

Marie konnte sehr stur sein, und manchmal war es schwierig, die »echte« Marie von der kranken Marie zu unterscheiden. Die Unabhängigkeit, die sie sich auf die Fahnen geschrieben hatte und die wir in jedem Fall unterstützen wollten, motivierte ihre Handlungen: Sie ließ sich von niemandem etwas sagen und schon gar nicht einspannen. Marie schlug über die Stränge, etwa wenn sie eine Verabredung mit ihrer Schwester kurzfristig absagte, weil sie nun doch lieber mit den Klinikmädels loszog. Sie ließ sich da auch nicht belehren: Wieso, ich hab doch gesagt, dass ich eigentlich eine Verabredung mit den Mädchen habe, Anna ist doch selbst schuld, wenn sie glaubt, ich sei mit ihr verabredet gewesen! Ich mahnte zu klareren Absprachen. Anna war enttäuscht und sauer. Rosa hätte gesagt: Eine Trennung ohne Schmerzen gibt es nicht. Maries neue Unabhängigkeit schloss die Verletzung alter Bindungen ein – für Anna schmerzhaft, aber auch eine Chance, sich neu zu orientieren. Nach den Sommerferien würde Anna die Schule wechseln. Sie hatte einen Platz am Mariannengymnasium bekommen.

Zuvor aber würde sie die lang geplante Jugendreise antreten. Ohne ihre Schwester. Ich weiß noch genau, wie ich Anna zum verabredeten Treffpunkt brachte, sie mit zwei Freundinnen in den bereitstehenden Bus stieg, allein in einer der hinteren Reihen Platz nahm und ohne zu winken davonfuhr. Gewinkt wird nicht mehr in dem Alter, das war mir klar, dennoch hatte ich kein gutes Gefühl bei ihrer Abfahrt. Sie unternahm diese Reise, weil sie sie hatte unternehmen wollen, dabei hätte sie lieber alles abgesagt und wäre mit Mama und Papa in den Spießerurlaub gefahren. »Ach, Anna, jetzt warte doch mal ab, vielleicht wird es ja ganz gut, und du lernst einen Haufen netter Leute kennen«, versuchte ich sie zu bestärken. Das Zusammensein mit Gleichaltrigen würde ihr guttun, hoffte ich – und freute mich auf zwei Wochen ohne Essgestörten-Debatten. »Vergiss nicht, wir sind ganz in deiner Nähe, Anna«, tröstete ich sie, »wenn irgendetwas ist, brauchst du bloß anzurufen, und wir holen dich ab.«

Geplant war eine letzte gemeinsame Woche mit Anna in Südfrankreich. Ihre zwei Wochen im Feriencamp verbrachten wir mit Jakob. In dieser Zeit rief sie zweimal weinend an, einmal aber auch lachend. Ihr letzter Anruf, der uns auf einem einsamen Hochplateau der Pyrenäen erreichte, ließ Paul und mich nicht unberührt. Sie hielt es nicht mehr aus in ihrem Camp. Keiner würde sie hier mögen. Gestern habe sie ganz allein nach Hause gehen müssen. Um ein Uhr nachts! Wir reisten früher ab, um sie abzuholen – und ernteten erst einmal zwei Tage miesester Anna-Laune. Wahrscheinlich war uns anzusehen, was wir dachten: Kein Wunder, dass dieses Kind zur Zeit keinen Anschluss hat, bei der Ausstrahlung!

Die Szene, die Anna besonders verletzt hatte, war folgende: Nach einem Clubbesuch im Nachbarort befand sich die Gruppe auf dem nächtlichen Heimmarsch. Wer wollte die Abkürzung nehmen? Man müsste dabei nur durch einen Étang waten, also alle Hosen hochkrempeln oder besser um den Kopf wickeln! Natürlich wollten alle – bis auf Anna, der die Vorstellung des Blindwatens nicht geheuer war. Außerdem fror sie auch in diesem Urlaub viel zu viel. Sie ließ sich nicht umstimmen, und einer der Betreuer machte sich zähneknirschend mit ihr auf den Rückweg. Später, im Zelt, als die anderen damit beschäftigt waren, die Seeigelstacheln aus ihren Fußsohlen zu ziehen, hatte man ihr Eintreffen keines Wortes gewürdigt. »Niemand hat sich nach ihr erkundigt oder sie gar vermisst«, schrieb ich ins Tagebuch. Und weiter:

Eine normale Erfahrung, bloß dass sie diese Erfahrung noch nie gemacht hat im Leben. Immer war ihre Schwester an ihrer Seite (und sie an der Seite der Schwester), vor allem in Konfliktsituationen mit anderen. Das Allein-Dastehen, das Durchhalten einer Solitärmeinung gegen die Meinung von vielen – das erfordert den größten Mut. »*Es ist mutiger, nein zu sagen zu einer eisigen Flussdurchwatung, als mit der Herde zu gehen und sich toll zu fühlen«*, sagte ich später zu ihr und dachte: *Es ist nicht verkehrt, dass sie diese Erfahrung macht. Jakob hat sie wahrscheinlich mit vier Jahren gemacht.*

Als wir auf dem Campingplatz auftauchten (der Platz war wirklich schäbig), war ihr die Erleichterung deutlich anzusehen. Wir verbrachten dann einen herrlichen Abend in einem kleinen Hafenrestaurant, wo sie »das beste Fondant au Chocolat ihres Lebens« aß. Auch ich war selig, sie wieder dabeizuhaben. Ich hatte mich noch nicht an das Unterwegssein zu dritt gewöhnt und kam mir – ein Kind im Krankenhaus, das andere unglücklich im Feriencamp – wie amputiert vor. Heile Welt gab es dennoch nicht in den gemeinsamen Restferien. Gleich am zweiten Tag hatten wir einen handfesten Krach ums Essen. Sie fauchte mich an, als ich am Strand drei Baguettes für uns vier kaufte – ich würde wohl weniger essen wollen als sie –, und aß »zur Strafe« überhaupt gar nichts. Meine Rechtfertigung: Jakob würde nie ein ganzes schaffen, außerdem seien die Baguettes groß und entsprechend teuer, erreichte ihr Ohr nicht. Da läuteten bei Paul und mir die Alarmglocken: Wollte sie schon mal für ihren Kampf mit Marie üben, oder was sollte diese Aufregung um Baguettes? Dabei hätte ich bereits wissen können, dass es grundsätzlich problematisch ist, Essen zu teilen, zumindest während einer Essstörung. Die Baguette-Geschichte zeigte nichts als meine Unfähigkeit, adäquat mit der Essstörung umzugehen. Denn was kostete schon ein viertes Baguette im Vergleich zu einem Krach mit Anna?! Die darauffolgende Nacht bestand nur aus Selbstvorwürfen.

Bei mir hatte sich fast unbemerkt und dennoch deutlich spürbar eine Schwächeperiode eingeschlichen. In der letzten Ferienwoche – die von den äußeren Umständen her am schönsten war – habe ich mich innerlich gewappnet für neue Konflikte, für einen eventuellen Rückfall, für Maries Rückkehr, die mir doch sehr bevorstand. Ich hatte alles versucht, um Marie und Anna den Fängen der Magersucht zu entreißen. Jetzt fühlte ich mich am Ende meiner Kräfte. »Manchmal kann ich mir nichts Schöneres vorstellen, als einfach weg zu sein von allem und allen«, schrieb ich ins Tagebuch. Ich unternahm kleine Fluchten im Kopf – und tat in meiner *splendid isolation* so, als hätte ich gar keine Familie. In Wirklichkeit, dachte ich, bist du allein. – Aber ich hatte doch Paul an meiner Seite! In der Familientherapie war er allerdings kaum vorgekommen, obwohl er nur eine einzige Sitzung versäumt hatte. Im Fokus stand hier eindeutig die Mutter, der Vater konnte in aller Ruhe seine überlegten Statements abgeben. Das fuchste mich natürlich ein wenig. Bestätigte er vielleicht das Klischee des emotional abwesenden Vaters, fragte ich mich (etwas gemein). Nein, er hatte seinen Töchtern immer seine Liebe und sein Interesse gezeigt. Allerdings zog er sich innerlich zurück, während ich mich nach außen wandte – und mich von der Magersucht provozieren ließ.

Die Magersucht ist eine extreme Provokation, schreibt Manfred Fichter in seinem Buch über »Magersucht und Bulimie«, kaum jemand könne sich ihr – aber auch der Bulimie nicht – entziehen. Man denke allein an den Hungerstreik Gandhis und seine Konsequenzen für das britische Empire. Wenn selbst Regierungen angesichts eines Hungerstreiks ins Wanken gerieten, wie erginge es dann einer Mutter, die nichts wollte, als ihr Kind zum Essen zu bewegen? Ich habe lange gebraucht, um zu verstehen, dass das fortgesetzte Hungern zwar provokativ wirkt, aber nicht so gemeint ist von den Betroffenen, und vor allem: dass es ganz falsch ist, den Fehdehandschuh aufzunehmen. Im Kampf mit der Essstörung kann man nur verlieren. Sie folgt stur ihrem gnadenlosen Gesetz des Weniger, und während man voller Emotion gegen sie anficht, droht man den Kontakt zu dem Wesen zu verlieren, das man liebt: zu dem kranken Kind.

Anna wog nach den Ferien wieder 45 Kilogramm, und auch Marie hatte in ihrer Klinikzeit vier Kilo zugenommen. Im Oktober würde sie entlassen werden, und natürlich freuten sich alle auf ihre Rückkehr. Nur ich nicht so recht: »Ich habe solche Angst, dass das Fasten wieder von vorne beginnt, wenn Marie nächste Woche heimkehrt«, gestand ich meinen Lauffreundinnen. – »Aber sie werden sie doch nicht entlassen, wenn sie noch nicht so weit ist!«, entgegneten sie. Ich war mir da nicht so sicher. – In der letzten Familiensitzung vor Maries Entlassung hatte ich meine Bedenken geäußert. Ich würde eine weitere Fastenkur nur schwer durchstehen. »Ich glaube, wenn das wieder losgeht, werde ich mit Jakob ausziehen. Ich halte das nicht mehr aus«, jammerte ich. Die Ärztin wies mich zurecht: »Sie müssen sich mehr zurücknehmen, Frau Wendt!« Natürlich hatte sie recht. Es ging schließlich nicht um mich, sondern um die Kinder, die in einer bedrohlichen Krankheit steckten. Außerdem würde Marie sich ja weiter ambulant behandeln lassen. Und falls es wieder schlimmer würde, sei die Klinik immer da für Marie.

Was mir im Nachhinein positiv auffällt, ist die Haltung unserer Töchter. Zum Beispiel Anna: Während ich mich im Urlaub auf eine weitere Magersucht-Runde gefasst machte (und mich dem Kampf immer weniger gewachsen fühlte), empfand Anna das Zusammensein mit uns als schön und entspannend. Erst kürzlich erwähnte sie »diese chillige Woche damals in Südfrankreich«. Sie brauchte ein normales Familienleben und hat die Zeit mit den Eltern und dem kleinen Bruder ganz einfach genossen. Marie empfand ähnlich. Während ich manchmal befürchtete, unsere Familie würde an der Erkrankung zerbrechen, sah uns Marie als gar nicht so unharmonische Einheit. In einer der letzten Familiensitzungen sollte eine Aufstellung probiert werden. Ich weiß noch genau, wie ich dachte: Himmel, Familienaufstellung, das wird ernüchternd werden für alle Beteiligten, jetzt wird sich erweisen, wie allein und isoliert wir doch sind! Aber im Gegenteil: Marie baute ein Bild der Familie, das von innerer Verbundenheit erzählte. Alle waren einander zugewandt, Jakob geschützt durch die Eltern und Schwestern in der Mitte eines lockeren Kreises, den sie dann auflöste und in die »Gruppe« der Schwestern und die der Eltern mit Jakob aufteilte, beide Gruppen waren aber durch Hand-Schulter-Kontakt miteinander verbunden. Ich hätte alle einzeln aufgestellt, Jakob sicherlich in der Nähe der Mutter, Marie und Anna nahe beieinander, aber ansonsten: vier Menschen in vier Einzelpositionen. Ein zersplitterter Haufen. Mit ihrer Familienaufstellung zeigte uns Marie, wie sie fühlte und vor allem was sie sich wünschte: freie Entfaltung ihres Selbst und Verbundenheit mit ihrer Familie. Ich dachte damals: Bei aller Not und allem Ärger mit den Kindern gilt doch immer, dass sie noch Kinder sind und viel Liebe und Unterstützung brauchen.

»Wenn sie rauskommt, müsst ihr beide dastehen, Paul und du, mit einem Blumenstrauß in der Hand«, meinte Sabine. Diesen schönen Vorschlag haben wir nicht umgesetzt. Ich holte Marie am 3. Oktober vormittags allein von der Klinik ab. Sie hatte schon alles gepackt und bereitgestellt. Ich warf noch einmal einen Blick in das vertraute Altbauzimmer mit den hohen, weiß lackierten Holzfenstern und der Aussicht ins Grüne. 16 Wochen hatte Marie hier verbracht, manchmal nur zu viert, meistens aber zu fünft. Ihr Bett war in dieser Zeit einmal um den Raum herumgewandert, die Mädchen rückten oft Möbel, also Betten und Nachttische, mehr gab es ja nicht zu rücken. Trotz ihres enormen Sachenberges brauchten wir nur einmal zum Auto zu gehen, weil ihre Freundinnen uns beim Schleppen halfen. Die rosa geblümte Bettwäsche, das hübsche Geschirr, das ich ihr vor der Einweisung gekauft hatte, die Stapel von Briefen, Büchern und Erinnerungsstücken, ihre Wolldecke, ihren Koffer, ihre Kosmetika. Apropos Erinnerungsstücke: Zum Abschied erhielt jedes Mädchen ein Geschenk, und zwar je eines von sämtlichen anderen Mitpatientinnen. Das war internes Gesetz! Auf der Straße umarmten sie sich noch einmal zum Abschied. Man würde bald Eis essen gehen! Es wurde gewinkt und gehupt. »Die sind alle wirklich sehr nett«, meinte ich zu Marie. »Ich glaube, mit manchen werde ich immer befreundet bleiben«, antwortete sie. Bei schönstem Wetter fuhren wir nach Hause. Das Klinikkapitel war noch nicht zu Ende.

»Niemand zeigt einem seine Ohnmacht deutlicher
als ein magersüchtiges Kind.«

Die Gefühle
der Mütter

Gegen Ende des alten Schuljahres, Marie war da noch in stationärer Behandlung, habe ich mit ihr das jährliche Sommerfest ihres Gymnasiums besucht. »Das finde ich echt mutig, dass ihr einfach so kommt«, flüsterte mir eine Bekannte zu. Wieso mutig? Ich stutzte – aber dann begriff ich. Sie meinte wahrscheinlich, dass man tapfer sein muss, um sich mit einem solchen Kind in der Öffentlichkeit zu zeigen. Jeder wusste schließlich, was mit Marie los war. Außerdem lässt sich der Zustand der Magersucht sowieso nicht verbergen, jede Mutter – und erst recht das Kind – wird von einer offensichtlichen Erkrankung zur Offenheit gezwungen. Dieses Kind bekommt nicht genug (oder nicht das Richtige) zu essen! Wie ein Schild trägt die Mutter ihr Versagen in der Ernährungsfrage um den Hals. »Mein Kind ist mein Kind und nicht meine Schande«, dachte ich damals für mich. Dieser Satz soll der Leitsatz dieses Kapitels sein, in dem auf mütterliche Gefühle ein weiteres Mal und in besonderem Maß Rücksicht genommen wird. Zwischen Loslassenmüssen und dem Alptraum, das eigene Kind versehrt zu finden, ist die Mutter vielleicht der größten Zerreißprobe ihres Lebens ausgesetzt. Wäre es nicht ihre ureigenste Aufgabe gewesen, den schlechten Gesundheitszustand des Kindes zu verhindern? Wie konnte sie ein Kind »loslassen«, dem es offensichtlich schlechtging? Ja, und warum tat das Kind der Mutter überhaupt ein solches Elend an? Die mütterlichen Gefühle schwanken zwischen Scham, Wut und Schuld und – dies alles überdeckend: existenzieller Sorge.

Seit Anfang Oktober war Marie nun zu Hause und besuchte auch wieder ihr altes Gymnasium. Ihr Vorrücken in die neunte Klasse war kein Problem gewesen, überhaupt zeigten sich Schule und Schulleitung durchweg verständnisvoll und kooperativ. – In der Zeit ihrer Abwesenheit hatte es einen Konflikt mit einer Schulfreundin gegeben, von der sie sich zu sehr vereinnahmt fühlte. Marie hatte dem Mädchen einen Brief geschrieben, in dem sie ihr Bedürfnis nach Abstand erklärte und mit dem Wunsch einer offeneren Freundschaft verband. Sowohl die Beziehung zu dieser Freundin als auch die zu den anderen Klassenkameraden schienen nach ihrer Rückkehr ungebrochen fortzubestehen. Relativ mühelos bewältigte Marie auch den Unterrichtsstoff. In Latein schrieb sie sogar gleich eine Eins, auch dank des Privatissime in der Klinik. Sie konnte stolz auf sich sein, und nicht nur wir Eltern bewunderten sie für ihr soziales und schulisches Standing. Sicherlich war auch sie mit Vorurteilen über die Essstörung konfrontiert worden, und es war bestimmt nicht leicht, nach immerhin vier Monaten Abwesenheit vor der Klasse zu erscheinen und einfach wieder da zu sein. Ihr Essverhalten war allerdings erschreckend unverändert. Ja, wenn man es genau nahm, hatte sich ihr Essverhalten in den vergangenen Monaten sogar verschlechtert. Sie pickte ihre Mahlzeiten auf wie ein kleiner Vogel. Hatte sie das in der Klinik gelernt, oder gehörte das Picken genuin zur

Essstörung dazu? Vier Kilogramm hatte sie während ihrer Klinikzeit zugenommen, aber kaum war sie daheim, hatte sie nichts anderes im Sinn, als die mühsam errungenen Pfunde wieder loszuwerden. Das war jedenfalls mein Eindruck.

»Du darfst dich nicht immer so aufregen«, meinte mein Mann nach der ersten Auseinandersetzung, die ich bereits am dritten Tag ihrer Rückkehr anzettelte – und hatte natürlich recht. Ich aber war voller Befürchtungen, vor allem weil ich wusste, wie schwer sich Anna mit der eigenen Stabilisierung tun würde, wenn Marie wieder hungerte. Auch um Jakob machte ich mir Sorgen, er »polterte« und war unruhiger denn je. Ich schrieb in mein Tagebuch:

Jetzt war Marie vier Monate weg, ist innerlich gefestigt, und dennoch habe ich kein gutes Gefühl bei ihr. Natürlich möchte ich sie unterstützen, damit es ihr gutgeht, in der Schule, mit ihren Freundinnen, zu Hause – aber ihrem Diätverhalten tatenlos zuschauen: Das kann ich nicht. Zumindest nicht, solange Anna gefährdet ist.

Am Tag nach dem Streit habe ich im Internet ein wenig über die körperlichen Folgen der Magersucht recherchiert – weil Marie doch so viele Haare verlor. »Stört dich das nicht, dass dir deine schönen Haare ausgehen?«, fragte ich sie. Ihre Antwort: Die Haare würden sowieso nicht mehr nachwachsen, das sei jetzt für immer so. Das hätten auch die anderen Mädchen in der Klinik gesagt. Ich ärgerte mich über ihre Nonchalance und fragte mich, ob man in der Klinik vielleicht versäumt hatte, mit den Mädchen die körperlichen Konsequenzen der Krankheit zu besprechen, oder ob ihre Haltung nicht vielmehr ihr erneutes Diätleben vor sich selbst rechtfertigen sollte. Nach dem Motto: Man kann ja eh nichts machen gegen den Haarausfall, und sonst geht es mir ja gut, also darf ich ruhig so dünn bleiben. Ich blätterte also im Netz und ließ sie selbst auf einem der Internetforen nachlesen, dass die Haare sehr wohl wieder zu wachsen begännen, sobald sich das Essverhalten normalisiert habe. Dann sprachen wir auch noch über das Ausbleiben ihrer Regel, was mich ja nach wie vor besorgte. Natürlich habe das Fehlen der weiblichen Hormone etwas mit dem Haarausfall und der ungewöhnlichen Körperbehaarung am Leib zu tun, erklärte ich ihr. Sie äußerte darauf etwas, was mich erschütterte, weil es zeigte, wie tief sie noch in der Essstörung steckte: Ihre Tage seien schon ausgeblieben, als sie noch 52 Kilo gewogen habe, also »abartig viel«. »Möchtest du etwa lieber dünn wie ein Spargel sein, als wieder in die weibliche Entwicklung einzutreten?«, rief ich relativ außer mir. Ich verwendete, glaube ich, auch noch den Begriff »weiblicher Eunuch«. Sie ertrug die Gardinenpredigt mit Fassung – und aß an diesem Tag wieder mehr. Um am Tag darauf wieder weniger zu essen und immer so weiter, hin und her. Ich freute mich über jedes Anzeichen von Stabilität, sie wollte vor allem eines: auf keinen Fall zunehmen. »Ab dem Augenblick, in dem du beschließt, nicht zuzunehmen, Marie, läufst du Gefahr abzunehmen«, beschwor ich sie, »das weißt du doch noch aus der Zeit vor der Klinik!« Dieser eigenartige Mechanismus, nach dem die Angst vor dem Zunehmen in der Magersucht fast automatisch Gewichtsverlust bedeutet, war mir inzwischen bekannt. Marie schob ihn beiseite. – »Lass mich endlich mein Leben leben«, schrie sie mich einmal an. Ich entgegnete, diesmal ganz ruhig: »Marie, ich lasse dich gern dein Leben leben, und das weißt du auch, aber nicht eines in der Magersucht!« Ich verlangte von ihr, dass sie gegen die Essstörung kämpfte.

Manchmal sind die Betroffenen derart eng mit der Essstörung verbunden, dass sie jeden Angriff auf die Magersucht wie einen Angriff auf sich selbst empfinden, habe ich später auf einer Website (von Anad) gelesen. Dieser Kurzschluss erschwerte nach wie vor eine produktive Auseinandersetzung mit dem Kind, zumal ich leider alles andere als ein Profi in Sachen aktiven Zuhörens war. Überhaupt steckten wir in diesen postklinischen Wochen in einer Art Wiederholungsschleife, weder wir Eltern noch Marie schienen bemerkenswerte kommunikative Fortschritte gemacht zu haben. Aber Marie hatte doch in der Klinik gelernt, sich von ihrer Schwester abzugrenzen und eigene Wege zu gehen? Ihr Selbstbewusstsein war doch gestärkt worden? Ja, das stimmte (und war ein großes Verdienst der Psychotherapie), und sie handelte ja auch entsprechend – bloß der Essstörung schienen ihre persönlichen Fortschritte egal zu sein. DÜNN war ihr Ideal, und bei dem Personalpronomen »ihr« weiß ich nicht, ob es noch die Magersucht oder schon Marie meint oder beide zusammen. Die Krankheit nahm sich ihre Zeit.

Es gab auch positive Erlebnisse. So wie Maries Abschlussball vom Tanzkurs am Nikolausabend. Paul und ich kamen wie so oft zwei Minuten zu spät, weshalb Paul den Einzug der Grazien und Galane verpasste. Aber ich musste nicht an der Garderobe anstehen und habe unsere schöne Tochter gesehen, sehr dünn, aber nicht mehr ausgezehrt am Arm ihres kräftigen Herrn und Tanzpartners. Alles war gut an diesem Abend. Kein Gedanke an irgendwelche psychosomatischen Erkrankungen. Die Jugendlichen amüsierten sich im letzten Winkel des Ballsaals, die Alten orderten Wein, und später tanzte Paul mit seiner Tochter bzw. sie tanzte mit ihm. Was für ein kostbarer Moment! Die Erleichterung, die solche Erlebnisse mit sich brachten, trug allerdings nicht lange über die Ernüchterung hinweg, die Maries Verhalten für uns Eltern bedeutete. Es war ja nicht nur so, dass sie wenig aß, sie redete auch nicht mit uns. Es schien so, als würde jede elterliche Ansprache von ihr als Zumutung empfunden werden. Man selbst fühlte sich dann auch irgendwie lästig, jeder Satz verkehrt, nett gemeinte Bemerkungen verpufften. Beim kleinsten Stichwort ihre Erkrankung betreffend verließ Marie türschlagend die Küche. Das ist doch normal in der Pubertät, möchte man einwenden – ja, aber leider noch heftiger in der Magersucht, und die geht nicht einfach so vorüber. Zumal sie bei uns gleich zwei Mädchen an der Angel hatte. Zur Dramatisierung der Lage passte unsere erneute Suche nach einem schnellen Ausweg. Wir überlegten, die Kinder getrennt »abzuspeisen«: von 18 bis 18.30 Uhr Marie, die frühe Zeit war sie ja noch aus der Klinik gewohnt – bloß wer würde sich zu ihr gesellen? Paul war um diese Zeit noch nicht zu Hause, Jakob müsste dann halt fernsehen, damit ich mich zu ihr setzen könnte. Bis 19 Uhr Anna, da könnte Paul mitessen und Jakob auch. Man könnte auch wöchentlich wechseln, so dass jeder einmal mit jedem zu Tisch säße, vor allem auch mal die Mädchen mit einem Elternteil ohne den Bruder ... Wir müssten halt früher zu kochen beginnen und Dinge zubereiten, die sich gut aufwärmen ließen. Gegen eine solche Regelung sprach allerdings unsere Lebensweise: Paul war unter der Woche oft unterwegs, und wenn er da war, brauchte ich ihn zum Gespräch. Außerdem: Würde man nicht der Essstörung zu viel Raum geben, wenn man das gemeinsame Essen ihretwegen aufgab? Also müsste notfalls wieder eines der Mädchen zu Freunden ziehen. Aber alle diese scheinbaren Auswege hatten wir doch schon durchgespielt, in Gedanken und in der Realität. Gebracht hatte dies alles wenig bis nichts. Es war wirklich zum Haareraufen!

Nie werde ich vergessen, wie Jakob sich in dieser Zeit einmal vor den Fernseher flüchtete. Er hielt sich mit beiden Händen die Ohren fest zu und hatte gleichzeitig das Gerät auf volle Lautstärke gestellt. So saß er da allein im Sessel und hielt sich die Familie, die in der Küche stritt, vom Leib. Er war noch keine sechs Jahre alt und mit Sicherheit derjenige, der weder etwas dafür noch überhaupt etwas tun konnte. Ich würde mich verstärkt um ihn kümmern, das nahm ich mir in dem Moment vor, er sollte unterstützt werden in dieser schwierigen familiären Lage. Ich schrieb in mein Tagebuch:

Es ist so wahnsinnig anstrengend, wir streiten uns, aber dann kommen auch gute Aussagen von Marie, auf die ich bauen kann, zum Beispiel, dass es normal sei, wenn man bei der Heimkehr an Gewicht verliert. Oder dass sie mir verspricht zu kämpfen.

Fixiert aufs Essen aber waren wir beide: Sie, die nach wie vor nicht frei war von der Essstörung, und ich, die ich nicht wusste, wie sich die Sorge um das Kind vom Ärger über sein Essverhalten trennen ließe. Außerdem war Anna inzwischen »gleichgeschaltet«. Die Zwillinge aßen Krümel für Krümel das Gleiche und schafften es, ihre Mahlzeiten simultan zu beenden. Ein bizarres Schauspiel am Tisch! Aus meinem Tagebuch:

Im Traum vergleiche ich die Zwillinge. Marie sieht eigentlich wieder ganz wohl aus, denke ich, aber die Waden von Anna sind so dünn wie Streichhölzer. Ich bekomme einen Schreck und wache auf.

Tatsächlich war ich zu diesem Zeitpunkt immer noch der Meinung, dass Anna nur das schwesterliche Verhalten nachahmte und nicht genuin magersüchtig wäre. Der Traum war eine

Warnung: Anna brauchte endlich auch therapeutische Unterstützung. Vielleicht konnte uns Maries neue ambulante Psychotherapeutin jemanden für Anna empfehlen?

Noch vor dem ersten Besuch in ihrer Praxis, es war bereits Mitte Oktober, unternahmen die Mädchen und ich gemeinsam mit meiner Freundin Irmela und ihrer Tochter Jenni einen Ausflug in die Berge. Unsere Mädchen kennen sich quasi von Geburt an. Mein Tagebuch verzeichnet:

Trotz der Auseinandersetzung am Vorabend war es ein schöner Tag, die Mädchen entspannt miteinander und Irmi und ich wie immer ins Problemewälzen vertieft. Marie zog sich ein wenig zurück während des Abstiegs, die Wanderung hatte sie doch sehr angestrengt. – In all diesen Jahren sind die Mädchen immer vor uns hergelaufen, so wie sie auch jetzt vor uns herliefen. Immer war ich ihnen voller Stolz gefolgt auf diesen Touren und auch sonst, vielleicht in der ersten Pubertätszeit mit gemischten Gefühlen, aber doch stolz, weil ich wusste, sie gehen ihren Weg. Jetzt diesen Marie-Strich zu sehen und die Anna-Schmalhouette und daneben die vitale Jenni – das tat weh. Ich fragte mich erneut (und umsonst): Warum? Warum musste das passieren?

Zwei Tage später habe ich Marie zu ihrer neuen Psychotherapeutin begleitet, der »Ambulanten«, wie die Klinikmädchen zu sagen pflegten. Frau Blumes Praxis befand sich in einem der feineren Viertel der Stadt, und Frau Blume selbst wirkte erfahren und vertrauenerweckend mit ihren verständnisvollen Augen und schönen Rundungen. Wir sprachen einzeln mit ihr. Mir gegenüber brachte sie das Verhalten der Mutter während der Magersucht der Tochter aufs Tapet. Wahrscheinlich haben alle Mütter diesbezüglich Probleme, dachte ich mir. Ich bestätigte ihr, dass ich voller Unruhe um Marie und auch um Anna sei und beim Essen meine liebe Not hätte, *nicht* auf die Teller der Töchter zu gucken. Wenn ich kontrollieren würde, würde das als Machtdemonstration empfunden und also von der Tochter abgelehnt werden (müssen), bemerkte sie. So wie es in der Pubertät kontraproduktiv sei, etwas mit Druck oder Zwang zu erreichen, so schädlich sei dies elterliche Verhalten auch während der Essstörung. »Mit Hinschauen und Kontrolle erreichen Sie genau das Gegenteil von dem, was Sie erreichen wollen, Frau Wendt«, ermahnte sie mich. Das Kind würde zwangsläufig trotzig reagieren – und in der Folge noch weniger essen. Durch einen solchen Machtkampf würde sich die Magersucht unnötig perpetuieren, ja: Man würde der Magersucht geradezu einen Joker zuspielen, nämlich den der »Befreiung des Kindes aus elterlicher Bevormundung«. Ich kannte dieses Argument ja bereits aus der Klinik, schaute zerknirscht und nickte beflissen. Ich spürte selbst, dass ich mich, indem ich hinschaute, zum Bestandteil des Zwangssystems Magersucht machte. Alles würde sich nur weiter aufschaukeln, zumal ich dem hungernden Kind auch noch zusätzliche Aufmerksamkeit bescherte. Ein Teufelskreis!

Wir kamen dann auch noch auf mögliche Fälle von Magersucht in meiner Ursprungsfamilie zu sprechen. »Meine Schwester ist wohl auch essgestört gewesen im Teenageralter«, sagte ich, »das ist uns aber erst jetzt, mit Maries Erkrankung, klargeworden«. Allerdings sei diese Mutmaßung nicht unbedingt das, was mich beunruhigte. Mehr würde mir die Angst zu schaffen machen, dass Marie mir fremd werden könnte, so wie Miriam damals unserer Mutter fremd geworden war. Dass die Essstörung das Wesen meiner Tochter verhärten und ich keinen Zugang mehr zu ihr finden könnte. Es gebe noch ein verdrehtes Gefühl, das ich von damals mitbrächte in die heutige Situation, merkte Frau Blume an und schloss messerscharf: »Die Wut auf Ihre Schwester ist Ihre Wut auf Marie.« Hm, stimmte das? Verwechselte ich Marie mit Miriam? Es wäre mal wieder Zeit für einen Termin bei Rosa! Ansonsten waren Marie und ich nach dieser Doppelsitzung froh gestimmt. Beim Hinausgehen mussten wir sogar einen Lachanfall unterdrücken, weil uns doch ein Nachbar mit seinem Sohn entgegenkam, die beide offensichtlich nicht erkannt werden wollten. Wir starrten also auch auf unsere Schuhspitzen und prusteten erst auf der Straße los.

Ich wollte gerne alles tun für Maries und Annas Genesung. Aber mich komplett herausziehen aus der Ernährungsfrage, wie Frau Blume und viele andere Psychotherapeuten es verlangten? Das fiel mir ungemein schwer. Zu tief war in meinem Fühlen und Handeln die Fürsorge für die Kinder verankert. Ich hatte Anna und Marie gestillt, gefüttert, für sie gekocht und ihnen am Abend Apfelschnitze vor den Fernseher getragen. Ich hatte ihnen Fencheltee gekocht, wenn sie Bauchweh hatten, und Lindenblütentee bei Fieber. – Im Englischen gibt es für die Verbindung von Ernährung und Erziehung den schönen Begriff »to nurture«. Dabei kann man nicht nur die Kinder und sich selbst nähren, sondern auch seine Beziehungen, die Liebe zu Kunst, Arbeit und Wissenschaft. All diese Dinge müssen »gefüttert« werden, um Bestand zu haben. Und nun sollte ich das Nähren, das direkte sowieso, aber das bildlich gemeinte auch unterlassen – im Angesicht eines kranken Kindes? Eine widersinnige Forderung, fand ich. – »Wenn es deinem Kind gutgeht, ist es leicht, es loszulassen«, pflegt meine kluge Nachbarin zu sagen. Im gegenteiligen Fall ist die mütterliche Fürsorge eine fast kreatürliche Reaktion. Bei einem kranken Kind (und mit knapp 15 war Marie noch nicht erwachsen) fällt beiden Eltern wieder mehr Verantwortung zu. (Was wiederum nichts damit zu tun hat, dass sie Klammermütter und Überväter wären, nein, es ist die Krankheit, die sie zu mehr Achtsamkeit zwingt.)

»Wenn dir die Therapeuten dazu raten, nicht hinzuschauen beim Essen«, meinte meine Freundin Sabine, als wir am Wochenende darauf im Café zusammensaßen, »dann solltest du wirklich nicht hinschauen. Sieh es einfach als nötigen Part innerhalb der Therapie: Die Mutter schaut beim Essen nicht hin und sagt auch nichts zum Essen beim Essen.« Ich versprach ihr, mich zukünftig an diese Devise zu halten. NICHT HINSCHAUEN beim Essen hieße ja nicht: generell wegschauen. Ich könnte ja weiterhin achtsam sein und auch äußern, was ich sah, nur beim Thema Essen müsste ich mich halt zurückhalten. Doch schon bei diesem Schweigegelübde biss ich mir auf die Lippen. Der therapeutischen Vernunft stand die mütterliche Sorge nach wie vor im Weg. Und sie entzündete sich immer wieder am Leiblichen: der ausgemergelten Gestalt, dem wenigen Essen und, damit verbunden, dem schlechten Gemütszustand unserer Töchter.

»Jede deutliche Unterschreitung des Normalgewichts ist für den Organismus potenziell bedrohlich«, schreiben die Ärzte Ulrich Cuntz und Andreas Hillert in ihrem bereits zitierten Buch über Essstörungen. Darin steht auch, wie sich der dauerhafte Mangelzustand auf die Entwicklung des Gehirns, der Organe und des Knochenbaus auswirkt. Der Abbau der Knochendichte ist irreversibel, spätere Schädigungen (Osteoporose) sind möglich und werden, je länger die von der Magersucht verursachte »Menopause« andauert, umso wahrscheinlicher. Auch die verminderte Resorptionsfähigkeit von Serotonin und Dopamin im Gehirn hält über die Genesung hinaus an. Heranwachsende treffen die Auswirkungen der Krankheit besonders hart. – Unsere Mädchen büßten beide eine komplette Schuhgröße ein, ihr Körperwachstum wurde ausgebremst. Manche Mädchen schrumpfen um mehrere Zentimeter. Als Mutter eines magersüchtigen Kindes weiß man um die Konsequenzen, wie ein schriller Pfeifton durchdringt dieses Wissen das eigene Befinden sowie die Interaktion mit dem Kind. Das Perfide an der Magersucht ist ja, dass ebendieses Kind »nur« wieder anfangen müsste zu essen, und der Spuk wäre vorbei. »Die Wiederaufnahme eines normalen Essverhaltens« wäre aus ärztlicher Sicht »dringend ratsam«. Solche Sätze stehen in medizinischen Abhandlungen und sie stimmen.

Tatsächlich fühlte ich mich hin- und hergerissen zwischen den Empfehlungen der Profis und meinem eigenen Empfinden. Zwar sah ich ein, dass eine Diskussion bei Tisch ungut war, aber andere, auch hitzige Gespräche mit den Mädchen erschienen durchaus fruchtbar. Ich hatte jedenfalls nicht den Eindruck, dass meine Äußerungen grundsätzlich in den Wind geschlagen wurden, auch wenn sie zunächst auf wenig Gegenliebe stießen. Was meinen Einsatz gegen die Magersucht betraf, bekam ich von psychotherapeutischer Seite nach wie vor keinerlei Unterstützung: Auch Frau Blume war es am liebsten, ich hielte mich komplett heraus. Natürlich war ich weder Ärztin noch Psychotherapeutin, dafür besaß ich ein ausgeprägtes Bedürfnis, etwas zu tun, dessen Unterdrückung mir wie ein Fallenlassen der eigenen Töchter erschienen wäre. Ich konnte sie doch nicht aufgeben! Ich hatte Augen im Kopf, um zu sehen, und genug Liebe, um zu handeln. »Um Marie loszulassen, wie

Sie es von mir verlangen«, habe ich einmal zu den Kliniktherapeuten gesagt, »müsste ich sie mir ein Stück weit aus dem Herzen reißen.« Das Klinikpersonal zuckte die Achseln. Ich aber wollte nicht versteinern wie die antike Niobe.

Die Verbundenheit von Mutter und Kind ist ein echter Menschheitsmythos, von Homer und Sappho besungen, in Christi Geburt und Tod leidvoll durchlebt, von jeder Mutter beim Halten ihres Babys empfunden. Diese in der frühen Kindheit des Kindes noch körperliche Verbundenheit erfährt in der Magersucht der jugendlichen Tochter einen brutalen Kontrapunkt. Statt gestärkt in die Welt hinauszugehen, entwickelt sich die Tochter zurück und wird unter Umständen innerhalb weniger Monate zur Greisin. Diesen in seiner härtesten Konsequenz todbringenden Prozess zu beobachten ist ein Grauen für jede Mutter. Die feministisch und auch die tiefenpsychologisch orientierte Psychologie folgerte aus dem Erscheinungsbild der Krankheit sowie aus der Panik der Mutter (»Jetzt iss doch etwas, Kind!«), dass das Hungern der Tochter nichts anderes sei als die Zurückweisung der mütterlichen Liebe oder weiter gefasst: die Verweigerung des Lebens als Frau. In Sachen Ernährung konnte die Tochter die Mutter am härtesten (in ihrer traditionellen Rolle als Nährerin) treffen. Diese Deutung funktioniert freilich bloß, wenn es zuvor ein mütterliches Versagen gegeben hat (sie hat ihr Kind emotional verhungern lassen) oder eine Übererfüllung mütterlicher Aufgaben (sie überfüttert es emotional), aus der sich die Tochter zu Recht befreit. Beides kam als mögliche Ursache der Magersucht in Frage. Überträgt man diesen Gedanken auf die patriarchalische Gesellschaft allgemein, wie das die französische Analytikerin Christiane Olivier getan hat, ist das mütterliche Fehlverhalten der Tochter gegenüber beinahe gesetzmäßig. Denn sie liebt, stillt und fördert den kleinen

Jungen mehr als das kleine Mädchen, dessen »orale Verzweiflung« und mangelnder Ödipus (wegen der Abwesenheit des Vaters) zu einer tiefen Vertrauenskrise führen. »In einer Art Projektion stellt sich jede Frau die anderen wie sich selbst vor, also ausgehungert, und sie, die unersättlich ist, glaubt sich verpflichtet, die anderen bis zur Übersättigung zu nähren.« Damit wäre die Übermutter gestellt, die ihre Kinder für ihre eigenen unerfüllten Bedürfnisse missbraucht. Dieser Prozess wiederholt sich von Generation zu Generation. »Zwischen der Wiege und der Hochzeitsnacht sind die Magersucht des jungen Mädchens (die Weigerung, sich zu ernähren, sich zu füllen) und die Bulimie (exzessives Essbedürfnis, um sich nicht leer zu fühlen) oft vorprogrammiert.« (Zitiert aus »Jocastes Kinder« von Christiane Olivier.) – Früher, als Studentin, fand ich solche Theorien faszinierend (und auf der Beschreibungsebene sind sie es ja auch), jetzt, als betroffene Mutter, fand ich sie verletzend. – »Meint ihr, da könnte etwas dran sein?«, fragte ich Anna und Marie anderthalb Jahre später. »Könnte die Magersucht eine Art Rache an der Mutter sein?« – »So ein Blödsinn«, tönte es unisono.

Die Psychoanalyse ist ganz prima, dachte ich, wenn du nicht zufällig die Mutter des Patienten bist.

Die Mutter ist nicht schuldig – andererseits kann sie sich schlecht entziehen, wenn ihre Tochter in die Essstörung abgleitet. Sie ist beteiligt, weil sie sich sorgt, aber auch, weil die Tochter sie ins Spiel bringt. – In der Pubertät ist die Auflehnung der Tochter gegen die Mutter eine nahezu natürliche Regung, weshalb man die Attacken (oder den emotionalen Rückzug) der Tochter nicht allzu persönlich nehmen sollte. Nun gesellt sich die Magersucht aber gerne der Pubertät hinzu, und die töchterlichen Anklagepunkte bekommen ein ganz neues

Gewicht (!). Hinzu kommt, dass ein essgestörter Mensch um sich selbst kreist und nur wenig zugänglich ist für Argumente von außen, auch das ist eine Parallele zur Pubertät. – Weder Marie noch Anna sprachen mir eine ursächliche Rolle bei der Entstehung ihrer Essstörung zu (sie fanden mich seither bloß am Esstisch absolut ätzend), aber Anna äußerte einmal, dass andere Mütter ihrer Meinung nach sehr wohl beteiligt wären. Zum Beispiel hätte die Essstörung ihrer Freundin »total mit der bescheuerten Mutter« zusammengehangen. Sie hatte nach der Scheidung die Tochter als Babysitterin des jüngeren Bruders benutzt und sich selbst in ihren Beruf abgeseilt. So jedenfalls die Interpretation der Tochter.

Weitere virulente bzw. auslösende Faktoren wären: der Konkurrenzkampf zwischen Mutter und Tochter (wer ist schöner und schlanker?). Die Geburt eines Nachzüglers. Die plötzliche Erkrankung eines weiteren Kindes, das nun die mütterliche Aufmerksamkeit auf sich lenkt. Das Gefühl der Tochter, vernachlässigt worden zu sein. Die heimliche Ablehnung der Tochter vonseiten der Mutter, weil sie ihretwegen beim ungeliebten Mann blieb, den Beruf aufgab, nicht nach Costa Rica auswanderte … Die Möglichkeiten für eine Mutter, direkt oder indirekt an der psychischen Erkrankung ihres Kindes beteiligt zu sein, sind so vielfältig wie das Leben selbst. (Wobei ein kluger Arzt oder Psychotherapeut im Gespräch mit den Betroffenen die begünstigenden von den auslösenden Faktoren unterscheiden wird.) Der Sohn einer meiner Freundinnen nimmt Drogen. »Natürlich« quält seine Mutter sich mit Fragen wie: Ist die Scheidung (vor zehn Jahren) der tiefere Grund? Der Umstand, dass sie ihn nie gezwungen hat, eine Sache zu Ende zu bringen? War sie zu nachsichtig? Oder (noch schlimmer) zu sehr mit sich selbst beschäftigt?

Im Magazin der Süddeutschen Zeitung erschien im Sommer 2007 das Porträt einer betroffenen Mutter, die sich selbst anklagte, an der Magersucht ihrer Tochter ursächlich beteiligt gewesen zu sein. Sie hätte ihre Tochter einmal nicht in ihr Schlafzimmer gelassen, als diese dies schreiend verlangt habe. Auch sei sie wütend auf die Tochter gewesen, weil diese so wenig gegessen habe. Außerdem hätte sie Wert auf gute Noten gelegt. Die Therapeuten der Tochter hätten ihr klargemacht, wie schlecht sie ihre Tochter behandelt habe. Gott sei Dank sei die Tochter inzwischen geheilt, und sie, die Mutter, würde ihr nie mehr einen Herzenswunsch abschlagen. Auch nicht mehr nach den Noten der Mitschülerinnen fragen oder sonst etwas Falsches tun. – Ich dachte, mein Gott, das arme Mädchen hat jetzt alle(s) in der Hand!

Die meisten Frauen fragen sich nicht, *ob* sie mit ihrer Tochter etwas falsch gemacht haben, sondern nur, *was* sie falsch gemacht haben, stellt die Bremer Psychologin Renate Kunze in ihrem 2006 erschienenen Buch über die Mütter essgestörter Töchter fest. Neigen die Mütter essgestörter Töchter vielleicht in besonderem Maß dazu, sich für andere verantwortlich zu fühlen? Bei mir ist das sicherlich der Fall gewesen. Hinzu kommt aber, wie bereits erwähnt, die Belastung der Mütter durch traditionelle Vorstellungen der Psychologie, deren größte Klischees in der Öffentlichkeit nach wie vor Gefallen finden. – Manche Psychotherapeuten bringen das Rädchen der mütterlichen Schuldgedanken erst so richtig in Gang. Mich wundert es nicht, dass sich viele der von Renate Kunze im Auftrag der Zeitschrift Brigitte befragten Frauen im Rahmen der Psychotherapie nicht angemessen wahrgenommen fühlten. Ich habe es ja selbst so erlebt.

Die weibliche Umwelt ermutigt die betroffene Mutter noch zur Sorge. (»Du darfst sie auf keinen Fall mehr U-Bahn fahren lassen, Caroline, stell dir vor, sie kippt auf die Gleise, und ein Zug fährt ein!«) Eine Bekannte berichtete mir ausführlich, wie die Magersüchtigen auf ihrer Station (sie arbeitete im Frauengefängnis) »nicht einmal mehr die große Schiebetür aufbekommen. So schwach sind sie!« Das Räderwerk der Schuldgefühle und Sorgen kommt selten zum Stehen, und so manche Mutter einer magersüchtigen Tochter droht in ihm zermahlen zu werden. In dem bereits zitierten Buch von Renate Kunze berichten Mütter von seelischen und körperlichen Begleiterscheinungen (der Sorge) wie Schlaflosigkeit und Depression, Kopf-, Rücken- und Gliederschmerzen, Hörsturz, Tinnitus und Nervenzucken, Nervenzusammenbruch, Magen-Darm- sowie Herz-Kreislauf-Problemen. Das Leid der Mütter ist groß. Solange Sätze wie »Du bist nicht allein schuld an der Erkrankung« betroffene Mütter »trösten« sollen, steht es schlecht um deren Unterstützung wie auch um einen generell sachlichen Blick auf die Magersucht, die eben kein »Symptomträger« einer gestörten Familie ist (auch wenn sie durch familiäre Ereignisse begünstigt oder ausgelöst werden kann), sondern eine äußerst ernstzunehmende genuine Erkrankung. (Zitate von der Website magersucht.de) Dass Eltern und vor allem die Mutter (die »Urheberin allen Übels«, wie Monika Gerlinghoff konsequent schreibt) sich mit einem Wust an Vorurteilen auseinandersetzen müssen, bindet viel Kraft und setzt viel schlechtes Gewissen frei.

Als ich mit den Zwillingen schwanger war, habe ich in der 22. Woche in der Uniklinik einen großen Ultraschall vornehmen lassen, auf dem sich bei beiden Kindern ungewöhnlich große Nieren zeigten. »Wow, Riesennieren, ich bleib jetzt doch länger, bin gespannt, was der Oberarzt sagt!« – so lautete der Kommentar einer der beiden Schwestern. Ich lag da wie gelähmt. Ja, mei, die Nieren, die seien halt groß, sagte der Genetiker, was leider ein Indiz für das Down-Syndrom sei. Ich ließ die Nabelschnüre der Zwillinge daraufhin punktieren (ein komplizierter Akt, weil sich die beiden zappelnd der Prozedur entzogen), wollte zumindest wissen, was mich erwartete. Hätte ich unsere Kinder im Zweifelsfall abgetrieben? Gott sei Dank musste ich diese schreckliche Entscheidung nicht fällen. Aber 15 Jahre später fragte ich mich, ob das Leben mich nicht gerechterweise daran erinnerte, dass man sich die Gesundheit der Kinder nicht aussuchen konnte? Dass es nicht ein Erbschen fürs Kröpfchen und eines fürs Töpfchen gab? Dass man es nehmen musste, wie es kam.

Inzwischen hatten wir endlich durchgesetzt, dass Anna sich wöchentlich zum Wiegen begab, und zwar nicht in die benachbarte Apotheke, sondern zu einem Arzt ihrer Wahl. Auch Marie ließ sich (woanders) wiegen. Gegen die Vorstellung einer Psychotherapie wehrte Anna sich aber nach wie vor heftig: Bei 37 Wochenstunden hätte sie keine Zeit für eine Quassel-Sprechstunde. Bei Marie wäre das ja kein Problem, sie hatte ja »nur« läppische 34 Wochenstunden. Kein Vergleich zur Knechtschaft, der Anna unterlag. Das achtjährige Gymnasium war tatsächlich ein Schlauch für die Jugendlichen, aber kein Argument gegen die Behandlung der Essstörung: »Die Gesundheit geht vor, Anna, notfalls werden wir dich schulisch entlasten!« – Im Mariannengymnasium ging es Anna übrigens noch nicht besonders gut. Als ich sie zu Beginn des ersten Halbjahres von den »Besinnungstagen« abholte, wirkte sie traurig und isoliert. Mir zog es das Herz zusammen. Ihre Vereinzelung lag aber nicht an den Klassenkameraden, die sie freundlich aufgenommen und bislang auf jede Party eingeladen hatten. Es war Anna, die am liebsten zu Hause geblieben wäre. »Was soll ich da, Mama, ich steh da eh nur allein herum«, jammerte sie, »keiner interessiert sich für mich«. – »Geh hin«, erwiderte ich, »Kontakte brauchen ihre Zeit, gib dir und den anderen eine Chance.« Wer sich mit gebeugtem Rücken hinter verschränkten Armen versteckt, wirkt nun einmal wenig anziehend auf andere. Man könnte auch sagen: Die Magersucht schreckt andere ab, weil sie dich ganz will, mit Haut und Haaren bzw. ohne.

Die erste Familiensitzung bei Frau Blume fand im November statt – überraschend aber ohne unsere Töchter, und das kam so: Während die Mädchen zu Abend aßen, wollte ich ein wenig ruhen. Mein Ohr hatte kaum das Kissen berührt, da ertönte ein Krach von unten herauf: Poltern, Schreien, Kreischen. Ich rappelte mich auf und stürzte nach unten. Marie und Anna hatten sich gegenseitig mit Wasser übergossen und mit Stühlen beworfen. Bei meinem Erscheinen zogen sie sich laut weinend in ihre Zimmer zurück. – Schon am Nachmittag hatte ich bemerkt, dass Marie schlechter Stimmung war. Sie hatte ein Pfund zugenommen und somit wieder ihr Klinikentlassungsgewicht erreicht. Das war kein Grund zur Freude für sie. Außerdem hatte sie die Pille mit heimgebracht (um die fehlende Regel wieder in Gang zu bringen), was sie ebenso verunsicherte, weil man ja von der Pille dick wird, wie sie meinte. Jedenfalls sind Paul und ich allein zur Therapie gegangen – und haben uns ein weiteres Mal angehört, was jetzt zu tun sei: Ignorieren und notfalls (wenn eine zuvor festgelegte Gewichtsgrenze unterschritten wird) ab ins Krankenhaus. Frau Blume meinte, dass viele emotionale Dinge übers Essen geregelt werden, sprach aber immer nur uns Eltern an und ging nicht weiter auf die Auseinandersetzung der Zwillinge ein.

Die Geschwisterproblematik passte nicht in ihr Konzept von der Magersucht. Sie hielt an der Mutter-Tochter-Problematik fest, da konnten sich unsere Töchter mit Stühlen bewerfen, so lange sie wollten. Den von den Eltern bzw. der Mutter angezettelten »Machtkampf« ums Essen fand Frau Blume viel spannender. Ich konnte nur wenig mit dem Begriff anfangen, der ja etwas von einem Totschlagargument hatte. Uns Eltern ging es nie um einen wie auch immer gearteten »Machterhalt«, sondern allein darum, unsere Kinder wieder zum Essen und zum guten Leben zu ermutigen. Ob die Kinder einen »Machtgewinn« verspürten, wenn sie uns mit ihrem Minderessen »ärgerten«? Nein, ich glaube, die Einzige, die tatsächlich machtgeil war, war die Magersucht.

Es war jammerschade, dass es keine Handlungsalternative für uns Eltern gab. Trost hatten wir nicht erwartet, aber doch vielleicht Vorschläge, wie man zu Hause mit der Krankheit umgehen sollte. Vorschläge, die über Gewichtsgrenzen und sonstiges Stillschweigen hinausgingen und einem das Gefühl vermittelten, etwas im Kampf gegen die Erkrankung beizutragen. Professionelle Unterstützung hätte uns beiden, Paul und mir, gutgetan. Im Sinne der Ursachenforschung waren die Eltern und vor allem die Mutter interessant, auch Frau Blume würde sich monatelang auf die Suche nach einem familiären Trauma begeben. Aber was die Genesung betraf? Sollten wir vor allem still sein. Es musste doch, dachte ich damals, einen dritten Weg geben, der patientenorientiert wäre und die Eltern in den Prozess der Heilung einband. (Inzwischen weiß ich, dass es zum Beispiel in der Kinder- und Jugendpsychiatrie des Aachener Universitätsklinikums bereits seit zehn Jahren Workshops für Eltern essgestörter Kinder gibt, die Familientherapie heißt dort auch nicht Familientherapie, sondern Psychoedukation.

Man hat erkannt, wie wichtig eine unterstützende Haltung der Eltern ist, schließlich kehrt die junge Patientin in der Regel ins Elternhaus zurück.)

Das Verhältnis der Zwillingsschwestern zueinander war zu dieser Zeit explosiv – sieht man einmal von ihrer gewohnheitsmäßigen Einigkeit gegen die Eltern im Konfliktfall ab. Anna war sauer auf Marie, weil Marie wieder weniger aß, schließlich »konnte« sie selbst dann auch nicht mehr essen. Marie war sauer auf Anna, weil Anna ihr »ihre« Essstörung geklaut hatte. Man musste kein Therapeut sein, um zu sehen, dass Anna ihre Schwester ebenso wenig loslassen konnte wie Marie ihre Erkrankung. Wir Eltern standen um unsere Kinder herum und zogen, was das Zeug hielt. Das gute Leben: unsere Mädchen bräuchten es ja nur zu ergreifen und es wäre wieder ihres! Kleine Fortschritte gegen die Essstörung belohnten wir mit großer Liebenswürdigkeit und spielten dabei die Mädchen zugegebenermaßen ein wenig gegeneinander aus. Im November zum Beispiel hatte Marie etwas aufgeholt in der Gewichtsfrage. Ich freute mich, Marie schluckte, hakte sich (nachdem sie gesehen hatte, dass Anna ihr eigenes Abnehmen beklagte) aber dann doch bei mir unter, und wir machten uns im Triumph auf die Suche nach einem Abschlussballkleid für sie. Aus meinem Tagebuch:

Nie hätte ich gedacht, dass wir bereits im vierten Laden ein Nichts aus schwarzem Tüll mit Corsage finden würden, das ihr wirklich gut steht. Ich eilte mit einer kleinen Jacke herbei, zum Abdecken der nackten, behaarten Oberarme und Schultern. Die wurde dann auch gekauft, aber nur, weil man ja frieren könnte auf dem Ball. Die Haare, pah, die störten Marie wenig, vielleicht könnte man sie ja bleichen? – Im Vergleich zum

Bikinikauf vor einem halben Jahr war der Ballkleidkauf ein Klacks.

Tatsächlich konnte ich Maries Anblick jetzt besser ertragen als vor der Klinikeinweisung. Das lag natürlich daran, dass Marie mit 42 Kilo nicht mehr so schrecklich dünn war. Und dann, ich schäme mich fast, es zu sagen, hatte ich mich auch mit der Tatsache der Essstörung abgefunden. Das heißt nicht, dass ich den Kampf aufgegeben hätte, nein, so weit war es (noch) nicht, aber ich hatte akzeptiert, dass die Essstörung Teil unseres bzw. von Maries und Annas Leben war. Aus meinem Tagebuch:

Heute Nachmittag haben wir mit meiner Freundin Christiane Tee getrunken, die Jungs (Jakob und sein Freund Aaron) zogen sich sogleich zum Spielen zurück, die Mädchen setzten sich zu uns. Marie war sichtlich niedergeschlagen: Frau Blume will sie jetzt zweimal pro Woche sehen und versteht sie ihrer Meinung nach sowieso nicht. Nur weil Marie bereits aufrecht dagestanden hätte, als Frau Blume das Wartezimmer betrat, hätte sie sich eine Ansprache über die körperliche Unruhe von Magersüchtigen anhören müssen. »Dabei habe ich sie nur vom Gang her kommen hören und bin halt schon mal aufgestanden«, empört sich meine Tochter. Der Wendepunkt sei bei ihr noch nicht erreicht, hätte Frau Blume behauptet, und das könne auch noch dauern. »Aber warum zweimal die Woche dahinlaufen? Ich bin doch längst raus aus der Magersucht, Mama!« Das kann ich dann auch wieder nicht bestätigen. »Du nimmst Hormone«, sage ich. »Viele Mädchen nehmen die Pille«, sagt sie. »Ja, aber um zu verhüten und nicht, um ihrem Körper künstlich etwas zuzuführen, was ihm durch eine ungesunde Lebensweise fehlt«, sagt Christiane. »Mir geht es gut so«, meint Marie, »besser als vorher jedenfalls, wo die Mama mich ja auch nicht gemocht hat.« – *???* *Als die Mädchen die Küche verlassen haben, sitzen wir vor den drei Fragezeichen. Fühlt sich Marie tatsächlich weniger geliebt?* »*Jedes Kind mit Geschwistern fühlt sich manchmal hintangestellt*«, *meint Christiane. Ihrer Meinung nach hält Marie an der Magersucht fest, weil sie nicht weiß, was von ihr bliebe ohne die Erkrankung.*

»Wen lieben Sie eigentlich mehr, Anna oder Marie?«, servierte Frau Blume mir die Frage der Bevorzugung gleich zu Beginn der nächsten Familiensitzung. Hatte sie vielleicht bei uns im Schrank gesessen, als wir Tee tranken? »Natürlich liebe ich meine Töchter beide gleich stark«, entgegnete ich cool. Ich weigerte mich, im Beisein der Mädchen über ein solches Thema zu sprechen. »Ich würde für beide eine meiner Nieren hergeben.« (Hoffentlich nicht beide Nieren gleichzeitig …) Ich hatte davon gehört, dass sich Eltern zu ihren »Lieblingen« bekennen sollten, weil die Kinder solche Gewichtungen sowieso spürten – aber änderten sich diese Gewichtungen nicht von Zeit zu Zeit? Manchmal war mir Anna näher gewesen, dann wieder Marie, jetzt wieder Anna. Aber ob es dabei bliebe? – Außerdem war mir Gerechtigkeit bei der Erziehung von Zwillingen immer als das höchste Gut erschienen. Diesen »Spleen« der Gleichbehandlung hatte ich aus meiner Ursprungsfamilie mitgebracht, und erst heute bin ich in der Lage, ihn kritisch zu sehen, zumindest hat das Ideal von der Gleichheit die nötige Ausdifferenzierung unserer Zwillingsmädchen nicht gerade befördert.

Bei aller Liebe: Zumindest als junges Mädchen hatte Marie sich nicht mehr wohl gefühlt innerhalb der Familie und außerhalb, sie hatte sich selbst im Schatten ihrer Schwester gesehen. Ihr ging es nach eigener Aussage jetzt besser als vor der Essstörung oder zumindest als vor der Zeit ihres Klinikaufenthaltes. Das war ihre Wahrheit, und natürlich beschäftigte mich das, zumal mir das Muster von großer und kleiner Schwester aus der eigenen Kindheit vertraut war. Ich wusste, wie die vermeintlich geringere Liebes- oder auch Glücksportion über viele Jahre hinweg ausgespielt werden kann – wenn die Tochter und die Eltern im Zustand von Vorwurf und schlechtem Gewissen verharren. Aber jetzt den eigenen Tatsachen ins Gesicht geblickt: Hatte ich vor lauter Befürchtung, die Essstörung könnte sie verhärten, wie die Essstörung meine Schwester verhärtet hatte, den unvoreingenommenen Blick auf meine Tochter verloren? – Es war wirklich Zeit für einen Termin bei Rosa. »Ich muss jetzt dringend die Sache mit meiner Schwester klären«, verkündete ich, und sie schickte mich gleich in den Gefühlsfluss: »Bleib bei deiner Wut. Woher kommt die Wut?« – »Ich fühle mich dafür verantwortlich, wie es meiner Schwester geht. Als Kind (oder als Jugendliche?) ist sie zu kurz gekommen, weil ich mehr rausging, beliebter war. Aber dafür konnte ich doch nichts! Und was hätte ich tun sollen, damit es ihr bessergegangen wäre?« – »Du musst nichts tun«, diesen Satz hat Rosa in der Sitzung mehrfach zu mir gesagt. »Du bist nicht verantwortlich für deine Schwester.« Ein enormes Gefühl der Erleichterung breitete sich in mir aus. – Marie war Marie, eine vollkommen andere Person als Miriam. Ich schaute auf meine zweitgeborene Tochter und dachte: Unser Verhältnis ist vielleicht etwas schwieriger, wenn man es über die Jahre betrachtet, aber zu kurz gekommen ist Marie nicht, sie hat immer die Liebe ihrer Mutter und die Liebe ihres Vaters gehabt. Rosa ermutigte mich übrigens nicht, meinen aufreibenden Kampf gegen die Magersucht weiterzuführen. »Du musst nichts tun« bezog sich durchaus auch auf das aktuelle Geschehen. Aber für Marie war ich doch noch verantwortlich? – »Ja, aber gegen sie wirst du nur verlieren können. Sie ist stärker als du und sie hat die Zukunft auf ihrer Seite, Anna übrigens auch.« Warum verwechselten eigentlich alle den Kampf gegen die Magersucht mit einem Kampf gegen die eigenen Töchter? Oder war ich betriebsblind wie Don Quijote, der zwar das Gute wollte, aber die Schauplätze durcheinanderbrachte?

»Sie selbst haben ja auch viel mit der Essstörung zu tun, nicht wahr, Frau Wendt?« Diese reizende Frage trug Frau Blume bei der nächsten Familiensitzung in ihrem verständnisvollsten Timbre vor. Diesmal war ich allerdings gerüstet, denn Marie hatte mir schon erzählt, dass ihre Therapeutin mich auch für magersüchtig hielt. »Liebe Frau Blume«, hätte ich am liebsten entgegnet, »nur weil Sie selbst übergewichtig sind, muss nicht jede andere Frau, die schlank ist, magersüchtig sein.« Stattdessen fasste ich mir ein Herz und sprach – im Beisein meiner Töchter und (noch peinlicher) meines Mannes – davon, dass ich in meiner Jugend durchaus Probleme mit dem Essen gehabt hatte. Ich sei zwar nicht magersüchtig gewesen, sondern hätte am Gegenteil gelitten. Bulimisch zu sagen war mir zu viel, ich hoffte, meine Töchter würden auch so verstehen, was ich meinte. Später schrieb ich in mein Tagebuch:

Als junges Mädchen habe ich Fressanfälle gehabt, mich gruselig und scheußlich gefühlt danach, heute nennt man das, glaube ich, Binge Eating, also eine Großpackung Butterkekse auf einen Schlag: Das kenne ich. Ich habe mich dafür gehasst. Und ich habe das Gefutterte auch manchmal wieder ausgespuckt. Zehnmal, zwanzigmal? Ich weiß es nicht mehr genau. Nur, dass ich auch hätte bulimisch werden können in dieser Zeit. – Ich weiß noch, wie ich vor einigen Jahren dachte: Das hast du allein geschafft, dass Essen kein leidvolles Thema mehr ist. Du kannst essen, was und wie viel du willst, und hast kein schlechtes Gewissen. – Die Anlage war also da, die Essstörung ist in unserer Familie vorhanden. Nicht nur bei der Schwester, bei der Urgroßmutter und bei der Tante. Auch bei mir. Da Magersucht und Bulimie zwei Seiten einer Medaille sind, bin ich überhaupt nicht aus dem Schneider.

»Was meinen Sie, Frau Wendt, warum haben Sie das damals gebraucht?«, fragte Frau Blume nach. – »Gebraucht? Ich weiß nicht, ob ich das wirklich gebraucht habe. Es gab da eine Leere zu füllen, das stimmt schon, aber die Leere und das Füllen der Leere – das gehörte doch wohl beides zur Essstörung und war daher eher eine Quälerei.« Ich glaube ja bis heute, dass man die Essstörung nicht eigentlich »braucht« – auch wenn tiefenpsychologisch orientiere Therapeuten das anders sehen mögen.

Hatte ich deswegen so besondere Schwierigkeiten, Maries und Annas Essverhalten zu ertragen, weil ich selbst nicht wirklich von der Störung frei war? Meine Freundin Sabine, deren Tochter ebenfalls um ihren 14. Geburtstag herum in die Magersucht abzurutschen drohte, verstand es viel besser, mit dem eigenartigen Verhalten des Kindes umzugehen. Sie weinte zwar im stillen Kämmerlein und rang innerlich die Hände, schaffte es aber dennoch, beim Essen ruhig zu bleiben und vor allem der Tochter die Entscheidung selbst zu überlassen, ob sie etwas aß – oder eben nicht. Wobei sie ihr gleichzeitig klarmachte, dass die Entscheidung fürs Essen eine fürs Wachstum und Leben war. Ihr Mann wiederum tat sich schwerer mit der familiären Komplikation. »Hat Luna schon ihr Steak gegessen?«, war seine allabendliche Heimkehrfrage. Paul war längst nicht so empfindlich, was das Essen anging. Das war gut so. Zwar hätte er die Essstörung wahrscheinlich erst Monate später bemerkt (das war wieder gut bei mir), aber dafür war er am Esstisch gelassener. Ihm fiel gar nicht auf, was und wie viel oder wenig die beiden aßen. Er vertraute mehr auf die Stärke seiner Töchter, auch auf ihre gute Konstitution. »Wenn du dich nicht immer so gut ernährt hättest, nicht auszudenken, wo du heute stehen würdest!« Kopfschüttelnd hörte er sich die Berichte aus der Klinik an, in denen von Herzrhythmusstörungen, Schäden an Nieren oder Leber die Rede war. Seine Appelle an Marie und Anna bezogen sich meist auf ihren Gesundheitszustand und, ja auch, ihre Leistungsfähigkeit. Wie konnte man nur so blöd sein und seinen eigenen Körper und womöglich auch noch sein Gehirn schädigen! Dass das Essen zum zentralen Thema des Lebens werden kann, um das alle Gedanken und Gefühle kreisen – diese Zwanghaftigkeit war ihm fremd. Mir nicht.

Mit den Mädchen habe ich darüber gesprochen, dass Frauen – ich! – komisch reagierten, wenn andere Frauen wenig aßen. Ich würde mich dann fragen: Isst du vielleicht zu viel? Solltest du nicht lieber auch nur ein Brot essen, wenn die anderen nur eines nehmen? Mich erschreckte dieser Mechanismus, der von wenig Eigenständigkeit zeugte. »Jede Frau kontrolliert, wie viel sie isst, Mama«, versuchten mich Anna und Marie zu beruhigen. Das mochte ja normal sein, entkräftete aber nicht das Argument gegen das eigenartige Vergleichen – zumal die beiden nicht selten versuchten, mich in ihren Nahrungsnahkampf hineinzuziehen. »Du isst ja auch nichts!« – »Was, diese zwei Schnittchen sollen dein Mittagessen sein?« – »Sorge gut für dich selbst, unabhängig davon, was deine Schwester, deine Mutter oder deine Freundinnen tun«, das trichterte ich meinen

Töchtern ein. Dass ich mich selbst am Riemen reißen musste, um genau das im Angesicht meiner pickenden Töchter weiterhin zu tun, zeigte, wie enorm raumgreifend und beeinflussend die Essstörung war – auch für erwachsene Leute, die sie schon Jahrzehnte hinter sich glaubten. Ich schrieb in mein Tagebuch:

Ach, kann man denn nie wirklich frei sein? Müssen sich die Schwächen der Ursprungsfamilie immer wiederholen? Depression. Selbstmord. Essstörung. Ja, sogar mein Sprachfehler aus Kindertagen: Unser Sohn hat ihn auch. Wenn ich irgendetwas im Leben habe erreichen wollen, dann ist es ein liebevolles Verhältnis zu den Menschen, die mir nahestehen. Ich habe meine eigene, nicht immer glückliche Familiengeschichte ›aufgearbeitet‹, den Eltern verziehen, bin eine relativ stabile Ehe zu einem relativ stabilen Mann eingegangen und doch und doch … kann ich mit Marie derzeit so schlecht reden wie damals meine Mutter mit Miriam. Auch meine Tochter fühlt sich nicht genug geliebt und angenommen.

Ich habe immer daran geglaubt, dass sich nur das wiederholt, was unbearbeitet »herumliegt«. Oder positiv ausgedrückt: Alles Seelische (und auch das Gesellschaftliche) ließe sich heilen, würde man es bearbeiten. Das war die Verheißung der Psychologie, und das war auch mein Credo. Jetzt dachte ich: Alles kommt wieder hoch. Die charakterlichen Eigenarten. Der vermeintliche oder der echte Mangel an Liebe. Die inneren Zwänge. Wenn nicht in dir, dann in deinen Kindern.

In der folgenden Nacht erschien mir im Traum eine Fratze. Wie ein riesiger Lampion hing sie über meinem Bett. Es war ein richtiges »Gesicht«, wie man früher gesagt hätte. Das scheußliche Antlitz der Depression.

Heute, wo die schlimmste Zeit der Magersucht vorüber ist, kann ich das alles auch positiv sehen. Natürlich war die Erkrankung der Zwillinge eine Chance für mich, über eigene, durchaus unbewusste (und also unbearbeitete) Zwänge nachzudenken. Das Schwarzweißdenken, das Prof. Fichter für eine Grundeigenschaft essgestörter Menschen hält, das Jetzt-erst-recht-Prinzip und vor allem das Vergleichen mit anderen, von all diesen Torheiten war ich nicht frei, wie sich während der Essstörung der Zwillinge deutlich zeigte. Gleichzeitig musste ich mich ein Stück weit von diesen Denkmustern lösen, allein deswegen, weil sie dem adäquaten Umgang mit der Essstörung im Weg standen. Was nützte es, wenn ich mir selbst leidtat und den Mädchen dramatisch den Teufel an die Wand malte? Mit Druck und Unduldsamkeit kommt man dem Zwangssystem Magersucht nicht bei. Mit Liebe, Verständnis und klaren Regeln aber schon. Frau Blume hatte mich an meine eigene Essgeschichte erinnert und dadurch nicht nur mein Verständnis für die Langwierigkeit der Störung geweckt, sondern indirekt auch mein Vertrauen in Anna und Marie gestärkt. Wenn ich es geschafft hatte, ein gutes Leben zu führen, dann würden meine Töchter das auch schaffen. (Wobei die Mädchen mir meine »Angeberei« mit der »angeblichen Bulimie« später um die Ohren hauten: Das wäre ja überhaupt kein Vergleich zur eigenen Magersucht! Stimmt natürlich.)

Weihnachten kam und ging. Trotz aller Auseinandersetzungen zwischen uns und unseren Töchtern klärten sich die Dinge nur zögerlich. Am zweiten Feiertag schrieb ich ins Tagebuch:

Letztlich sind wir an dem Punkt angelangt, wo niemand mehr weiterweiß, wo jeder Ratschlag erteilt wurde, jeder Verdacht geäußert, sämtliche Gespräche geführt – und wir so schlau sind wie zuvor, nein, schlimmer, Paul und ich sind vollkommen ratlos. Vor allem Paul ist zeitweise so niedergeschlagen, dass gar kein Herankommen mehr an ihn ist.

Das Verhältnis zwischen meinem Mann und mir war angeschlagen. Paul reagierte zunehmend genervt auf meine verzweifelten Versuche, Anna und Marie zum Essen zu bewegen. Er wollte endlich Ruhe haben im Haus. »Du siehst doch selbst, dass das Kämpfen nichts bringt. Dein Mutter-Tochter-Programm mit Anna hat ja auch nichts gebracht«, entmutigte er mich einmal. Was heißt schon »gebracht«, dachte ich, ich habe halt getan, was ich konnte, und ich konnte nicht anders, als genau das zu tun. Einen Moment lang fand ich, dass er genauso ignorant mit den mütterlichen Gefühlen umging wie der Kliniktherapeut. – »Zeitweise hatte ich das Gefühl, nie mehr lachen zu können«, sagt eine betroffene Mutter in Renate Kunzes Buch. »Du siehst abgespannt aus«, bemerkten meine Freundinnen. »Nicht wahr«, schniefte ich, »man sieht es mir an.« Ich war der weibliche Ritter von der traurigen Gestalt, sein tristes Gesicht (das war doch nicht meins?!) konnte ich jeden Morgen im Spiegel betrachten. – Früher, vor der Magersucht, hatte ich mich selbst auf der Sonnenseite des Lebens gesehen, eine Lichtgestalt, aber jetzt – unterschied ich mich nicht von den traurigen Figuren, die mit eingefallenen Gesichtern in der S-Bahn saßen. Noch nie zuvor war ich so an meine Grenzen geraten.

Niemand zeigt dir deine Ohnmacht deutlicher als ein magersüchtiges Kind, ist dieses Kapitel überschrieben. Die üblichen mütterlichen Reaktionen auf Krankheit (füttern und pflegen) laufen bei einer Essstörung ins Leere. Man scheint so gut wie gar nichts tun zu können, um dem Kind aus seiner fatalen

Selbsttäuschung herauszuhelfen. Wo das Gefühl der Ohnmacht groß ist, wächst auch die Wut. Das blöde Mutter-Tochter-Programm mit Anna, dachte ich, hat nichts gebracht, außer mich zu erschöpfen; all die abgewürgten Gespräche mit Marie, warum habe ich sie überhaupt begonnen?; die vielen Haare überall, Anzeichen der ruinösen Lebensweise meiner Töchter; der irrsinnige Kampf ums Essen, den sich die beiden täglich lieferten; die Absprachen, an die sie sich nicht hielten, deren Einhaltung die Eltern aber einforderten (und deswegen beschimpft wurden) – es war ein Alptraum. Nicht zu vergessen die Gewichtsfrage, angeblich nicht so wichtig für die Heilung, aber dann doch entscheidend, wenn es um die weitere ärztliche Behandlung ging. Ein halbes Pfund mehr, ein halbes Pfund weniger, das Züngleich an der Waage ruckelte hin und her, und wir Eltern fragten uns fast täglich: Wäre eine Einweisung bald wieder nötig? Was wäre, wenn eine der beiden im Winter erkrankte? Ein Virus – und die scheinbare Stabilität wäre dahin. Wir standen übrigens nie mehr neben der Waage, sondern das Wiegen hatte jeweils ein Arzt übernommen, auf den auch nicht immer Verlass war, wie sich im neuen Jahr herausstellte. Maries Ärztin hatte aus Mitleid zweihundert Gramm mehr auf den Gewichtszettel notiert, um ihr eine Anmeldung in der Klinik zu ersparen. »Marie war immer so nervös«, meinte sie am Telefon zu mir, »vielleicht sollte man eine Weile ganz aufs Wiegen verzichten. Sie quält sich so sehr!« Zum Wiegen gäbe es keine Alternative, antwortete ich, aber wir könnten ja den Rat von Peggy March-Pierre befolgen und Marie zukünftig mit dem Rücken zur Waage stellen? Das Gewicht könnte man den Eltern telefonisch mitteilen, so dass Marie dadurch nicht belastet wäre. – Was würde mit Anna passieren? Nach wie vor lehnte sie eine Psychotherapie ab, sie würde lieber auf ein Internat gehen, denn das »Hauptproblem« für sie sei und bleibe nun einmal ihre minder essende Schwester. »Aber du hast doch gerade erst die Schule gewechselt«, warf Paul ein. »Da geht's mir aber auch nicht gut«, sagte Anna. Ich konnte nicht mehr und schrieb wütend in mein Tagebuch:

Sollen sie doch machen, was sie wollen! Sollen sie ihr Leben auf den Müll werfen. Es ist ihr Leben, nicht meines!

Am Neujahrsmorgen notierte ich:

Mehr für mich tun, mehr für Jakob und Paul da sein. Hatte ich mir das nicht schon einmal (zweimal, zehnmal?) vorgenommen? Vielleicht sollte ich einen Aufkleber am Kühlschrank anbringen! Auf alle Fälle werde ich eine Mutter-Kind-Kur beantragen für Jakob und mich.

Als ich einmal von einer deprimierenden Familiensitzung kam, rief mir meine Freundin Marion schon von weitem zu: »Du siehst genauso aus wie eine Frau, die demnächst ihren Sohn schnappt und nach Honolulu geht!« – »Woher weißt du das?«, entgegnete ich lachend.

Dank der vielen Gespräche, dank der Vernunft, aber vielleicht auch dank der Wut (die man sich in dieser Lage verzeihen sollte) gewann ich allmählich Distanz zu meinen Töchtern und ihrer Erkrankung. Ich hielt sie nicht mehr so fest. Das tat ich gar nicht mal so sehr für die beiden, sondern eher für mich selbst – und für Jakob. Hätte ich noch länger hingestarrt und eingeredet auf die Zwillinge und ihre Teller, wäre ich wahrscheinlich verrückt geworden bzw. depressiv, was in meinem Fall näher lag. Ein Stück weit rettete ich mich also selbst, indem ich Anna und Marie freigab. »Es ist ihr Leben. Nicht meines«, dieser Satz ließe sich ja positiv verstehen, wenn man ihn ohne Grimm und Zorn äußerte.

Zwischen »Ich kann sie doch nicht verhungern lassen« und »Ich gebe sie frei« gibt es Platz für neue Wege. Zu dieser Erkenntnis verhalfen mir auch meine Töchter. Während ich noch an der Sorge und am Essen klammerte, fassten sie eigene Beschlüsse. Marie äußerte zwischen den Jahren, dass sie bereit wäre, sich ein weiteres Mal in klinische Behandlung zu begeben, »damit Anna nicht ins Internat muss«. »Du kannst nichts dafür, dass Anna so wenig isst«, versicherte ich ihr, war aber auch stolz, dass sie selbst nach Lösungen suchte. (Auch wenn für mich zu diesem Zeitpunkt die Vorstellung eines zweiten Klinikaufenthaltes von Marie mit dem Gefühl des Scheiterns verbunden war.) In der Folge dachte Anna über die Alternative Internat oder Klinik nach und zog den Gedanken eines eigenen Klinikaufenthaltes zumindest in Betracht. Es müsste freilich ein anderes Haus sein als das von Marie, das war allen klar. Ich verschaffte mir einen Termin bei einer psychosomatischen Klinik außerhalb der Stadt und schaute mir parallel – und gemeinsam mit Anna – ein Landschulheim an. Außerdem suchte ich mit Anna und später auch mit Jakob eine Homöopathin auf, die unsere Kinder mit Kügelchen und guten Worten unterstützte. Es tat sich also etwas im Hause Wendt, zumindest die Mutter war innerlich einen Schritt weitergekommen.

»Ihre Sorge bringt nichts«, hatte mich Frau Blume ein ums andere Mal ermahnt. Die Wahrheit dieses Satzes kann ich leider nur bestätigen. Dennoch möchte ich hier eine Lanze für die mütterliche Sorge brechen: Sie wird nämlich nicht aus der

Welt zu schaffen sein. Niemals. Sicherlich kann und soll man sein eigenes Leben leben, selbst wenn ein Kind erkrankt. Im Fall einer psychischen Erkrankung gibt es sogar kein besseres Vorbild. Dennoch würde die andauernde Not oder das Unglück eines unserer Kinder mein Leben für immer überschatten. Ich bin sicher, dass alle Eltern so empfinden. – Und noch etwas fiel mir ein, als Frau Blume mich auf die Folgenlosigkeit elterlicher Sorgen hinwies. Als ich jung war und linksradikal, hat sich mein Vater große Sorgen um mich gemacht. Die Tochter bei den Marxisten, die ihn einst aus der SPD geworfen hatten, weil er Pazifist war und gegen den Zusammenschluss mit der KPD. »Wie kannst du bloß verkennen, wie ideologisch und geistig borniert der Kommunismus ist?«, hatte er zu mir gesagt – und von den schlaflosen Nächten gesprochen, die er meinetwegen hätte. Damals gab es ja noch den Radikalenerlass. Mich hat es vollkommen unbeeindruckt gelassen, ob mein Vater sich sorgt und wie lange er nachts schläft oder wacht. Ich habe getan, was ich für richtig hielt. Inzwischen weiß ich natürlich längst, dass er recht hatte. Im engeren Sinne hat seine Sorge »nichts gebracht« damals, aber heute macht sie ihn für mich menschlich.

Noch vor Weihnachten waren wir anlässlich eines Konzertes unseres Freundes Volker zu viert in Nürnberg. »Pensieri sparsi e sogni del giorno« hießen die Solostücke fürs Violoncello, von ihm selbst komponiert und uraufgeführt. Während des zwölften Stückes, Orpheus gewidmet, lief mir eine Träne die Wange hinunter, eigentlich ein Wunder beim Hören neuer Musik. Die Musik betraf mich und noch mehr Volkers kurze Erläuterung: Orpheus habe, nachdem er sich nach Eurydike umgesehen und sie also an den Hades verloren hatte, so sehr getobt, dass die Mänaden ihn zerreißen mussten. – Wenn Orpheus sich nicht umgedreht hätte, wie ihm ja geheißen worden war, wären seine Bemühungen mit dem Wiedererlangen der geliebten Frau belohnt worden, doch nun war alles verloren, nur weil er im letzten Moment keine Geduld gehabt hatte (oder sie behüten wollte auf dem schwierigen Pfad oder sie küssen wollte oder schauen, ob sie ihm tatsächlich folgte … wir wissen es nicht). Sie aber war ihm gefolgt. Er hätte sich nicht umdrehen müssen nach ihr. Das soll mir eine Lehre sein, beschloss ich noch am selben Abend. Ich will vorausgehen und vertrauen. Oder anders ausgedrückt: mein Leben leben und mir die Sorge nicht anmerken lassen.

Was hat mir sonst noch geholfen in dieser schwierigen Zeit? Freundinnen, die nicht nach Ursachen suchten, sondern mich einfach anhörten, haben sehr geholfen. Rosa hat geholfen. Am meisten hat mir vielleicht das Schreiben geholfen, diese ständige Klärung der eigenen Sicht. Und das Laufen. Ich weiß noch genau, wie ich am Ende des Winters durch den Wald rannte, den ich seit Jahren kenne. Das erste Gras spross schon. Überall waren kleine Knospen an den Bäumen zu entdecken. Die Natur wächst. Sie lässt sich nicht beirren, dachte ich. Es wird Frühling.

»Das einzige wahre Heilmittel
bei dieser Krankheit bist du selbst.«

Der Weg
aus der Magersucht

Mei, mit Zwillingen ist's halt immer a Gschiss.« Diesen herrlichen Satz sagte die Kliniktherapeutin, als wir während Annas stationärer Behandlung einmal miteinander telefonierten. Endlich jemand, der den Kern der Problematik begriff, freute ich mich. Ich mochte die lakonische Art, mit der man in der psychosomatischen Klinik in S. mit der Essstörung umging. Das unterlief das Drama, für das ich und leider auch Anna anfällig waren. Bereits im Januar hatte ich mir die Klinik angesehen, ohne meine Tochter, denn dieses Mal wollte ich mir selbst ein Bild machen, bevor wir sie dorthin schickten. »Wenn man wirklich herauswill aus der Magersucht, kann man das hier schaffen.« Mit diesem Satz gewann die dortige Oberärztin meine Sympathie – zumal in ihrem Sprechzimmer das Foto einer spirituell bedeutsamen Inderin an der Wand hing, das mir bekannt vorkam. Hatte Rosa bei sich nicht dasselbe Bild hängen? – Außerdem betrug die Wartezeit in S. nur drei bis vier Wochen.

Inzwischen hatte sich die Situation zu Hause wieder entspannt, alle waren sich einig, dass man einen weiteren Anlauf zur Eindämmung der Magersucht unternehmen müsse. Nach dem Skiurlaub habe ich mich lange mit der Homöopathin unterhalten, die wir wegen Annas schlechtem Gemütszustand konsultiert hatten. Sie war übrigens die Erste, die sich eingehend nach Charakter und Eigenheit der Zwillingsmädchen erkundigte: Wie waren die beiden als Kinder gewesen? Was unterschied Anna von Marie und Marie von Anna? Wie war mein Eindruck von ihrer Entwicklung? Welche Schwierigkeiten hatte es in der Erziehung gegeben? Irgendwelche Auffälligkeiten? Wie war die Geburt des Nachzüglers in der Familie erlebt worden? Ihr gegenüber konnte ich meine Überforderung eingestehen: »Anna und Marie waren immer schon sehr willensstark, jetzt überfordern sie mich eindeutig. Außerdem leidet Jakob. Ich weiß, dass es nicht gerecht ist, aber ich bin den beiden manchmal richtig gram deswegen.« Unser drittes Kind wäre von Anfang an unkomplizierter im Umgang gewesen – auch wenn es alles andere als ein ruhiges Kind sei. Später fragte ich mich: War die Magersucht auch ein Reflex auf diese von der Mutter begrüßte ›Jakob-Erleichterung‹? Vielleicht schon. Die Liebe zu so einem kleinen Wurstel ist ja viel ungebrochener.

Zwei Wochen nach Fasching war Marie ins Nachbarviertel zu ihrer Freundin Jenni gezogen. Deren Mutter Irmi freute sich über »die Zweittochter auf Zeit« – und kaufte einen Haufen leckerer Lebensmittel ein. Marie gefiel es. »Auf jeden Fall besser als zu Hause«, unkte sie in einem Tonfall, der einem gleich klarmachte: Zu Hause ist es sowieso am allerallerschrecklichsten. Ihre Essgewohnheiten änderte sie aber nicht. – »Sie sind gemeinsam in diese Sache hineingeschlittert, warum lässt du sie nicht auch gemeinsam wieder herauskommen?«, fragte eine ehemalige Kollegin nach, als ich ihr von der erneuten Trennung der Zwillinge berichtete. Eine Klinik für beide? Dieser Gedanke hatte etwas Bestechendes – ließ sich bei uns bloß nicht in die Tat umsetzen. Längst hatte sich die Magersucht die emotionale Nähe unserer Töchter zunutze gemacht. Auch später würde sich zeigen, dass die Essstörung an Boden gewann, sobald Anna und Marie besonders eng miteinander verknüpft waren.

Ursprünglich von Marie als emanzipatorischer Akt gedacht, beherrschte die Magersucht inzwischen beide Mädchen – was zumindest den Vorteil hatte, dass die Störung nichts Besonderes mehr war. Nein, man musste schon selbst und ganz allein für sich besonders werden, um sich aus der Zwangsjacke Essstörung zu befreien. Denn sie bedeutete Vereinheitlichung und war auf die Tilgung der Unterschiede aus (hungernde Menschen sehen sich erschreckend ähnlich). Der Königsweg aus der Essstörung führte für Anna und Marie über die Stärkung ihres Selbstbewusstseins, so wie er auch für alle anderen Betroffenen über die Stärkung ihres Selbstbewusstseins führt – da sind sich sämtliche Psychotherapeuten einig. – In diesen Tagen hatte ich eine merkwürdige Begegnung, die ich in meinem Tagebuch festhielt:

Zwei schon betagte Zwillingsdamen, beide nur Haut und Knochen, bewegen sich Seite an Seite im exakt gleichen Outfit durch die Fußgängerzone. Ein Bild des Jammers! Das doppelte Lottchen ist tatsächlich nur niedlich, solange es klein ist. Im Erwachsenenalter wirkt die Dopplung der Persönlichkeit befremdlich. Darüber hinaus scheinen diese beiden ihre Essstörung nie überwunden zu haben. Mir wird klar, wie lebensnotwendig die Ablösung voneinander ist, aber auch, wie ver-

dammt schwierig und daher großartig die Schritte heraus sind: in die Normalität ohne Dopplung, aber auch ohne doppelte Durchsetzungskraft.

Die Magersucht bedeutet nicht nur einen Raubbau an den körperlichen Kräften, sie nimmt dir auch deine Individualität (dein Einfühlungsvermögen, Marie, deine Entschlusskraft, Anna) – weshalb ich psychoanalytischen Deutungen, welche die Störung als Akt der Befreiung sympathetisch begleiten, skeptisch gegenüberstehe. (Vergleichen Sie dazu den Aufsatz von Patricia Bourcillier, der auf magersucht.com zu finden ist und unter anderen Texten »Das Haus der verrückten Kinder« von Valérie Valère bespricht. Auch der familientherapeutische Ansatz von Mara Selvini Palazzoli verfängt sich in den systemischen Ursachen der Erkrankung – das System ist die Familie –, was den Blick auf die konkrete Situation eher verschleiert als erhellt.)

In diesen Tagen erfuhren wir von der Eineiigkeit der Zwillinge. Warum hatten wir das nicht schon längst gewusst? Bei der Geburt war die Sache unklar gewesen, da beide Kinder über eine eigene Fruchtblase und Plazenta verfügten, was ja eher für Zweieiigkeit spricht, aber auch bei eineiigen Zwillingen vorkommt. Die Hebammen und Kinderkrankenschwestern waren für Eineiigkeit, die Ärzte für Zweieiigkeit, uns Eltern war es herzlich egal: Hauptsache, gesund und munter! Auch später gingen die Meinungen über dieses Thema auseinander, die beiden sahen sich zwar sehr ähnlich, waren aber dennoch nicht identisch, zumal sie auch nie gleich angezogen und frisiert waren. Paul und ich würden unsere Mädchen immer als zwei unterschiedliche Individuen empfinden (außer im Streit, wo die beiden als Block erschienen), wozu brauchten wir also einen Gentest? Doch jetzt war die Zeit der kleinen Sorgen vorbei, und wir ließen eine DNA-Analyse machen. – Als ich den großen braunen Umschlag öffnete und die Zahl mit den vielen Nullen sah – es stand 1 Milliarde (minus ein paar Zerquetschte) zu 1 für die Eineiigkeit –, war ich erleichtert. Anna war sogar höchst erfreut, als ich ihr davon berichtete, sie fühlte sich durch die genetischen Tatsachen ausgesprochen entlastet. Wenn die Magersucht als Anlage auch in ihr steckte, worauf ja das identische Erbgut schließen ließ, bräuchte sie wegen ihrer »idiotischen Nachahmerei« kein so schlechtes Gewissen zu haben. Jedem anderen eineiigen Zwilling wäre mit hoher Wahrscheinlichkeit das Gleiche passiert. Sie wollte die Krankheit jetzt für sich allein angehen.

»Das einzige wirkliche Heilmittel bei dieser Krankheit bist du selbst.« Das habe ich Anna mit auf den Weg gegeben, als ich sie schweren Herzens in der Klinik in S. zurückließ. Meine Tränen hat sie glücklicherweise nicht bemerkt. Wieso war ich so aufgewühlt? Ich war doch inzwischen ein Profi in Sachen Loslassen und außerdem überzeugt vom Konzept dieser Klinik, das ein klar definiertes Ernährungsprogramm mit psychotherapeutischen Gesprächen und Körperarbeit verband. Als ich in der Cafeteria auf meine Tochter und den Pfleger wartete, sprachen andere Patienten in meinem Rücken, aber in großer Lautstärke davon, dass sie ihr Kind niemals in diese »Anstalt« geben würden. Ständig gehen die zum Rauchen! Auch Haschisch. Und wenn man dann bedenkt, dass das noch Kinder sind. Wenn sie krank werden, kümmert sich hier keine Sau um sie. Und das Essen? Das kotzen die doch eh gleich wieder aus. Kein Wunder, ich hätte auch keine Lust, beim Essen kontrolliert zu werden. – So ging das zehn Minuten lang. Dumme Leute, dachte ich. Besser gar nicht hinhören. Dennoch bat ich um ein spontanes Gespräch mit der Oberärztin, die die Äußerungen auf das Maß zurechtstutzte, das auch mir vernünftig erschien (»dumme Leute«). Es blieb ein Unbehagen – und zum Teil sollte sich das Geschwätz tatsächlich als wahr erweisen.

Die Mädchen hatten die Plätze getauscht. Nun war Anna in der Klinik und Marie zu Hause. Die Psychotherapie bei Frau Blume dümpelte dahin. Auch bei ihr, die voller Verständnis für die Seelennot unserer Tochter war, fand sich Marie nicht wieder. Ich habe mit ihr über etwaige traumatische Erlebnisse in ihrer Kindheit gesprochen – »Gab es da etwas, Marie?« –, auch darüber, ob ihre Bedürfnisse vielleicht nicht gesehen wurden bei uns. »Nein, das ist es nicht, Mama, das trifft alles nicht zu.« Marie, die ungern über sich selbst sprach, würde erst später während einer Tanz- und Körpertherapie die Hilfe finden, die sie persönlich benötigte. Immerhin konnte ich mich im Gespräch mit Frau Blume darauf einigen, weniger in unserer Familiengeschichte zu graben und sich mehr auf den konkreten Umgang mit der Magersucht zu konzentrieren. Am Morgen desselben Vormittags hatte ich bereits das Telefonat mit Annas Kliniktherapeutin geführt. Anna würde ihrer Meinung nach lieber »verschwinden«, als eine eigene Identität auszubilden. Das Mädchen sei extrem harmoniebedürftig und quäle sich mit dem Gedanken, dass sie durch ihre Erkrankung die Familie belaste. Sie schäme sich, weil sie ihren Vater so sehr enttäuscht habe. – Diese Dinge sollten wir rasch gemeinsam bereden, pflichtete ich ihr bei, von Pauls Seite wäre eine Entlastung dringend nötig.

Nach diesen beiden Gesprächen war ich immerhin so gut gelaunt, dass ich mich zum ersten Mal in meinem Leben in einem Kaufhaus schminken ließ – und im Anschluss alles kaufte, was für strahlende Augen nötig ist. Der Wert der kleinen Tüte, die ich mit gemischten Gefühlen heimtrug, war exorbitant. Und das alles nur, weil Frau Blume gemeint hatte, ich solle mal etwas für mich selbst tun. Die Therapeuten waren mein Ruin! Marie tröstete mich am Nachmittag: Mama, wenn man bedenkt, was du über all die Jahre an Make-up gespart hast, ist das ja echt günstig gewesen! Aus meinem Tagebuch:

Mitte März fahre ich hinaus zu Anna. Bei unserem Spaziergang rund um einen nahe gelegenen kleinen See erzählt sie mir von ihren Mitpatienten. Ihre Zimmernachbarin, sie ist 17 Jahre alt, hat Borderline, eine andere Frau, schon in meinem Alter, steckt seit 30 Jahren in der Magersucht und sieht auch genau so aus, nämlich wie der Leibhaftige, ein weiteres Mädchen hat angeblich zwei Babys verloren wegen ihres Drogenkonsums, sie ist wohl auch mehrfach vergewaltigt worden. Geschichten, die mich zurückschrecken lassen, Anna aber offensichtlich nicht allzu negativ beeinflussen. Im Gegenteil: Sie erkennt, wie schwer es andere haben bzw. wie vergleichsweise erträglich ihre eigene Situation ist. – Mir gefällt sehr, dass die dortige Kliniktherapeutin einen dreiwöchigen Kontaktstopp zu ihrer Schwester verhängt hat. Ab sofort ist Schluss mit den Telefonaten und dem Austausch über Lebensmittel! Es ist doch gut, dass es die Profis gibt, wir Eltern hätten so etwas nie durchsetzen können. »Der Abstand tut mir gut«, sagt Anna, »in der Klinik denke ich überhaupt nicht mehr daran, was Marie isst.« Stolz zeigt sie mir ihren Essensplan: morgens und abends Butter aufs Brot – wie, ich denke, du hasst Butter? »Das passt schon, Mama.« – Mir gefällt das Konzept in S.: Es wird gegessen, was auf den Tisch kommt bzw. aufs Tablett kommt, und zwar innerhalb eines zuvor besprochenen Zeitraums (mittags einer halben Stunde), beim Essen wird nicht übers Essen diskutiert, dafür gibt es die Esskritik nach Tisch. In allen anderen Zeiten wendet man sich anderen Dingen zu. Gestalttherapie. Gruppengespräche. Einzelgespräche. Kartenspielen. Ratschen. Visite. Einmal die Woche erfolgt ein Gespräch mit der Ernährungsberaterin. Die Tatsache, dass ich mich als Essgestörte nicht ums Thema Essen kümmern muss, würde ich als entlastend empfinden.

Kurz darauf wies sich Marie selbst in ihre alte Klinik ein – als »Ehemalige« hatte sie ein Vorrecht auf den nächsten frei werdenden Platz. Wenn es darauf ankam, ließ die Klinik ihre Patienten tatsächlich nicht im Stich. – Jakob war nun allein zu Hause. In der Vorschulgruppe erzählte er: »Ich bin jetzt kein Bruder mehr.« – »Ja, warum das denn, Jakob?« – »Weil meine Schwestern beide weg sind.«

Zu dieser Zeit hatte ich ein aufschlussreiches Gespräch mit einer anderen Vorschulmutter. Im Café sitzend, habe ich ihr mein Leid mit den Zwillingstöchtern geklagt. Sie hat nicht viel dazu gesagt, sondern mir nur die eine (gute) Frage gestellt: »Kannst du das Verhalten deiner Töchter persönlich irgendwie nachvollziehen?« Hm, konnte ich das? Nicht, was die Disziplin beim Essen betraf, dazu war ich ein zu impulsiver Mensch. Aber dann doch, was die Zwanghaftigkeit anging. Ich erzählte ihr von meinem Putzfimmel und davon, wie schwierig es sei, sich davon zu lösen. »Es kostet mich manchmal mehr Kraft, einen Schmutzfleck zu ertragen, als ihn schnell wegzuwischen!« Einmal, die Zwillinge waren noch klein, wäre ich in der Silvesternacht so sauer gewesen, dass ich erst am nächsten Mittag, nachdem ich sämtliche Küchenschränke ausgewischt hatte, in der Lage gewesen sei, das Wort an meinen Mann zu richten und ihm ein schönes neues Jahr zu wünschen. Da helfe nur eines: eine tüchtige Putzhilfe – und die Anwesenheit von Kindern! – Oje, dachte ich nach dem Gespräch, wenn die Magersucht ein innerer Zwang ist, dann gute Nacht. Zwänge, so meine persönliche Erfahrung, konnte man schlecht einfach so abschaffen – am besten war es, sie erst einmal hinzunehmen und seinem zwanghaften Selbst gnädig zuzuzwinkern. Dann wurden sie mit der Zeit immer schwächer … Immerhin bestärkte mich das Putzhilfenargument in der Überzeugung, dass es bei Zwängen nicht verkehrt wäre, Verantwortung abzugeben. Bei einem zwanghaften Essverhalten war es gut, die Ernährungsfrage vor dem Essen zu klären – und dann zu essen. So wie es für mich gut gewesen war, eine Putzhilfe zu haben – und dann nicht zu putzen.

Am Morgen ihrer zweiten stationären Einweisung stand Marie in der Küche und schüttete einige Cornflakes in ihre Brotzeitbox: »Damit ich etwas zum Frühstücken habe morgen früh.« Wie bitte? Gibt es kein Frühstückstablett für euch? Nein, man bekomme nur das, was man am Abend zuvor bestellt habe, und Müsli gebe es gar keines. Das würde sie dann halt wieder kaufen, sobald sie Ausgang hätte. Ist das eine gute Idee, fragten Paul und ich uns unisono, dass man Patienten, deren Gedanken zwanghaft ums Essen kreisten, ihre Ernährung derart unbegleitet überließ? Marie würde also am Morgen ihre drei Esslöffel Cornflakes essen – und basta. Schon bei Maries erstem Klinikaufenthalt war uns die Abwehr aufgefallen, mit der man dort Essensplänen begegnete. Ein Essensplan: Das erschien wie ein Frevel an der reinen Lehre. Die Lehre fußte auf der guten Idee der Selbstverantwortung sowie auf der Einsicht, dass das Essen als solches nicht so wichtig war. Das stimmte ja auch, wichtiger als ein elaboriertes Mahl war in der akuten Magersucht schlicht die Ernährung, die den Kör-

per wieder zu Kräften kommen ließ. In Maries Klinik war nicht das Essverhalten, sondern das Ergebnis, das die Waage anzeigte, entscheidend. Hatte man hier dauerhaft keinen Erfolg, wurde man wieder nach Hause geschickt. Druck gab es also schon. Aber keine Begleitung beim Essen, weder mittags noch abends saß jemand bei den Mädchen, noch gab es eine Ernährungsberatung oder Ähnliches. (Wobei ich selbst skeptisch bin, was sogenannte Aufklärungsarbeit in der Pubertät bewirken kann ... wahrscheinlich eher nichts. Das Vorbild hingegen – auch beim Essen – erscheint mir wichtig.)
Ich fragte mich: Nahm man durch diesen kompletten Rückzug vom Tisch den Kindern und Jugendlichen nicht auch die Chance, eine gute Ernährung (wieder) zu erlernen?

Dr. Monika Gerlinghoff, Ärztin und Psychotherapeutin sowie eine Kapazität auf dem Gebiet der Essstörungen, würde dieser Befürchtung wahrscheinlich zustimmen. »Bei uns lernen die Mädchen als Erstes wieder zu essen«, äußerte sie im Gespräch mit Marie und mir. Wenn die Patientinnen wieder bei Kräften wären, gäbe es ein breites Therapieangebot am TCE (Therapie-Centrum für Essstörungen in München). Körperarbeit. Gespräche in der Gruppe. Kreative Therapie. Familientherapie. Die Mädchen lebten hier im Haus wie in einer Wohngemeinschaft zusammen. Bedingung ihrer Aufnahme und ihres Verbleibes sei, dass sie aßen. – Die eher pragmatische und an konkreten Zielen orientierte Herangehensweise der Verhaltens- bzw. kognitiven Therapie leuchtete mir mehr ein als das Fischen in der Ursuppe Familie. Natürlich müssten die persönlichen und familiären Hintergründe der Essstörung geklärt werden und vor allem die positiven Emotionen der Patientin gestärkt – aber einen Verhungernden konnte man nicht lange nach eventuellen Verletzungen, Traumata und möglichen Ursachen befragen. Die Erkenntnis, dass die Ernährung Vorrang hat, ist übrigens schon so alt wie die Magersucht selbst. Bereits Richard Morton, der im späten 17. Jahrhundert über die Symptome der Auszehrung schrieb, empfahl – neben frischer Luft und angenehmer Gesellschaft – »dem Patienten seine Lieblingsspeisen vorzusetzen«. »Alle zwei bis drei Stunden die Gabe eines Teelöffels Brandy« – dieser sehr britische Vorschlag stammt von Sir William Gull, einem hochbegabten Londoner Mediziner, der zwei Jahrhunderte später als »Jack the Ripper« in Misskredit geriet (der Arme würde sich im Grab umdrehen, wenn er seinen Namen heute im Internet googelte). 1874 riet er ausdrücklich davon ab, die Patientin einfach gewähren zu lassen, im Gegenteil dürfe man sich nicht von ihren Ausflüchten beirren lassen und müsse ihre Ernährung unter eine Art »moralische Kontrolle« stellen. Auch Hilde Bruch, eine amerikanische Psychoanalytikerin und Koryphäe in Sachen Essstörungen, schrieb in den 80er-Jahren des vergangenen Jahrhunderts: »Die permanente Unterernährung des Patienten führt zu psychischen Problemen, die biologische und nicht psychodynamische Ursachen haben […] In der Tat kann keine klare Formulierung des psychologischen Problems gelingen oder irgendeine Psychotherapie wirksam sein, bevor sich nichts an der enormen Unterernährung geändert hat und der Patient in die Lage versetzt wird, neue Informationen aufzunehmen und zu verarbeiten.« – (Dass manche psychische Probleme, die mit der Magersucht einhergehen, durch diese selbst verursacht sein könnten, wird durch die neuere Hirnforschung bestätigt. Eine beunruhigende Vorstellung, zumal der Prozess des Erkennens – oder wie Bruch schreibt: des Aufnehmens und Verarbeitens neuer Informationen – durch das Schrumpfen der grauen Masse beeinträchtigt werden könnte.)

Wie bekommt man einen jungen Menschen dazu, wieder mehr zu essen? Von der »moralischen Kontrolle«, die bis in die 60er-Jahre des vergangenen Jahrhunderts in den Psychiatrien rigide vonstattenging, bis zur Mischung aus Empathie und verpflichtender Vereinbarung, die heute gilt, ist es ein weiter Weg. Während seines Verlaufs gewann die Erkenntnis die Oberhand, dass es mit der körperlichen vor allem auf die emotionale und mentale Stärkung der Patientin ankäme. Vor allem Maries Klinik war das reinste »Empowerment Centre« für Kids und Teens. »Ich weiß nicht, ob ich da anrufen soll ...« – »Vielleicht traue ich mich ja nicht, wieder zum Tanzen zu gehen ...« – »Ich glaube nicht, dass ich meinem Vater das erklären kann ...« Die Antwort auf all diese und tausend weitere Fragen der jungen Mädchen lautete: Mach das! Tu es einfach! Du schaffst das! Jeder noch so kleine Versuch, sich zu verändern, auf andere zuzugehen, Ungewohntes auszuprobieren, wurde hier unterstützt. Marie hat von dieser permanenten Bestärkung – an der auch die Mädchen untereinander teilnahmen – enorm profitiert. – Allerdings war für sie, als sie wieder zu Hause war, dieser Prozess erst einmal abgeschlossen, jetzt bräuchte sie sich ja nicht mehr zu verändern, dachte sie, und vor allem bräuchte sie nicht weiter zuzunehmen. Die Gespräche mit Frau Blume brachte sie hinter sich wie eine lästige Pflicht. Erst später, nach ihrer zweiten Einweisung, hat sie mir gestanden, dass sie in der Zeit zwischen den Klinikaufenthalten nicht bereit gewesen sei, den Kampf gegen die Essstörung weiterzuführen.

Es gibt keine Medikamente, mit denen sich die Essstörung heilen ließe: *Nahrung ist die einzige Medizin.* Manche Magersüchtige würde es erleichtern, wenn sie sich die Lebensmittel anfangs als Medikamente vorstellten, die ihr Körper jetzt dringend bräuchte. In dem bereits zitierten Skills-Buch ist das einer von zahlreichen klugen Fingerzeigen im Umgang mit der Essstörung. Ohne Einfühlungsvermögen und kommunikatives Geschick, das zeigt dieses kleine Beispiel, ist der Essstörung nicht beizukommen. Leonard Woolf, der Ehemann von Virginia Woolf, saß nach eigener Auskunft stundenlang am Esstisch neben seiner Frau und redete ihr gut zu, während sie kleine Bissen zu sich nahm. (In »Mein Leben mit Virginia« schreibt er: »Es war außerordentlich schwierig, sie dazu zu bringen, genug zu essen, um kräftig und gesund zu bleiben […] Jede Mahlzeit dauerte ein bis zwei Stunden. Ich musste neben ihr sitzen [sie akzeptierte niemand anders], gab ihr einen Löffel oder eine Gabel und bat sie immer wieder ganz ruhig, etwas zu essen, wobei ich gleichzeitig ihre Hand oder ihren Arm berührte. Etwa alle fünf Minuten schob sie mechanisch einen Happen in den Mund.«) Das Gleiche tat Peggy March-Pierre mit ihrer Tochter, und auch ich hatte versucht, Anna beim Essen zu unterstützen.

Letztlich wandern die Angehörigen eines psychisch kranken Menschen ständig auf dem schmalen Grat zwischen erhöhter Verantwortung und Respekt vor der Persönlichkeit des Betroffenen. Eine professionelle Supervision wäre nicht verkehrt gewesen für uns, die wir uns mit Freunden und gegenseitig berieten. – Was Anna betraf, hofften wir auf eine »erweiterte« Therapie, die ein Esstraining mit psychologischer Arbeit verband. Gleichzeitig war uns aber immer bewusst, dass die Klinik, egal wie gut sie wäre, kein Allheilmittel war. »Du kannst nach Afrika gehen, in eine spezielle Klinik oder ins TCE: Letztlich musst du selbst herauswollen aus der Magersucht, das kann niemand sonst für dich erledigen.« Diesen schlauen Therapeuten-Spruch (ich gebe zu: er ist geklaut!) habe ich Marie mit auf den Weg gegeben.

Für Marie kam das TCE übrigens nicht in Frage: Einmal wollte sie nicht dahin, und dann nahmen sie dort auch erst Jugendliche ab 16 Jahren stationär auf. Marie würde aber erst im Herbst 16 werden. Also die »alte« Klinik ... wir waren nicht begeistert, haben aber Maries Entschluss ohne Gegenrede respektiert. Allein die Tatsache, dass sie sich freiwillig erneut in therapeutische Obhut begab, wog so viel mehr als alle elterliche Skepsis. Wenn sie es so wollte, würde es gut sein für sie. Hoffentlich wäre es das letzte Mal, dachte ich, beim dritten oder vierten Klinikaufenthalt würde die Angelegenheit für die Außenwelt allmählich schal werden, die Freundinnen würden kleine abwertende Handbewegungen machen, die Eltern resignieren ... Stopp! Dieses Denken ist mir leider eigen, aber völlig unproduktiv und absolut nicht zur Nachahmung empfohlen.

Als Paul Marie am Vormittag in der Klinik ablieferte, hat er die Gelegenheit genutzt und ihrem ehemaligen Therapeuten von unseren Bedenken bezüglich der Ernährung erzählt. Der Therapeut konnte ihn beruhigen: Marie würde genug zu essen bekommen (nun gut, daran hatten wir auch nicht ernsthaft gezweifelt) und: Fast alle Patienten bräuchten einen zweiten Anlauf in der Klinik, um die Magersucht in den Griff zu bekommen. Dieses Mal würde sie es schaffen, da sei er sich sicher. Und wir waren es dann auch.

Es gibt zwei Wege aus der Magersucht, dachte ich damals, einen positiven und einen negativen. Wie sehr wünschte ich Marie und Anna, dass sie den guten Weg gehen würden. Auf ihm würde man die Essstörung langsam hinter sich lassen, denn was war sie schon gegen neue Freunde und Erfahrungen, gegen nette Flirts, die große Liebe und den großen Kummer, gegen Jobs, Wohnungswechsel, Auslandsaufenthalte und neue Interessen, kurz gegen alles, was eine Jugend ausmachte? – Den schlechten Weg malte ich mir in meinen schwärzesten Stunden allein an die nächtliche Wand: Es war der Weg, den Petra, die Bekannte einer jungen Freundin von uns, gegangen war. Unsere Freundin hatte Petra gebeten, doch einmal bei uns anzurufen und mit den Mädchen zu sprechen. Es war Anna, die den Anruf entgegennahm – und gleich darauf berichtete, was es mit dieser jungen Frau auf sich hatte: Zehn Jahre lang ist sie in der Magersucht gewesen, ist das nicht schrecklich! Freundinnen und Freunde hatte sie keine mehr, sogar ihre Eltern haben sich von ihr abgewandt, referierte Anna. Irgendwann ist sie so allein und am Ende gewesen, dass sie dann doch den Absprung geschafft hat und heute normal lebt. »Das waren zehn verlorene Jahre«, hat sie zu mir am Telefon gesagt, »ich habe mit dieser Krankheit meine ganze Jugend verdorben«. – Es gibt wohl nichts Eindrucksvolleres für junge Menschen als die aus eigener Erfahrung erklärte Not.

Die Erinnerung daran, wie ich selbst als junges Mädchen war, hat mir damals sehr geholfen. Ich habe Kekse in mich hineingestopft, ich habe mich dabei kreuzunglücklich gefühlt, die Ehe meiner Eltern war nicht gut zu dieser Zeit, überhaupt war alles verlogen in der Kleinstadt, und keiner liebte mich so, wie ich war … aber dann, mit dem Studium und der Großstadt und der Liebe zur Literatur, mit dem Tanzen, dem politischen Engagement, den besten Freundinnen, den Jungs und dann den Männern, die mich mochten und deren Gefühle ich erwiderte … war die dumpf empfundene Leere eines Tages gut gefüllt, nur noch ein kleiner Sauberkeitstick blieb zurück. Ich liebte mich selbst und ich konnte, zwar nicht immer, aber doch immer öfter, neben mich treten und einfach loslassen, statt mich in eine Sache zu verbeißen. Wenn ich es geschafft hatte, dann würden es meine Töchter auch schaffen.

Die Großeltern haben übrigens viel dazu beigetragen, dass Marie und Anna sich wieder gefangen haben. Die Oma schrieb ständig ermutigende Briefe in beide Richtungen, der Opa schrieb einen großen Brief an Marie, von deren »außerordentlicher Begabung« er überzeugt war. (Ich meide ja die Rede von der Begabung meiner Töchter, denn als ich Kind war und der Opa überwiegend mein Papa, war sie auch eine Bürde für mich.) »In dir steckt so viel Gutes«, das war das großväterliche Mantra für Marie. Anna – als »Große« – würde sich sowieso wieder fangen, meinte nicht nur er. Tatsächlich machte Anna große Fortschritte in ihrer Klinik, das Wiederaufnehmen eines normalen Essverhaltens fiel ihr nicht schwer, und das Zusammensein mit den anderen Mädchen tat ihr gut. Außerdem mochte sie ihre Therapeutin. In den ersten Wochen ihrer stationären Therapie war jedes Telefonat mit ihr wie ein kleines Fest. Dann erkrankte sie an einem Magen-Darm-Virus, der sie auch psychisch wieder zurückwarf.

Jakob war jetzt sechs Jahre alt. Mittlerweile war auch er in Behandlung. Eine Ergotherapeutin half ihm nicht nur in Sachen Geschicklichkeit, sondern schaute ihm auch ins Herz. Nach der erfolgreichen Beendigung zweier Therapieblöcke meinte sie, sie könne nun nichts mehr für ihn tun. Motorisch sei er gut für die Schule gerüstet. Aber auch ihr war sein Poltern im sprachlichen Ausdruck aufgefallen. Nach dem Auszug der Schwestern polterte er so schlimm, dass seine Freunde ihn hänselten. »Mama, was soll ich bloß machen, wenn das in der Schule nicht aufhört?«, fragte er mich einmal. »Das hört wieder auf, Jakob«, sagte ich, »ich hatte das auch als Kind, dass ich manche Sätze einfach nicht herausbekam, aber davon merkt man jetzt nichts mehr, oder?« – »Nein.« – »Genauso wird es bei dir auch sein.« – Eine Logopädin wurde ausprobiert, konnte aber unserem Sohn nicht helfen: Es war kein Problem des Mundwerkzeugs. Es war ein Problem der überforderten Kinderseele. Dennoch habe ich damals mit ihm keinen Kinderpsychologen aufgesucht, ich hatte einfach keine Lust mehr auf Fragen nach unserer Familie, nach Versäumnissen und Erziehungsfehlern ... all das wollte ich nicht mehr. – Stattdessen ging ich mit ihm zu Annas Homöopathin. Sie stellte ihm die folgende Frage: Was wünschst du dir, was sich ändern soll in deinem Leben, Jakob? Was soll besser werden? – Jakob überlegte ungewöhnlich lang, bestimmt fünf Minuten lang, ich dachte schon, er geht bestimmt all die tollen Legoteile durch, die er dringend für ein besseres Leben benötigen würde, vielleicht würde er sich auch sein Poltern wegwünschen, aber nein. Er sagte, sein größter Wunsch sei es, dass seine Schwestern wieder aus der Klinik nach Hause kämen.

Die erste (und letzte) Familiensitzung bei Maries neuer Kliniktherapeutin war eigentlich gar keine: »Für eine Familientherapie stehe ich nicht mehr zur Verfügung«, hatte ich Marie ausrichten lassen. »Die Mama will keine Therapie mehr«, hatte sie der Dame mit Format übersetzt. Die »neue« Therapeutin war tatsächlich die »alte« aus ihren ersten Kliniktagen. – Das müsse man akzeptieren, hatte diese geantwortet, aber für ein Informationsgespräch sei die Mama vielleicht doch bereit? Natürlich war sie das. Und, wie so oft, wenn man gar keine Lust auf etwas hat: Es war gut. Als Erstes lobte sie einen Text, den ich ganz zu Beginn der Magersucht für eine geplante Mütter-Website geschrieben hatte. Das fand ich natürlich nett von ihr. (Die

Website hatte ich zu dem Zeitpunkt allerdings schon wieder verworfen: viel zu aufwendig im Unterhalt.) Dann lobte sie Paul und mich dafür, dass wir unsere Tochter ein weiteres Mal in diese Klinik gegeben hätten – obwohl wir doch mit einigem nicht einverstanden gewesen waren. (Diese Frau war wirklich geschickt im Umgang mit Eltern!) Sie verstand auch Paul, als er äußerte, dass vor allem die Familientherapie uns nicht geholfen hätte, sondern im Gegenteil eine zusätzliche Belastung gewesen sei. »Dennoch hat dieser erste Aufenthalt für Marie viel gebracht, sonst würde sie ja nicht wiederkommen wollen«, meinte er – und lieferte das Stichwort: Hier ging es schließlich um unsere Tochter. »Marie hat ganz viel geleistet und viel Trost und großes Lob von ihren Eltern verdient«, meinte die Therapeutin. Paul stimmte aus vollem Herzen zu – und auch ich sagte: »Marie, wir sind so stolz auf dich!« Im Stillen gestand ich mir aber ein, dass ich das Trösten und Loben in der schwierigen Zeit von Pubertät und Magersucht etwas verlernt hatte. Ich war zu meiner Tochter auf Distanz gegangen. Es ist schwer, ein Stachelschwein zu umarmen ... Außerdem hakte es an den eigenen verletzten Gefühlen: Immer wieder hatte ich Marie und Anna vertraut, doch dann hatten sie ihre Versprechungen nicht halten *können*. Auch ihrem Vater, einem durch und durch vertrauenswürdigen Mann, hatten Anna und Marie immer wieder Versprechungen gemacht. Heute weiß ich: Die Essstörung ist keine gute Zeit für Versprechungen, am besten, man verlangt sie niemandem ab und hält sich stattdessen an klare Vereinbarungen. Das schont die Gefühle auf beiden Seiten.

»Du darfst dein Kind niemals fallen lassen, egal was passiert, egal wie sehr es dich verletzt hat«, hatte ich vor einigen Jahren meinem Schwager gepredigt, dem seine erstgeborene Tochter arg zusetzte. »Du bist der Erwachsene, es ist deine Aufgabe, wieder auf sie zuzugehen, auch und gerade im Streit.« Prof. Fichter zitiert in seinem Buch über Magersucht und Bulimie das biblische Gleichnis vom verlorenen Sohn (Lukas 15, 11–32). Für mich, die ich lieber hinter den Kindern herlief, als sie aus den Augen zu verlieren, war dieses Gleichnis von doppelter Bedeutung: Man nimmt die Kinder wieder auf, wenn sie an die Tür klopfen, aber man lässt sie auch ziehen (und ermöglicht ihnen damit ihre Rückkehr). – Meinem Schwager hatte ich einst mit leichtem Sinn geraten, aber was war mit mir? War ich wirklich bereit, auf meine Töchter zuzugehen, eigene Fehler einzugestehen, ihnen immer wieder die Hand zu reichen, wenn sie es brauchten?

Da lag der Hase im Pfeffer. Auch Annas Kliniktherapeutin meinte bei der großen abschließenden Familiensitzung, wir Eltern müssten unserem Kind einmal klipp und klar sagen, dass wir es liebten – egal was passiert. Und das taten wir, oder etwa nicht? Mein Freund Bernd schrieb mir damals: »Was mir immer bewusster wird (für dich sicher nichts Neues): Gerade wenn Kinder ganz toll sind, gibt es doch eine schnelle Neigung dazu, sie zu überfordern (also Perfektes, Kluges etc. für selbstverständlich zu halten) – aber es sind eben doch noch Kinder. Sie müssen merken, dass sie ruhig allen Quatsch machen dürfen und dennoch geborgen sind in sicherer Liebe.«
»Geborgen in sicherer Liebe« – das sind unsere Kinder immer gewesen. Dennoch habe ich mich in dieser Zeit gefragt, ob ich meine Töchter genauso lieben könnte, wenn sie es nicht schafften, sich von der Magersucht zu befreien. Wenn sie ihre guten Gaben verschleuderten. Ich kann diese Frage bis heute nicht ehrlich beantworten (glücklicherweise). Die Essstörung verändert die Gefühle, auch die Gefühle der Eltern. Was ich aber mit Sicherheit sagen kann, ist Folgendes: Unsere Kinder dür-

fen ›allen Quatsch machen‹, müssen aber leider damit rechnen, dass ihre Mutter feuerwehrmäßig um die Ecke biegt ... Denn ein völlig anderer Mensch werde ich wohl nicht mehr werden. Aus meinem Tagebuch:

Am letzten Aprilsamstag brechen Marie und ich nach S. auf, um Anna zu einem kleinen Ausflug abzuholen. Leider hat Anna sich ein zweites Mal einen Magen-Darm-Katarrh eingefangen und ist ziemlich geschwächt. Ich fackele nicht lang und erwirke beim Chefarzt ihre kurzfristige »Suspendierung«. »Es ist nur für eine Nacht«, verspreche ich ihm, denke aber für mich, dass ich sie im Notfall länger zu Hause behalten werde. Marie weint ein bisschen, weil doch die Anna jetzt nicht gescheit essen kann und der Ausflug ins Wasser fällt. Wir schauen uns aber dann doch das Städtchen an und wir gehen gemeinsam essen. Sogar Anna würgt etwas hinunter. Am Sonntagmorgen geht es ihr besser, am Sonntagmittag bricht sie total ein mit Bauchkrämpfen und Durchfall. Immerhin ist Marie guter Stimmung: Nach ihrer anfänglichen Krise hat sie sich tapfer durch ihr Wochenende gefuttert und ist jetzt stolz auf sich, weil sie »so unabhängig is(s)t« von ihrer Schwester. – Erst am Montagmorgen bringe ich Anna zurück, mit ungutem Gefühl folge ich der Anordnung der Klinik, die mit der Krankenkasse argumentiert und der Unmöglichkeit einer tagelangen Unterbrechung. Wenn ich gewusst hätte, dass Annas Therapeutin ebenfalls krank daniederliegt, hätte ich mein Kind zu Hause gesund gepflegt. Denn tatsächlich wird auf ein krankes Kind hier keine besondere Rücksicht genommen. (Es handelt sich um eine Rehaklinik.) Anna schleppt sich allein in die Küche, um sich ihren Tee zu holen, und weiter in die Klinikapotheke zur Beschaffung von Medikamenten. Sie weint ins Kissen, weil sie immer noch heftige Durchfälle und Bauchkrämpfe hat und

vor allem solche Angst um ihre schönen Gewichtserfolge. Täglich jammert sie ins Telefon, dass sie »nie wieder gesund werden wird«. Immer läuft alles schief bei ihr, nie wird sie ein glückliches Leben führen können. Sie weiß auch nicht, was der liebe Gott gegen sie hat! Ihre Therapeutin ist nicht da, also beruhige ich sie die ganze Zeit. Entscheidend ist doch, dass du innerlich mit der Essstörung abgeschlossen hast. Auch dieser Virus wird vorübergehen, Anna, gedulde dich. Am Donnerstag sind die Krämpfe besonders schlimm: Sie hat Grünkernbratlinge zu Mittag bekommen. Ich fasse es nicht und rufe in der Klinik an: Ja, muss denn eine Mutter Ihnen erklären, was eine angemessene Kost bei Darmgrippe ist? Das Kind selbst habe die Grünkerndinger gewollt, meint die Schwester etwas hilflos. Wie bitte? Später heißt es dann, die Küche sei zu diesem Zeitpunkt noch nicht informiert gewesen. Dabei hatte mir der Oberpfleger fest versprochen, für Anna Sorge zu tragen und auch in der Küche Bescheid zu geben. Wegen ihres geringen Gewichts darf sie in der Woche darauf das Klinikgelände nicht mehr verlassen. Ihr Mut sinkt in den Keller. Das geht jetzt, schließt man den ersten Infekt mit ein, seit drei Wochen so. Wir wissen nicht, der wievielte Infekt das ist, nach Annas Auskunft kotzen die Begleitkinder gerade wieder alle, vielleicht der dritte oder schon der vierte, oder ist das ein Pingpong-Effekt?
Auch wenn alle ihr eintrichtern, dass ein Virus keine Magersucht ist und selbst ein Reizdarm – den sie vielleicht jetzt hat? – nicht bedeutet, dass die Magersucht zurückkommt: Sie wirft das alles durcheinander. Sie ist 15 Jahre alt.
Die Klinik scheint eher im eigenen als im Interesse der Patienten zu argumentieren. Zumindest wird der Magen-Darm-Infekt, der, glaubt man den Patienten, seit Wochen in der Klinik kursiert, heruntergespielt. In der Nacht beschließen wir, dass wir Anna morgen aus der Klinik heraus- und nach Hause holen wollen.

Schließlich kam alles nicht so schlimm, wie wir befürchtet hatten. Anna wurde wenige Tage später offiziell mit einem ganz passablen Gewicht entlassen und erholte sich wieder. Der sensible Darm blieb ihr zwar noch einige Wochen erhalten, aber es war kein Reizdarm-Syndrom und vor allem: Ich surfte nur dreieinhalb Minuten im Internet zu diesem unerquicklichen Thema, bevor ich beschloss, mich da komplett herauszuhalten. Das war doch gelacht (im Vergleich zur lebensgefährlichen Magersucht)! »Jetzt können Sie sich beruhigt zurücklehnen, Frau Wendt«, meinte Annas Therapeutin etwas süffisant beim Abschlussgespräch, an dem Anna, Paul, die Oberärztin und ich teilnahmen. – »Sie ja wohl auch!«, hätte ich gern erwidert (wenn ich ein wenig schlagfertiger gewesen wäre). – Viel wichtiger als das Geplänkel zwischen Frauen war allerdings, dass Paul das Wort ergriff und Anna von ihrem schlechten Gewissen befreite. »Ich weiß inzwischen, dass man sich diese Erkrankung nicht selbst aussucht, Anna«, meinte er, »ich finde, du hast sehr viel Stärke bewiesen hier, trotz des Virus hast du die Therapie weiterverfolgt und auch nie daran gezweifelt, dass du aus dieser Sache herauswillst.« Ein schlechtes Gewissen ihm gegenüber brauche sie überhaupt nicht zu haben, und es tue ihm leid, wenn ein solcher Eindruck bei ihr entstanden wäre. »Natürlich freue ich mich, wenn du der Magersucht widerstehst, aber du tust es doch für dich und nicht für mich oder die Mama.« Dass man sich aus der Magersucht nicht den Eltern (oder den Geschwistern und Freunden) zuliebe befreit, sondern allein für sich selbst, ist eine Binsenweisheit – bloß Paul und ich hatten etwas länger gebraucht, um sie in unseren Herzen zu verankern. Dabei entband diese Erkenntnis die Eltern ja nicht von ihrer Fürsorgepflicht: Eine klare elterliche Haltung war während der Essstörung gut, ungut waren allein die emotionalen Verstrickungen à la »Tu es wenigstens für mich, Schatz«.

Anna hat übrigens zu keinem Zeitpunkt einen persönlichen Profit aus der Essstörung geschlagen, ihr ging es von Anfang an seelisch und körperlich schlechter mit der Magersucht als ohne sie. Das erleichterte ihr die Loslösung. Marie hatte es diesbezüglich schwerer, war sie doch anfänglich richtig stolz auf sich und ihre Solitärleistung gewesen.

Unsere weiche liebevolle Marie – ich erkannte sie in dieser Zeit kaum wieder. Zu Beginn ihrer Erkrankung war ihre Persönlichkeit regelrecht zusammengebrochen, aber bereits in der Klinik hatte sie mit dem »Wiederaufbau« begonnen. Sie wollte wissen, was sie im Unterschied zu ihrer Zwillingsschwester ausmachte, wie stand sie da als Mensch ohnegleichen? Ich bewunderte Marie für ihre neu gewonnene Stärke, akzeptierte ihre Zähigkeit, war aber auch manchmal wie vor den Kopf geschlagen von ihrer Sturheit und ihrem Unverständnis für andere. Über Schwächen sprechen konnte man mit ihr nicht, nicht einmal über mütterliche Schwächen. Persönliche Gespräche bügelte sie oft ab. Ich fragte mich: War dieses Verhalten eine Durchgangsstation, also normal in der Pubertät? Oder war es der Essstörung geschuldet, die mit einem Mangel an Einfühlungsvermögen und menschlicher Reife einherging? Wo hörte Maries Identität auf, und wo fing die Krankheit an? Was sollte ich als Mutter stärken, was durfte ich kritisieren? Ich war unsicher ihr gegenüber.

Zu Beginn ihres zweiten stationären Aufenthalts haben Marie und ich einen Spaziergang durch ein begehrtes Stadtviertel unternommen. Sie blickte auf zu den Jugendstilhäusern und weiter in den Himmel und sprach von den Wohnungen, in denen sie später leben würde, und den Flügen in alle Welt, die sie unternehmen würde. Außerdem bräuchte sie demnächst neue

Kleider, Schuhe und Ohrringe ... Ich sagte nichts zu alldem, spürte aber den leisen Vorwurf in ihrer Must-have-Liste und schrieb am Abend niedergeschlagen ins Tagebuch:

Warum können wir nicht einfach locker über Reisen und Mode reden? Warum muss ich so skeptisch sein, wo es doch darum geht, das Positive bei Marie zu stärken – und wenn das Positive Reisen und Mode heißt – so what? Schließlich liebe ich selbst auch schöne Dinge. Es ist mein Wissen um die Magersucht (und um unsere Finanzen), das mich so unlocker macht, denn die Magersucht ist ja auch eine Äußerlichkeitssucht. Außerdem spüre ich ihre innere Unentschiedenheit und, ja auch, Leere. Das macht mich traurig, weil ich weiß, dass da viel mehr ist in ihr.

Wie die Pubertät ist die Magersucht eine Zeit der Schwebe. Man weiß nicht, was aus dem Menschen wird. Die Eltern nicht. Und die Kinder selbst auch nicht.

Ich habe mir in dieser Zeit viele Gedanken um Marie und unser Verhältnis zueinander gemacht. Irgendwann sagte ich mir: Marie würde vielleicht ganz anders werden, als ich es erwartet hatte. Vielleicht würde sie mehr ihrem Vater nachschlagen, der ja auch nicht gern über persönliche Dinge sprach und spricht, vielleicht »musste« sie sich auch von der Mutter unterscheiden, der Queen Mum of Personal Talk. Marie war Marie, meine Tochter, und ich lernte sie so zu akzeptieren, wie sie war: mit Essstörung oder ohne. »Die Mama interessiert sich nicht mehr so für mich und für das, was ich esse«, hat Marie ihrer Therapeutin gegenüber geäußert (und es mir später weitererzählt). So war es und es war gut so, zumindest hat es ihre Befreiung von der Magersucht befördert. (Gerechterweise muss man aber auch sagen, dass Marie zu diesem Zeitpunkt schon halb heraus war aus der Magersucht und meine Gelassenheit daher keine große Kunst. – Die Gelassenheit ist nichts anderes als das von sämtlichen Therapeuten geforderte »Loslassen« des Kindes, eine Gegenhaltung zum koabhängigen Elternverhalten, das die Betroffene in ein System von Sorgen und enttäuschter Liebe einbindet.)

An meinen Grübeleien über Familie und Magersucht hat Paul sich übrigens nicht beteiligt (was ich manchmal gemein fand), aber er hat sich seine Gedanken gemacht und für beide Töchter nach einer guten postklinischen Perspektive gesucht. Anna würde einen Teil ihrer Sommerferien bei Bekannten in Kalifornien verbringen dürfen. Und Marie würde noch im Sommer ihr Auslandsjahr an einem Internat in Dublin antreten, so wie sie es sich sehnlich gewünscht hatte. Die Kosten würden wir uns mit den Großeltern teilen, die wie wir davon überzeugt waren, dass dieses Jahr für Marie mehr sein könnte als ein Sprachaufenthalt: Es war das Jahr ihrer Emanzipation. – Natürlich konnte man schlecht allein ins Ausland gehen, solange man krank war … Nachdem Marie im April in ihrem Internat angenommen worden war, tüftelte Paul einen Plan aus, der genau festlegte, bis zu welchem Zeitpunkt sie welches Gewicht erreicht haben müsste, um tatsächlich nach Irland gehen zu können. Von ihren Problemen hatte er dort übrigens niemandem etwas erzählt, Marie sollte unvoreingenommen auf der Grünen Insel neu starten können. Am 20. April unterzeichnete sie gemeinsam mit ihrem Vater den »Irland-Vertrag«, am 20. August flog sie nach Dublin, ihr »Vertragsgewicht« hatte sie da schon längst erreicht. Während ihres gesamten 10. Schuljahres blieb sie in Irland. Sie hat es nicht bereut.

Die letzten Wochen, die Marie in der Klinik verbrachte, zählen sicherlich zu den produktivsten ihres bisherigen Lebens. Sie »belegte« eine Tanz- und Körpertherapie und fand mit Unterstützung ihrer Tanztherapeutin zu einem neuen Körperbewusstsein und Selbstwertgefühl. »In fünf Wochen habe ich mit dem Tanzen so viel erreicht wie in all den Monaten zuvor nicht«, meinte sie – und ich schrieb in mein Tagebuch:

Marie ist wieder da, nein, sie ist noch nicht wieder zu Hause, aber sie ist wieder da als Mensch und als starkes Mädchen. Sie freut sich auf unsere gemeinsame Sizilienreise, sie verabredet sich mit ihren Klassenkameraden, sie plant für ihre Irland-Zeit und möchte auf keinen Fall, dass wir da »ständig einfallen«, um sie zu besuchen.

Marie hatte auch (wieder) begonnen zu malen, ihr herrliches Ölporträt – ein Bikinimädchen mit grünen Haaren und Augen, also eine echte Nixe – hängt bei uns im Treppenhaus und ruft: Undine geht es gut! Die gemeinsamen Mahlzeiten verliefen entspannt, sogar der Oster-Brunch mit unseren Freunden (»Hilfe, was soll ich denn da essen, ich bin so etwas nicht gewohnt aus der Klinik!«) war ein Genuss. Marie strahlte.
Im Mai waren schließlich alle wieder zu Hause versammelt – und die Stimmung blieb gut. Jakob war rührend mit seinen Schwestern. Ich schrieb in mein Tagebuch:

Er trägt nichts nach, er wirft nichts vor. Er nimmt seine Schwestern wieder auf, als wäre nie etwas gewesen. So als würde er sich an meinen Lieblingstipp von Jan-Uwe Rogge halten, der desillusionierten Eltern empfiehlt: Versuche nie, Dinge im Nachhinein wiedergutzumachen.

Unsere Sizilienreise, die wir noch im selben Monat antraten, genossen wir im Bewusstsein, dass es wahrscheinlich unsere letzte große gemeinsame Reise sein würde. Das Essen war kein Problem, zumal Jakob im Restaurant durch einen extra für die Reise erworbenen Gameboy »still gestellt« wurde. So konnten wir einmal am Tag ein Gespräch unter Erwachsenen führen. – Bei der Abreise hatte Paul den gigantischen Koffer seiner beiden Töchter zum Check-in getragen. Mann, ist der schwer! Habt ihr da eine Schweinehälfte drin? (»Ja, liebe Frau, was tragen Sie denn mit sich herum?«, wurde meine Großmutter kurz nach Kriegsende von einem jungen Mann gefragt, der ihr beim Koffertragen behilflich war. »Ihr Koffer ist ja so schwer wie ein Schwein!« – »I wo«, antwortete die Oma – und hatte tatsächlich ein halbes Schwein gehamstert.) »Nö, Papa, nur unsere Mathebücher ...«, beantworteten Anna und Marie dieselbe Frage. Als ich später am Abend in ihr Hotelzimmer trat, fiel mein Blick auf die noch original verpackte Waage am Boden. »So sehen also eure Mathebücher aus!«, lachte ich und war stolz auf meine eigenverantwortlichen Töchter.

Es ist viel geschrieben worden zur besonderen Verantwortung von Müttern essgestörter Töchter. Und obwohl die Verantwortung in dieser Zeit tatsächlich groß ist, ist doch das ständige Verantwortungsgefühl eine unerträgliche Belastung (für Mütter und Töchter!). Daher sollte man sich nicht nur von Schuldgefühlen freimachen, sondern auch von der Vorstellung, man selbst könnte die Essstörung des Kindes wie von Zauberhand beseitigen. *Man kann es nicht,* und allein die Idee, man könnte es (jetzt gleich, sofort, unbedingt!), trägt wahnhafte Züge. Entlasten Sie sich selbst, möchte ich allen Müttern ans Herz legen. Holen Sie sich Hilfe, wo immer es geht, vertrauen Sie dem psychotherapeutischen Personal und seiner langjährigen Erfahrung mit essgestörten Patientinnen. Schauen Sie sich nicht ständig um nach dem Kind: Vertrauen ist das stärkste Band auch in der Essstörung. – Mich entlastete in dieser Zeit die Vorstellung, dass die Mütter in der Pubertät der Kinder nicht mehr so wichtig sind, wie sie sich selbst vielleicht noch gerne einbilden. »Wenn ich mich nicht so wichtig nehme, dann brauchen Sie sich auch nicht so wichtig zu nehmen«, lautet ein Wort des von mir verehrten Kabarettisten Hanns Dieter Hüsch. »Eine dickere Mutter wäre sicher besser gewesen für euch, nicht wahr?«, habe ich einmal meinen Töchtern souffliert. »Mama, wie die Mutter ausschaut, spielt überhaupt keine Rolle. – Ihr Mütter nehmt euch immer viel zu wichtig!« Ist das nicht eine beruhigende Aussage? Wir Mütter sind nicht so wichtig und können also Gelassenheit walten lassen: Das Glück oder Unglück unserer Kinder hängt nicht (mehr) von uns ab. Andere Menschen, vor allem gleichaltrige, haben eindeutig das größere Liebes- und Verletzungspotenzial für Jugendliche.

Apropos Verletzungspotenzial unter Jugendlichen: Kaum war Marie in Dublin angelangt, rief ihr neu gewonnener Freund *nicht* mehr an. Als sie zwei Wochen später die Gelegenheit bekam, im Internet zu surfen, konnte sie mit einigem Entsetzen auf den Sites ihrer Klassenkameradinnen lesen, dass sie, Marie, hinterhältig und gemein wäre. Ein Mädchen aus ihrer ehemaligen Klasse hatte Maries Abwesenheit für eine kleine Verleumdungskampagne gegen sie genutzt. Angeblich hatte ihr Marie kurz vor ihrer Abreise allerhand unliebsame Wahrheiten über fast alle Freundinnen anvertraut, die diese nun bereitwillig weiterstreute. Marie konnte sich nicht verteidigen, für ihren Freund und für ihre Klassenkameraden war sie 1000 Kilometer weit weg. Niemand rief sie an und fragte einmal nach, was denn dran wäre an den Gerüchten. Marie weinte am Telefon. »Im vergangenen Jahr hast du so viel erreicht im Leben, Marie«, tröstete ich sie, »darauf kannst du wirklich stolz sein. Vergiss diese Gänse!« Natürlich befürchtete ich, dass sie wieder in die Magersucht zurückfallen könnte. »Alles, was deine Tochter jetzt allein durchsteht, ist gut für sie«, meinte Marion – ich fand diese Bemerkung etwas herzlos, aber natürlich sollte sie (wie fast immer) recht behalten. Was war die Essstörung schon gegen die große Liebe und den großen Kummer, gegen Freundschaft und Enttäuschung? All das gehörte zum Leben dazu, die Essstörung hingegen war außen vor. Marie blieb stabil.

Ich verbrachte die Sommerferien mit Jakob auf Rügen. Am ersten Tag radelte ich durch den wunderschönen Wald dort und jauchzte laut vor Freude und Erleichterung. Meine Mädchen waren wieder gesund – was gab es Wichtigeres im Leben? Der Antrag auf die Mutter-Kind-Kur war übrigens innerhalb zweier Tage genehmigt worden, und ich stellte mir gerne die Sachbearbeiterin vor, wie sie sich die Tränen aus den Augen wischte und blitzschnell »bewilligt« stempelte, nachdem sie von meinen zwei magersüchtigen Töchtern gelesen hatte. – Als wir einmal beim Mittagessen saßen und ein anderer Junge nicht essen wollte, weil es ihm nicht schmeckte, sagte Jakob zu ihm: »Es ist egal, ob es lecker ist oder nicht. Du musst essen, damit du nicht stirbst.« Der Junge guckte wie ein Auto. Unser Sohn hatte viel begriffen – und verarbeitete sein verfrühtes Wissen nachts in Alpträumen. Glücklicherweise gab es in der Mutter-Kind-Klinik eine lebenskluge Psychologin, die mir nicht nur verriet, wie ich meinem Sohn dabei helfen konnte, die regelmäßig wiederkehrende Alptraumgestalt positiv »umzudeuten«, sondern mit der ich auch über Marie und unseren missglückten Abschied voneinander sprechen konnte. »Ich habe mich überhaupt nicht richtig von meiner Tochter verabschiedet«, jammerte ich, »ständig war sie unterwegs, und ich hatte noch so viel Arbeit vor den Ferien, und am letzten Tag, den ich eigens für sie reserviert hatte, hat Paul ihr erlaubt, bei ihrem Freund zu übernachten!« – Offensichtlich hätte Marie den Abschied nicht so dringend benötigt wie ich selbst, meinte die Lebenskluge, sonst hätte sie ihn sich nämlich geholt ... Ja, wenn das so war, schnief, dachte ich, dann war das wohl in Ordnung. Ich beschloss meinen Marie-Schmerz in einer kleinen Kapsel zu verschließen und mich fortan überwiegend um ... mich selbst zu kümmern.

Das letzte Drittel unseres zweiten mageren Jahres war somit sorgenfrei (wenn man von den kleinen Alltagssorgen absieht, die sich, kaum war wieder Platz für sie, ins Leben zurückdrängelten). Natürlich müsste man mit Rückfällen rechnen: Ich dachte aber nicht daran! Wenn die Magersucht jemals wieder zurückkäme, würden Anna und Marie bestimmt viel älter und klüger sein – und hoffentlich jede für sich allein verantwortlich. – Was hat denn nun geholfen? Diese Frage wurde zu dieser Zeit so häufig gestellt wie zu Beginn der Erkrankung die Frage nach dem »Grund«. Als Jakob und ich einmal im Auto unterwegs waren, lief im Radio gerade eine Sendung über die Magersucht. Ich stellte rasch aus. »Da haben sie über die Magersucht gesprochen«, merkte unser kleines Kommunikationsgenie an. »Das hatten deine Schwestern ja auch, Jakob.« – »Das weiß ich doch, Mama!« Pause und dann: »Warum hat das eigentlich aufgehört?« – »Ich weiß es nicht genau. Was meinst du denn?« – »Vielleicht war es das leckere Eis in Sizilien?« – »Genau, das muss es gewesen sein, Jakob!«

Viele gute kleine Dinge können einen herausbringen aus der Essstörung, so wie viele gemeine kleine Dinge hinein, dachte ich damals. Einen heilsamen Anteil können andere Menschen haben, Freunde und Freundinnen, Eltern und Paten und nicht zu vergessen die unterstützenden Profis, den Löwenanteil aber haben die Betroffenen selbst. Sie sind es, die sich ans Essen und ans Sprechen gehalten haben – trotz der Automatenstimmen in ihnen, sie sind es, die ihren Gefühlen Ausdruck verliehen und der Stimme der Magersucht Einhalt geboten haben, und zwar immer wieder aufs Neue. Ihnen und vor allem natürlich euch, liebe Anna und liebe Marie, gebühren unser höchster Respekt und unsere Bewunderung.

Wie ein böser Spuk war die Magersucht an uns vorübergegangen, ich fühlte mich, als wäre ich aus einem Alptraum erwacht. Leicht gerädert und ungeheuer erleichtert. Auf die Schultern klopften wir Eltern uns allerdings nicht. Paul und vor allem ich (als Spontanere) haben während der Magersucht unserer Töchter viel verkehrt gemacht. Wie alle Eltern sind wir von der Krankheit überrumpelt worden und hatten anfangs mehr mit unseren eigenen Gefühlen zu tun als mit den Möglichkeiten der Krankheitsbewältigung. Aktives Zuhören – so wichtig, wenn man einen geliebten Menschen in der Essstörung hat – haben wir erst mit der Magersucht begonnen, bewusst zu lernen. Wir sind immer noch dabei. (Mehr Information zum Thema Empathie und aktives Zuhören bieten Carl Rogers Standardwerk über »Die Entwicklung der Persönlichkeit« sowie das Buch von Marshall B. Rosenberg über »Gewaltfreie Kommunikation« und Thomas Gordons »Familienkonferenz«. Das Skills-Buch für Angehörige von Treasure, Smith und Crane wendet die Praxis des aktiven Zuhörens auf die Therapie von Essstörungen an.)

Früher – als die Kinder noch Kinder waren – hatte ich tatsächlich geglaubt, dass bei uns die Pubertät nicht so schlimm werden würde: Schließlich waren wir so nette Eltern und gingen viel offener mit unseren Kinder um, als es die eigenen Eltern getan hatten. Es würde logischerweise gar keinen »Grund« geben zur Revolte ... Pustekuchen, konnte ich nur stöhnen, als die Pubertät unserer Mädchen über uns hinwegfegte. Wir waren auch nicht besser (daran) als die Alten! Auch wir schrien herum und zogen uns zum Teil verletzt zurück. »Möchten Sie etwa perfekte Eltern haben?«, fragte mich einmal mein Zahnarzt, im Nebenberuf Philosoph. Ich verneinte röchelnd aus geöffnetem Mund. »Sehen Sie, ich auch nicht, perfekte Eltern sind doch eine beängstigende Vorstellung.« Dann müssten die ehemaligen Kinder (also wir) und die aktuellen Kinder (also Anna, Marie und Jakob) ja auch perfekt sein, und niemand könnte niemandem verzeihen.

Was hat sich sonst noch geändert bei uns Eltern? Wie Anna neulich anmerkte, sind wir in fast allen Belangen, die nicht die Essstörung betreffen, lässiger geworden. Noten? Sind nicht so wichtig. Ausgehen? Kein Problem, wenn du den letzten Bus erwischst! Herrenbesuche über Nacht (Paul sagt: Schlafburschen)? Sind erlaubt, wenn die Tochter sich ihrer Gefühle sicher ist und sechs Wochen (Mamas Haltung) bzw. sechs Monate (Papas Position) verstrichen sind. Damit will ich nicht sagen, dass wir zuvor besonders streng gewesen wären, aber die Essstörung rückt viele Ansprüche ans Leben zurecht. Hauptsache, gesund und munter, das gilt heute mehr denn je.

»In der Mitte der Nacht beginnt ein neuer Tag«, tröstet Renate Kunze betroffene Mütter. »Langsam, aber unaufhaltsam lichtet sich das Dunkel, und es zeigt sich ein Silberstreif am

Horizont.« Ein kleines Licht kann man auch selbst anzünden, schreibt Gráinne Smith auf ihrer Website. Bewahren Sie die Zuversicht und »verlieren Sie nie, nie Ihr Selbstvertrauen«, rät eine betroffene Mutter in Renate Kunzes Buch. Denn nur wenn Sie sich selbst vertrauen, können Sie auch Ihrem Kind vertrauen, möchte ich hinzufügen. Das ist wie mit dem Verzeihen.

Nach den Weihnachtsferien, die Marie zu Hause verbracht hatte, schrieb sie aus Irland. Sie möchte sich für die zwei wunderschönen Wochen bei uns bedanken, es hätte ihr sehr gut gefallen, und sie hätte wieder einmal bemerkt, was für eine tolle Familie sie doch habe. Ich schrieb ins Tagebuch:

Ein neuer Ton ist da in unserer Familie. Unsere Töchter bringen Interesse und Liebe herein. Wir Alten brauchen gar nicht viel zu tun.

Alles ist wieder gut.

So lautet der letzte Satz in meinem Tagebuch.

Und erstens kommt es anders ...

Über den Umgang
mit Rückfällen

»Vermisst du deine Tochter nicht?«, wurde ich von einer Mutter mit verweinten Augen gefragt, deren Kind ebenfalls für ein Jahr ins Ausland gegangen war. »Nicht so sehr«, antwortete ich, »außerdem weiß ich ja, dass es ihr in Dublin gutgeht.« Am Telefon erzählte Marie von ihren neu gewonnenen Freundinnen und den Nachtgesprächen im Dreibettzimmer, sie schwärmte von der Lebensmittelabteilung bei Marks & Spencer (yes!) und freute sich mit mir über die kleinen Auszeiten, die ich mir nun regelmäßig nahm. »Find ich gut, dass du dich mit Freundinnen in der Stadt triffst, Mama!« Anna schwirrte derweil mit einem Haufen neuer Leute herum, darunter ein Junge, der sie aufrichtig mochte (und zum Entsetzen seiner Eltern den von langer Hand geplanten Auslandsaufenthalt *nicht* antrat). Die Zwillinge telefonierten viel miteinander in diesen neun Monaten, genossen aber beide ihr Leben in über 1000 Kilometer Entfernung. Anna hatte ihre ambulante Psychotherapie auf Anraten der Therapeutin ausgesetzt. »Die Geschichten von deinem Freund kannst du auch anderwärtig erzählen«, hatte Frau Sänger bemerkt, »dafür brauchst du mich nicht.« Tatsächlich war Paul zu dieser Zeit das einzige Familienmitglied, das einen Shrink aufsuchte. Prof. Bullock, berühmt für die vielen hundert Ehen, die er schon gerettet hatte, unterstützte ihn in allen männlichen Belangen (nicht zu viel reden, Ruhe und Selbstbestimmung). Zu schade, dass von den offensichtlich konspirativen Sitzungen so gut wie nichts nach außen drang …

In den Pfingstferien dieses dritten Jahres (nach der Magersucht) sind wir mit Jakob und Marie sowie ihrer irischen Freundin nach Italien gefahren. Ohne Anna, die mit ihren Freundinnen (und einem Elternpaar) nach Griechenland gereist war. Für Marie war es der Wiedereinstieg ins Familienleben, ihr Schuljahr in Dublin war bereits abgeschlossen. Zeit zum Bilanzziehen, dachte ich und sprach sie während eines Spaziergangs auf die zurückliegende Zeit an. Wie war es für sie, wieder in die Heimatstadt zurückzukehren? Freute sie sich? Oder hatte sie auch ein wenig Angst? Das könnte ich verstehen, andererseits konnte sie doch so froh sein, dass sie diese verdammte Magersucht überwunden hatte, nicht wahr? – Marie blockte. Sie wollte nicht mit mir reden. Ich biss mir auf die Lippen, das Thema Magersucht hätte ich mir besser verkniffen, die Frage danach diente mehr meiner eigenen Beruhigung als dem echten Interesse am Wohlergehen des Kindes. Wie es Marie wirklich ging, würde ich schon sehen, wenn wir wieder zu Hause wären, erfragen konnte ich es nicht. Auch mein späterer Vorschlag – an beide Mädchen gerichtet –, sich in der ersten Zeit des Zusammenseins mit der Schwester therapeutisch begleiten zu lassen, verhallte. »Das können wir ja dann immer noch machen, wenn es nötig wird, Mama«, entgegneten Marie und Anna in gewohnter Übereinstimmung. »Jetzt warte doch erst einmal ab, wie sich die Dinge entwickeln«, meinte auch Paul.

Wie entwickelten sich denn die Dinge? Eigentlich ganz normal für einen Haushalt mit zwei 16-jährigen Teenagern. Marie hatte überlegt, nach ihrer Rückkehr aus Irland ebenfalls die Schule zu wechseln, zog aber ihre Anmeldung an einem anderen Gymnasium in letzter Minute zurück. Das sorgte natürlich für Ärger, und ich musste mir einen vorwurfsvollen Vortrag vonseiten des dortigen Oberstufenleiters anhören. Ich war für den Wechsel gewesen, auch wegen der alten Fallstricke … aber die Entscheidung lag bei ihr. – Schulisch schlug sich Marie wiederum bewundernswürdig. Sie knüpfte an ihre alten Kontakte an, mied die Ränkeschmiedin und erweiterte ihren Freundeskreis um Annas Leute. »Ich bin viel selbstbewusster geworden, Mama«, äußerte sie einmal mir gegenüber, »durch die Klinik und durch Dublin. Das Reden im Unterricht macht mir nichts mehr aus. Auch nicht, dass manche mich vielleicht nicht mögen.« – Auch die Tatsache, dass Anna einen Freund hatte – und sie nicht –, focht Marie nicht an. Jedenfalls ließ sie sich nichts anmerken. Es war der Sommer der Mühlbach-Nachmittage und der nächtlichen Garagenpartys, ein ständiges Kommen und noch häufigeres Gehen. Es gab Alkohol, Zigaretten und viel Gelächter, und nichts davon beunruhigte uns.

Es waren andere Dinge, die uns irritierten. Zum Beispiel war es fast unmöglich, sich mit den Mädchen zu unterhalten, wenn wir zusammensaßen. An Themen hätte es nicht gemangelt. Anna und Marie hatten sich ununterbrochen etwas zu sagen, aber sie redeten derart schnell und leise, dass wir Alten schon rein akustisch nicht verstanden, worum es ging. Das sollten wir auch nicht, okay, dennoch fiel uns diese ausschließliche Zugewandtheit zueinander unangenehm auf. Eine geheime Zwillingssprache: Das hatte es selbst in ihrer Kleinkinderzeit nicht gegeben. »Wir sind fast 17, Mama«, verteidigte sich Anna, »kein Mensch redet in dem Alter noch viel mit den Eltern!« – »Du weißt sowieso viel mehr von uns als andere Mütter von ihren Kindern. Die meisten erzählen nämlich gar nichts zu Hause!«, ergänzte Marie.

Einmal, es war schon Herbst, berichtete mir ein Freund davon, wie schön jetzt die gemeinsamen Abendessen mit den jugendlichen Kindern wären, endlich müsste man sich nicht mehr überlegen, wem was schmeckte, denn allen schmeckte alles. Ihr habt es gut, seufzte ich aus tiefster Brust. Bei uns war Essen wieder ein Problem. Es wurde zwar gegessen, aber dass man sich mit Appetit hinsetzte und genoss: Das gab es immer weniger. Marie und Anna aßen Häppchen für Häppchen und immer dasselbe. »Ich habe immer so gegessen, wie ich jetzt esse«, wehrte sich Marie, als ich sie einmal auf ihr Essverhalten ansprach. Anna würde sich ähnlich äußern. Wer machte sich hier etwas vor? Die Mädchen, die nicht sehen wollten, dass erneut Gefahr drohte, oder die Mutter, die vor lauter Gefahr nicht sah, wie viel Positives es im Leben ihrer Töchter inzwischen gab? Ich zweifelte an meinem Urteilsvermögen. Paul wiederum konnte und wollte nicht glauben, dass sich die Sache überhaupt wiederholte. Nie würde sich Marie noch einmal so gehenlassen, meinte er. Ich habe ihn gleich korrigiert: »Paul, die Magersucht hat nichts mit sich gehenlassen zu tun. Sie ist ja gerade das Gegenteil davon.« – »Ja, stimmt schon, aber du weißt ja, wie ich es meine.« Er vertraute seinen Töchtern.

Ein gutes Jahr lang war kein Anlass zur Sorge gewesen. Unsere Töchter aßen, Gewicht und Stimmung waren gut. Doch mit Maries Rückkehr und der »Wiedervereinigung der Zwillinge« schlichen sich die schlechten Essgewohnheiten erneut ins

Leben. Essenszeiten, Portionen, die Zusammenstellung der Mahlzeiten – alles war wieder schwierig. Die Mädchen nahmen sichtlich ab (wenn auch längst nicht so dramatisch wie zu Beginn der Erkrankung) und wogen nun deutlich unter 50 Kilo. Mehr als das Dünnsein alarmierte mich ihre erneute Unzugänglichkeit. Anna und Marie machten die Schotten dicht. »Wenn du der Krankheit den kleinen Finger gibst, nimmt sie gleich die ganze Hand!«, warnte ich. »Ihr wisst doch, dass diese Krankheit einen Sog entwickelt, dem man sich kaum entziehen kann.« – »Ein Sog, ein Sog, so einen Schwachsinn habe ich schon lange nicht mehr gehört!«, konterte Anna. »Ich werde ja wohl am besten wissen, wie es mit der Krankheit ist!«, entgegnete Marie. – »Und wie ist es mit der Krankheit?«, hakte ich nach. »Das geht dich gar nichts an.« Mein Verhältnis zu Marie war wieder schwierig. »Ich bin nicht die arme Essgestörte, die du in mir siehst!«, schrie sie mich einmal an. »Nur du redest ständig von der Essstörung! Und jetzt schreibst du auch noch ein Buch darüber! Auf deinem Schreibtisch: nur Essstörung, Essstörung, Essstörung! Das ist ja krank!« – Oh Gott, dachte ich (und war bis ins Mark getroffen), ich hätte diese Geschichte doch nie zu schreiben begonnen, wenn ich mir nicht sicher gewesen wäre, dass Marie die Krankheit hinter sich hatte. Man konnte die Magersucht überwinden, das sollte doch die Botschaft sein – und nicht etwa: Machen Sie die Magersucht zu Ihrem Dauerthema! »Aber Marie, du hast doch selbst gesagt, dass ich mein Tagebuch unbedingt veröffentlichen muss. Du warst es, die mich ermutigt hat.« – »Ja, aber das Tagebuch ist doch fertig, und jetzt schreibst du wieder die ganze Zeit.« – »Ich muss halt alles noch einmal von vorne erzählen, damit es auch Außenstehende verstehen. Das Tagebuch ist dabei nur ein Gerüst.« (Marie hat übrigens die Entstehung des gesamten Manuskriptes am

Computer mitverfolgt, wie sie mir kürzlich gestand. Das hat mich gefreut, und ich denke, sie versteht.)
Einige Tage später erwähnte Marie im Vorübergehen, sie wisse schon, warum sie nach wie vor an der Essstörung hängen würde. Ich traute mich nicht nachzufragen und befürchtete prompt, sie könnte vielleicht mich meinen. In letzter Zeit hatte ich einiges an ihr auszusetzen gehabt, ihren aggressiven Tonfall, ihren kompletten Rückzug aus der Familie ... Mit Anna ergaben sich öfter Gespräche, einfach, weil sie ab und an zu mir kam. Allein deswegen taten wir uns leichter miteinander. Wenn der Berg nicht zum Propheten kommen will, muss der Prophet zum Berg gehen, dachte ich und stieg also hinauf zu Marie. Sie sei mir ebenso lieb und teuer wie ihre Schwester, versicherte ich ihr, allerdings gehörten zu einer guten Beziehung immer zwei ... Mehrere Wochen verstrichen, ehe Marie, wieder ganz nebenbei, äußerte, dass es das Bild von sich selbst sei, das sie in der Essstörung festhielte. »Ich bin gern die süße kleine Marie, so zart und zerbrechlich.« – »Irgendwann wirst du wieder stark genug sein und dieses Selbstbild nicht mehr benötigen, Marie«, meinte ich und dachte daran, was für selbstbewusste Mädchen Marie und Anna in ihrer Kindheit gewesen waren.

Auch das achtjährige Gymnasium stellte sich der Essstörung nicht gerade in den Weg, um es mal dezent zu formulieren. Schule und Magersucht mahnten beide Disziplin an, bloß nicht fünf gerade sein lassen! Maries schulischer Ehrgeiz passte da ins System. Dennoch: Das zweite Mal kam die Essstörung ohne ersichtlichen Auslöser. Es gab keinen schwerwiegenden Konflikt, keinen großen Kummer und kein nagendes Gefühl des Zu-kurz-gekommen-Seins. Die Essstörung hatte sich einfach dazugesetzt, als die Zwillinge wieder gemeinsam am Tisch Platz genommen hatten. Sie war halt doch keine Grippe, die vergeht, sondern eine zähe Störung, immer bereit, Land zu gewinnen, sobald man den Kontakt zu sich selbst verlor. Ein äußeres Bild, dem man nacheiferte, eine Schwester (oder Freundin), die vermeintlich weniger aß ... Das Vergleichen war das Problem. Der Vergleich entfernt einen von sich selbst und lockt die Essstörung herbei. – Als ich über eine Freundin davon erfuhr, dass Marie und Anna sich häufig zum Mittagessen trafen, um gemeinsam ihre zwei Äpfel zu verzehren, riss mir der Geduldsfaden.

Ist die Wiederholung nicht das Prinzip aller Alpträume? Ich jedenfalls fühlte mich wie in einer Wiederholungsschleife gefangen. Die Mädchen pickten, und ich reagierte wie aufgezogen. Marie hatte es geahnt: Tatsächlich ähnelten die mütterlichen Sorgenattacken in ihrem Automatismus der töchterlichen Essstörung. Einige Nächte lang machte ich mir Vorwürfe (warum hatten wir Marie nicht in Dublin gelassen?) und spielte die alten Modelle durch, getrennte Mahlzeiten, getrennte Wohnungen, Internat ... aber dann fasste ich mich und sprach: »Wir können nicht viel tun, Paul.« Für einen Schulwechsel war es jetzt, knapp anderthalb Jahre vor dem Abitur, zu spät. Außerdem wollten sowohl Marie als auch Anna zu Hause wohnen bleiben. Nun ginge es allein darum, die Zeit bis dahin einigermaßen heil zu überstehen. Nach dem Abitur würden unsere Töchter ihre eigenen Wege gehen und die Essstörung überwinden, da waren und sind wir uns nach wie vor sicher. Der Absatz in Professor Fichters Buch über Rückfälle hat mir in dieser Lage geholfen. Ein Rückfall sei definitiv keine Katastrophe, sondern berge im Gegenteil die Chance weiterzukommen, wenn man »das Gelernte wieder verstärkt einsetzte und sich die Hilfen holte«, die man nun brauchte. Paul hatte sich inzwischen in meine Schreibtischstapel vertieft und war für ein semiprofessionelles Vorgehen der Eltern zu haben. Ein erneutes Drama à la »Wie konnte das nur passieren?« oder »Wir sind so enttäuscht von euch!« wollten wir unseren Töchtern ersparen. (Und schafften das auch, sieht man einmal von kleineren elterlichen Rückfällen in die emotionale Mottenkiste ab ...) Gemeinsam mit den Mädchen ergriffen wir folgende Maßnahmen: Einmal pro Woche würden sie wieder zum Wiegen unter ärztlicher Obhut gehen sowie zu ihren jeweiligen Psychotherapeuten – zumindest, bis sie dauerhaft ein akzeptables Gewicht von 50 Kilogramm erreicht hatten. Im Gegenzug würden wir Eltern uns mit Kommentaren und Nachfragen zurückhalten. Der Papa würde sich allerdings wöchentlich die Gewichtszettel vorlegen lassen. »Nur ihr seid so aufs Gewicht fixiert!«, warfen sie uns vor. »Ja, aber wir haben auch die Sorge um euch«, entgegnete Paul. »Wenn ihr an Gewicht verliert, kommt ihr in die Gefahrenzone, und wir müssen handeln. Das ist halt so, wenn man Magersucht hatte, mein Gott, andere müssen zum Krebscheck.« Vorausgehen und vertrauen – das bedeutete in unserem Fall: aus dem Drama die Luft herauslassen und die alten Schutzmechanismen erneut installieren.

Im März des darauffolgenden Jahres haben wir Annas Therapeutin kennengelernt, dieselbe Frau, die unsere Tochter anderthalb Jahre zuvor mit gutem Gefühl entlassen hatte. Frau Sänger erzählte von der allererste Begegnung mit Anna. Anna wäre erschienen und hätte verkündet, sie wolle auch so eine tolle Tanztherapie machen wie ihre Schwester. Das ließe sich machen, hätte sie damals geantwortet, aber »getanzt haben wir dann so gut wie nie, denn eigentlich wollte Anna viel lieber reden – während Marie tanzte«. Bei den beiden käme es auf die

Unterschiede an, jeder Unterschied sei positiv und müsse betont werden. Das wollten wir zukünftig verstärkt berücksichtigen.

Marie befand sich ebenfalls wieder in Therapie, und zwar bei ihrer Körpertherapeutin aus Klinikzeiten. Wir erfuhren wenig, aber sie ging hin und arbeitete an sich (wie man an der oben erwähnten Bemerkung über ihr Selbstbild sehen kann). Nur einmal habe ich bei den jeweiligen Therapeutinnen angerufen und ihnen von meinem unguten Gefühl berichtet (am Morgen hatte ich Müsli im Müll gefunden). Beide teilten meine Beobachtung, dass Anna und Marie »feststeckten«, ein Essensplan wurde erwogen und später von den Mädchen selbst eingeführt. Marie hat wegen dieser Eigenmächtigkeit mit mir geschimpft (»Du wagst es, meine Therapeutin anzurufen, ohne mich zuvor zu fragen!?«), ich entschuldigte mich bei ihr, fand das Telefonat aber dennoch gut (zumal ich ein Missverständnis über ehrgeizige Eltern aus dem Weg räumen konnte). Sowohl Annas als auch Maries Therapeutin wussten genau, wie gefährlich die Magersucht war (und wie wichtig ein Sandwich zur Mittagszeit). Sie bestärkten unsere Töchter in ihrer Eigenständigkeit und begleiteten sie ein wichtiges Stück ihres Weges – übrigens, ohne die »Schuld« für die Erkrankung bei uns Eltern zu suchen.

Während ich diese letzten Zeilen schreibe, hat sich die Lage bei uns wieder entspannt. Die Essstörung ist auf dem Rückzug und mit ihr nicht nur die mütterliche Besorgnis, sondern auch die angespannte Stimmung der Mädchen. Das gemeinsame Abendessen ist nach wie vor Standard, aber manchmal sitzen sieben Leute da und ein anderes Mal nur vier. Wenn die Freunde der Mädchen zu Gast sind, bekommen wir die Hälfte der

Unterhaltung nicht mit. Aber das macht nichts, denn wir reden ja zwischendurch miteinander. Wir haben sogar eine »Großen-Runde« eingeplant, immer sonntags zu Jakobs Fernsehzeit. Paul will sich jetzt häufiger mit einer seiner Töchter zum Mittagessen treffen, ich gehe mit Anna ins Kino und mit Marie zum Shoppen. (Bloß kein Neid: von all diesen Aktivitäten kommt vielleicht ein Viertel zustande ... aber schon die Pläne dazu haben uns gutgetan.) Jakob steht immer noch unter dem Druck, ständig etwas zum Gespräch beitragen zu müssen. Allerdings haben wir inzwischen alle eine Ahnung davon, woher sein besonderes Mitteilungsbedürfnis (auch) rührt. Als Seismograph der Familie polterte er zur Zeit des Rückfalls wieder besonders schlimm, und ich habe mir einen Termin in der städtischen Beratungsstelle für Kinder mit Sprachstörungen besorgt. »Er will mittragen«, sagte die dortige Psychologin, nachdem ich ihr die häusliche Situation geschildert hatte. »Meine Güte, und dann ist er auch noch ein Junge!« – »Er überfordert sich«, trug ich bei. »Sie sollten ihm klarmachen, dass nicht er für den Frieden in der Familie oder die Gesundheit seiner Schwestern verantwortlich ist, sondern allein die Eltern! Er braucht nichts zu tun.« Dennoch tut er natürlich viel, allein durch seine unverbrüchliche Liebe zu seinen Schwestern.

Fünf Jahre dauert der durchschnittliche Krankheitsverlauf bei Magersucht, habe ich in einem Buch gelesen. Im Herbst 2011 werden Anna und Marie, aber zumindest eine von beiden (darauf bestehen wir!), aus dem Elternhaus ausziehen, dann sind bereits viereinhalb Jahre herum. Ich freue mich auf ihren Auszug und auf ihre Besuche zu Hause, aber letztlich war es doch gut, dass sie noch bei uns wohnten, als die Magersucht begann, andauerte, abflaute und wiederkam. Auch wenn unsere Töchter das elterliche Beharrungsvermögen (und manche Maßnahme) mit Sicherheit mühsam fanden, konnten wir sie doch ein Stück weit in ihre Unabhängigkeit begleiten. »Seht es einmal als Probelauf«, habe ich zu Marie und Anna gesagt, als wir über den Rückfall sprachen, »dieses Mal konnten Papa und ich euch unterstützen. Wenn die Essstörung noch einmal wiederkommt und ihr alleine lebt, wisst ihr, was zu tun ist.« – »Hier können sie lernen, mit der Störung umzugehen«, hatte die Klinikärztin beim ersten Gespräch vor drei Jahren zu uns gesagt. Ich hatte mich innerlich gegen diesen Satz gesträubt, wollte am Gedanken der Heilung festhalten. Die Essstörung war für mich damals vor allem eine gefährliche Phase. Jetzt begriff ich: Es gab etwas dazwischen. Ja, es konnte sein, dass die Essstörung einen Menschen ein Leben lang begleitete, dass sie seine persönliche Schwachstelle war. Aber man konnte mit ihr umgehen, wenn sie wiederauftauchte. In die Therapie gehen. Mit anderen sprechen. Regelmäßig essen. Sich selbst wahrnehmen und mit seinen Schwächen und Fehlern lieben: War das nicht Heilung im eigentlichen Sinn?

Es ziehen sich Verhaltensmuster und Gefühlsstränge durch unsere Familien und kommen bei den Kindern an, das ist Paul und mir in der Zeit der Magersucht bewusst geworden. In unseren beiden Familien gab es viel Leid. Mein Vater hat seine drei Brüder und seine Heimat im Krieg verloren. Meine Mutter ihren einzigen Bruder. Es gab Essstörungen, Migräne und Zwanghaftigkeit in meiner Familie, Depression und Sprachlosigkeit in der Familie meines Mannes. Er war noch jung, als sein Bruder für immer verschwand. Dieses Leid müssen wir annehmen, um uns selbst zu erkennen, aber auch, um unsere Kinder besser zu verstehen. Wenn Veränderung beim Herauskommen aus der Störung das A und O ist, wenn jeder noch so kleine Schritt der Veränderung honoriert werden sollte, wie Treasure, Smith und Crane schreiben, dann fangen wir am besten bei uns selbst damit an. Seien wir offen für Kritik und Wechsel, zeigen wir unseren Kindern, dass sich das Leben trotz aller Schwierigkeiten zu leben lohnt!

Folgende Ratschläge geben die oben genannten Autorinnen Eltern und Freunden, die sich zu Hause um ihre essgestörten Angehörigen kümmern: »Gehen Sie auf negative Gefühle nicht negativ ein!«, »Verstricken Sie sich nicht in Details!«, »Nehmen Sie Abstand und betrachten Sie die Situation von außen!«, »Besinnen Sie sich auf sich selbst!« und »Lassen Sie sich durch Fehler und Rückschritte nicht entmutigen, sondern lernen Sie aus ihnen!« Die Regeln der höheren therapeutischen Vernunft – die ja ebenso für die Betroffenen selbst gelten – machen aus verzweifelten Eltern zuverlässige Begleiter auf dem Weg aus der Essstörung heraus.

Vor Jahren, ich hatte gerade die innere Auseinandersetzung mit meinen Eltern abgeschlossen, saß ich bei Rosa und jubelte: »Ich habe es geschafft. Jetzt bin ich durch mit meinen Problemen!« Sie erwiderte lachend: »Man ist nie durch, Caroline!« – Stimmt genau, kann ich heute nur sagen. Und damit soll es gut sein.

Maries Brief

[Zum Verständnis: Luna kommt im Buch vor, sie ist die Tochter einer meiner Freundinnen und drohte mit 13 in die Magersucht abzurutschen. Marie hat ihr damals diesen Brief geschrieben.]

Liebe Luna,

ich wollte dir gerne schreiben, um dir ein bisschen von meiner Erfahrung mit meiner Krankheit zu erzählen und von meinen zwei Aufenthalten im Klinikum, ohne die ich es nicht geschafft hätte, die Magersucht zu besiegen.
Als ich am Anfang der Magersucht langsam eingesehen hatte, dass ich krank war, bin ich erst mal zu einer ambulanten Therapie gegangen. Das hätte ich allerdings genauso bleibenlassen können. Nicht weil der Therapeut keine Ahnung hatte, sondern weil ich nichts hören wollte und mir nicht helfen lassen wollte. Zwar war ich nach jeder Stunde mit ihm ein wenig weiter innerlich, doch nach einem Tag war das wieder weg, und ich war wieder im alten Rhythmus.

Der Therapeut hat das natürlich gemerkt, da wir jede Stunde wieder von neuem anfangen mussten. Er hat mir von M. erzählt, einer städtischen Klinik, und da bin ich dann auch hin. Von da an ist es besser geworden. M. ist ein gutes Klinikum meiner Meinung nach, auch mit einem guten Konzept, doch das kommt sehr auf die individuelle Person an. Denn in M. arbeiten sie so, dass sie dir alles in die eigenen Hände legen.

Du musst es selbst wollen, sonst kannst du es vergessen. Und wenn nichts passiert, das heißt du nicht zunimmst, wirst du dich bald wieder zu Hause finden. Aber von da musst du auf jeden Fall weg. Denn die Hintergründe deiner Krankheit liegen oft genau da, und du brauchst Abstand.

M. nimmt bis zu neun Leute auf, es gibt zwei Zimmer (vielleicht mehr in der Zwischenzeit). Stell es dir ein bisschen wie eine WG vor, in der du aber sehr viel an dir selbst arbeiten musst. Doch da alle die gleichen Probleme haben, wirst du schon nach kurzer Zeit sehr eng mit den anderen sein, und noch jetzt bin ich sehr gut mit den Mädchen befreundet und ich weiß, sie würden mir immer helfen, hätte ich Probleme. Ich hatte wirklich sehr schöne, lustige, doch auch traurige, unglaublich aufzehrende Momente in M. Die Zeit im Krankenhaus ist eine wahnsinnig intensive Zeit.

Ich habe zwei Aufenthalte gebraucht, was aber auch an der ganzen Zwillingssituation bei mir lag, die alles sehr erschwert hat. Der zweite Aufenthalt hat mich dann allerdings geheilt bzw. ich habe mich selbst geheilt.

Damit du nicht ganz von deinem normalen Leben von zu Hause abkommst und du danach wieder damit umgehen kannst, gibt es in M. Familientherapie. Dort kannst du mit deiner Familie alles bereden und Lösungen zu Problemen in der Familie finden. Bei mir und meiner Familie war diese zwar ein wenig holprig, dennoch bedeutet die letzte Familientherapiesitzung, die wir dort hatten, einen der schönsten Momente meines bisherigen Lebens. Ich habe meine Eltern noch nie so glücklich gesehen, und ich habe gemerkt, dass ich genau das unglaublich vermisst habe und es doch so sehr brauchte. Dass sie mich wieder anschauen können, ohne innerlich zu weinen, und mich mit Liebe umarmen können und keine Angst mehr zu haben brauchen.

Was sich bei meinem zweiten Aufenthalt verändert hatte, war zum Beispiel die Therapeutin. Frau von Berlepsch ist mehr der verhaltenstherapeutische Typ, was mir persönlich viel mehr geholfen hat. Sie hat mir zum Beispiel einfach einen Essensplan gemacht, als ich nicht zugenommen habe, und der hat mir sehr geholfen. Ich habe jemanden gebraucht in dieser Zeit, der mir mal sagt, wie es eigentlich geht, und dann hatte ich es schwarz auf weiß und konnte es umsetzen.

Ich persönlich habe mich während dieser Aufenthalte sehr verändert und ich mag die neue Marie sehr. Ich habe mich von meiner Schwester lösen können und wahnsinnig viel erreicht. Was mir am allermeisten geholfen hat während meines zweiten Aufenthalts, war die Körpertherapie. Ich sehe das so: Während meines ersten Aufenthalts habe ich zwar viel in meinem Kopf gearbeitet und auch erreicht, doch ich konnte es noch nicht umsetzen. Durch die Körpertherapie habe ich dieses Erlernte in meinen Körper gesteckt, es ist sozusagen wirklich eingesunken. Ich habe mich erstmals intensiv mit ihm beschäftigt und ihn lieben gelernt. Ich habe innerhalb einer Stunde

Körpertherapie geschafft, was ich während meines ersten Aufenthalts die ganze Zeit verzweifelt versucht habe zu erreichen: unabhängig von meiner Schwester werden. Die Körpertherapie war wirklich wie geschaffen für mich. Ich bin der Therapeutin unglaublich dankbar.

Ich kann dir nur den Rat geben, den großen Schritt zu tun, dir helfen zu lassen und dir selber zu helfen. Jede(r) kann es schaffen, diese Krankheit zu besiegen. Auch wenn du sie noch als deine Freundin ansiehst, bald wird sie der Feind in dir sein.

Obwohl diese Krankheit mir das wohl schwerste Jahr meines Lebens beschert hat, bin ich letztendlich froh, dass alles so passiert ist, wie es wahrscheinlich passieren musste. Nur durch die Überwindung dieser Krankheit bin ich der Mensch, der ich jetzt bin. Und ich habe, ohne die Krankheit zu »brauchen«, erreicht, was ich eben genau durch die Krankheit erreichen wollte, was aber nach hinten losgegangen war. Denn die Magersucht ist immer der falsche Weg. Nur du selbst kannst den richtigen Weg für dich finden, in einer Klinik helfen sie dir dabei.

Ich wünsche dir ganz viel Kraft.

Deine Marie

Auszug aus Annas Tagebuch

Früher wollte ich immer so sein wie Anne Frank. Ich verschlang ihr Tagebuch und bewunderte ihre Art zu schreiben. Also habe ich angefangen, ebenfalls Tagebuch zu schreiben und nannte es nach Annes Vorbild Kitty. Buch um Buch füllte ich im Laufe der Zeit mit meinen Gedanken. Allein in der Zeit von Maries und meiner Krankheit sind so vier Bücher entstanden.
Ich habe Stellen aus meinen Aufzeichnungen ausgesucht, die mir wichtig sind und die meine jeweilige Situation gut darstellen. Mein Tagebuch war in dieser Zeit sehr wichtig für mich – wem sonst sollte ich von Problemen mit meiner Schwester und den riesigen Auseinandersetzungen mit meinen Eltern wegen unserer Essstörung erzählen?

15.2.2007
Ich glaube, meine Schwester wird magersüchtig. Echt, das meine ich ernst. Ich halte das hier nicht mehr aus. Immer diese blöden Konkurrenzkämpfe zwischen Marie und mir, die sich nur darum drehen, wer es schafft, weniger zu essen. Natürlich

sie! Mir reicht's dann einfach immer. Dann esse ich einfach noch was. Aber sie ... sie isst nichts mehr. Oder sie nimmt das Essen mit auf ihr Zimmer und schmeißt es dann weg. Es reicht mir einfach. Kein Essen kann ich mehr genießen.
[...] Es nervt mich so sehr! Sie isst dann immer besonders langsam, damit niemand merkt, wie wenig sie zu sich nimmt. Ich hasse es so! [...]
Ich war mein ganzes Leben viel dünner als sie. Anna, das dünne Hemdchen, hat meine Mama immer gesagt. Schon fast zu dünn. Marie, die normale, eher kräftigere von uns zwei. Immer! Mein ganzes Leben! Ihr war das egal. Damals hat sie noch ganz normal gegessen. [...]
Und jetzt hat sie sich diesen blöden Diät-Wahn in den Kopf gesetzt!
[...] Ich esse schon mehr als sie. Ich habe nun einmal Hunger.

17. 5. 2007

Was ist das eigentlich für ein Leben? Meine Schwester muss in die Klinik, weil sie magersüchtig ist, ich wohne seit fünf Tagen bei Freunden und bin wahrscheinlich auch schon längst essgestört. Und ich vermisse meine Mum so sehr!

21. 6. 2007

Meine Schwester ist bereits seit drei Wochen in der Klinik, also seit Anfang der Pfingstferien. Ich habe wieder zugenommen; ein Kilo immerhin. Marie wiegt zurzeit 39 kg, aber sie fängt so langsam an zuzunehmen. [...] Hier zu Hause kümmert sich Mum darum, dass ich wieder zunehme. Ich hatte mir das Essen durch Maries Krankheit ja auch echt ein bisschen abgewöhnt.

9.12.2007

Liebe Kitty! Ich wollte dir mal die ganze Wahrheit über meine Krankheit erzählen ... Ich hab das Ganze vor dir oft verschönert, weil ich auch mir selbst nicht eingestehen konnte, dass ich eben doch magersüchtig war oder sogar noch bin. Na ja, ich würde es bei mir trotzdem eher Essstörung nennen, weil das Ganze bei mir einen ganz anderen Hintergrund hatte. Auch wenn du mir das hier jetzt nicht glaubst – ich schwöre, es ist die Wahrheit!
Ich wollte nie abnehmen. Okay, ich hab schon mal gesagt, zwei Kilo weniger wären besser, aber ich war sonst echt ganz zufrieden mit meiner Figur. Ich hatte schon einen richtig schönen Busen, war beliebt bei den Jungs ... – und ich Depp hab das alles aufgegeben, nur um meine Schwester zu kopieren!
Moment, so stimmt das jetzt auch nicht. Also, ich war zufrieden, Marie anscheinend gar nicht, die wollte unbedingt abnehmen – um sich von mir zu unterscheiden. Sie hat also damit angefangen, extrem wenig zu essen. Und ich, als ihre Zwillingsschwester, wo wir unser ganzes Leben immer dasselbe gegessen haben, hab mir gedacht: »Wenn Marie weniger isst, sollte ich besser auch weniger essen ...«, und ich hatte auch gar keine Lust, richtig reinzuhauen, wenn sie neben mir saß und an einer halben Scheibe Brot knabberte. Und ich kann nicht genau sagen, wie es passiert ist – aber so entwickelte sich meine Essstörung.
[...] Ich wollte nie abnehmen, aber trotzdem ging ich Depp in mein Verderben – nur weil ich Marie nicht loslassen wollte, wahrscheinlich!? Und jetzt hab ich echt Probleme, da wieder rauszukommen. Es ist extrem schwer.

14.2.2008

Ich versau mir doch mein ganzes Leben! Ich muss in zwei Wochen in die Klinik; eigentlich wären wir Ostern nach Paris gefahren, nur wir drei, Mama, Marie und ich. Und jetzt das! Ich hab auch echt Angst vor der Klinik. Andererseits: Ich will jetzt endlich raus aus dieser Krankheit!!

17.2.2008

Ich sehe S. als sehr große Chance für mich. Ich habe aber auch Angst davor, denn so leicht wird mir das Zunehmen sicher nicht fallen. Ich hab mal darüber nachgedacht, was mich denn vom Zunehmen abhalten könnte. Und habe dabei auch etwas gefunden …
Ich befürchte, dann nichts Besonderes mehr zu sein. Dann wiege ich 50 Kilo und bin halt einfach »normal«. Ich weiß, wie unsinnig das ist, aber solche Gedanken sind da.
Und dann hab ich manchmal so das Gefühl, dass ich, wenn die Krankheit nicht mehr da ist, irgendwie nur noch die Schule hab und nichts mehr, das nur mir gehört, nichts Besonderes mehr. […]
Ich hoffe, dass ich in S. einen guten Therapeuten haben werde, mit dem ich über genau solche Probleme reden kann.

20.2.2008

Meine Stimme ist weg, mein Hals brennt, und meine Nase juckt ohne Ende. Und was macht die Mum? Zuerst ist sie noch ganz lieb und macht mir einen Tee, aber dann fängt sie an, auf mir rumzuhacken, weil ich ja »sooo schlecht aussehe und sicher abgenommen habe und gar nicht aus der Krankheit rauswill …« Mann, sie hat ja recht! Ich schaff's irgendwie nicht! Aber ich will es doch! Ohne die Krankheit wäre alles so viel besser!

29.2.2008

Mein zweiter Tag in S. neigt sich dem Ende zu – mir gefällt's mittlerweile schon ein bisschen besser. […] Ich wurde heute zum ersten Mal gewogen, in Unterwäsche und vor dem Frühstück. 40,7 kg! Das ist echt viel zu wenig. Aber das hol ich schon wieder auf.

28. 4. 2008
Gestern war voll der schöne Tag. Das Wetter war sehr schön und ich hab mit den anderen vom Esstisch viel Spaß gehabt. Wir saßen zusammen in der Sonne, haben geredet ... und am Nachmittag waren wir dann noch shoppen. [...]
Ich habe übrigens wieder 500 Gramm zugenommen. Ich esse auch echt viel! Und vielleicht schaffe ich bis Freitag ja noch 46 Kilo ... das wär soo cool!

11. 5. 2008
Mit der Marie hat auch alles super geklappt. Ihr geht's echt super, sie schaut toll aus.

6. 8. 2008
So, jetzt mal was Aktuelles zum Thema Magersucht: Im Moment klappt's echt super! [...]
Es gibt in meinem Leben irgendwie wichtigere Dinge als Essen!

5. 10. 2008
Ich bin gerade sehr, sehr glücklich.

Jetzt, also gut zwei Jahre später, sollte man meinen, ich hätte Essstörung und Konkurrenzkämpfe mit meiner Schwester endgültig hinter mir gelassen. So einfach ist das Ganze aber leider nicht.
Wenn ich etwas gelernt habe, dann, dass Magersucht eine der

gefährlichsten Krankheiten auf dieser Welt ist und man sie leider nur ganz schwer wieder losbekommt.

Ich möchte nicht falsch verstanden werden, ich würde mich nie wieder so sehr quälen und so dünn sein wie vor drei Jahren – aber es gibt bessere und schlechtere Zeiten. Zeiten, in denen das Thema Essen doch wieder ein Problem darstellt. Zum Glück habe ich dann meine beste Freundin, mit der ich über wirklich alle Probleme reden kann. Und meinen Freund, der diese Seite an mir kennt und mich mit allen meinen »Schwächen« akzeptiert. Und meine Eltern, die sich zwar oft zu viele Sorgen machen und schwer loslassen können, aber sehen, wenn es nicht so gut läuft, und dann die oft richtigen Schritte einleiten.

Ich brauche die Krankheit nicht in meinem Leben. Ich bin glücklich, so zu sein, wie ich bin. Vor allem bin ich mir sicher, dass, wenn Marie und ich nicht mehr zusammenleben und jede ihren eigenen Weg geht, ich endgültig frei sein kann. Ich liebe meine Schwester und bin sehr froh, sie zu haben, aber ich hoffe, dass meinen Kindern ein Zwillingsgeschwister erspart bleibt.

Aus der Sicht eines Mediziners

Beitrag von Prof. Dr. Manfred Fichter, Psychosomatische Klinik Roseneck und Psychiatrische Universitätsklinik München

Wie komme ich dazu, einen Beitrag zu diesem Buch zu leisten, obwohl ich die Zwillinge Anna und Marie Wendt bis vor kurzem noch gar nicht kannte? Das liegt ganz eindeutig an Frau Wendt, die mich in Vorbereitung ihres Buches kontaktiert hat. Zu diesem Zeitpunkt kannte sie mein Buch »Magersucht und Bulimie: Mut für Betroffene, Angehörige und Freunde« und dürfte wohl gewusst haben, dass ich mich nicht nur als Anwalt der Patientinnen (es sind meist Mädchen oder junge Frauen, selten Männer), sondern auch als Anwalt der Angehörigen verstehe. Gemeint ist als ärztlich psychologischer Anwalt.

Frau Wendt erzählte mir vom Buchprojekt, und ich gewann früh den Eindruck, dass ich dies fördern wollte. Keine der im Buch genannten Personen waren jemals in der Behandlung in der Klinik Roseneck, in der ich arbeite, oder bei mir selbst. Das hat den Nachteil, dass ich manches Insiderwissen nicht habe, aber den Vorteil, dass ich unbefangen an das Thema herangehen kann. Dabei sehe ich meine Aufgabe nicht darin, aus der Sicht des Experten die offenen Worte der Mutter oder der Zwillinge zu übertönen. Ich sehe meine Aufgabe auch nicht darin, Ratschläge zu erteilen. Eine alte Psychotherapeutenweisheit besagt: »Ratschläge sind auch Schläge.« Das bedeutet nicht, dass ich Betroffenen und ihren Angehörigen keine Hilfen an die Hand geben möchte. Ganz im Gegenteil. Aber es gibt nun mal keine Ratschläge, die schnell aus dem Ärmel geschüttelt, für alle Gültigkeit haben und deren Befolgung dem »Spuk« ein rasches Ende bereiten. Jeder »Fall« ist anders. Es gibt nicht den einen Kamm, über den alle Magersüchtigen oder ihre Mütter oder Väter geschoren werden können. Deshalb ist es wichtig, die Zusammenhänge in ihrer Komplexität, Vielfalt und Einzigartigkeit zu verstehen.

Ich hatte die Gelegenheit, das Manuskript von Frau Wendt zu lesen, und ich fand es offen, verständlich und spritzig geschrieben, mit treffenden Formulierungen. Ich fand es (auch nachdem ich sehr viele Magersüchtige und ihre Familien gesehen hatte) spannend zu lesen. Der Leser kann hautnah miterleben, was den Zwillingen Anna und Marie widerfährt. In einer ganz normalen Familie mit zwei 14-jährigen Töchtern (identischen Zwillingen) und einem Jungen im Vorschulalter scheint alles mit einer einfachen Diät zu beginnen, doch schon bald kündigt sich die Essstörung an, erst bei Marie, dann bei Anna. Eine therapeutische Behandlung wird – wie es für Magersüchtige typisch ist – sowohl von Marie als auch von Anna auf die lange Bank geschoben. Schließlich können erfahrene Fachleute Marie aufgrund des Verlaufs (weitere Gewichtsabnahme) überzeugen, stationär in eine Klinik zu gehen, die mit Magersüchtigen Erfahrung hat. Im Jahr darauf geht auch Anna in eine klinische Therapie, und Marie geht ein zweites Mal in ihre »alte« Klinik.

Bei einer schweren Erkrankung wie Krebs spricht man von einer Überlebensdauer von fünf Jahren. Von diesen fünf Jahren waren bei den Zwillingen Anna und Marie in der Zeit, als Frau Wendt das Buch schrieb, etwa drei vergangen. Magersucht ist zwar ebenfalls eine sehr schwere, aber im Verlauf etwas andere Erkrankung als Krebs. Bei Magersucht gilt ganz besonders: Je früher die Behandlung einsetzt und je konstruktiver alle Beteiligten (Betroffene, Fachleute und soziales Umfeld) mit der Erkrankung umgehen, umso besser ist die Prognose, also die Aussichten für die künftigen Jahrzehnte. Die Prognose ist bei denen, die bereits mit 13 bis 15 Jahren in eine qualifizierte Behandlung kommen, wesentlich besser als bei jenen, die keine oder keine qualifizierte Behandlung bekommen und bei denen sich die Magersucht chronifiziert. Magersucht wird dann zu der psychischen Erkrankung mit der allerhöchsten Sterblichkeit – höher als bei Depression oder Schizophrenie.

Bei den Zwillingen Anna und Marie haben die Eltern auf eine baldige Behandlung gedrängt und waren entschlossen genug, dieses auch umzusetzen. Die Erkrankung begann bei Marie, dem um elf Minuten jüngeren sowie schüchterneren und wie es scheint mehr im Schatten seiner Schwester Anna stehenden Zwilling. Beide Zwillinge befanden sich in der Pubertät mit all ihren Auswirkungen, wie etwa der Ablösung voneinander und der gleichzeitigen Abnabelung von den Eltern. Der Magersucht bei Marie ging ein sozialer Rückzug voraus. Da gab es nur die Zwillingsschwester und keine beste Freundin. Zur eigenen Selbstunsicherheit hinzu kam, wie Frau Wendt es nennt, das »Diktat der Äußerlichkeiten«. Anna und Marie beginnen nach der Maxime zu leben: »Eine Frau kann nicht dünn genug sein.« Übermäßiges Schlanksein bedeutet Schönheit und Erfolg (was nicht stimmt). Als Kind sind es bei identischen Zwillingen harmlose Scherze, wenn sie sich für den anderen ausgeben und damit ihren Lehrer oder gar die Eltern narren. Als Jugendliche und Erwachsene ist es wichtig, dass jeder Zwilling sich selbst findet. Wir sind ja nicht nur das, was unsere Gene uns vorgeben. Jeder Mensch hat eine eigene Biographie, besondere Erlebnisse. Die einzigartige Mischung dessen, was wir genetisch auf die Welt bringen und im weiteren Verlauf unseres Lebens erfahren, macht uns zu dem, was wir sind. Das gibt auch identischen Zwillingen eine Chance.

Meine Kollegen und Kolleginnen kommen in dem Buch nicht immer gut weg. Das entspricht einerseits den Alltagsrealitäten. So wie es gute und schlechte Bäcker gibt, so gibt es auch gute und schlechte Ärzte und Psychotherapeuten. Frau Wendt war eine wache, informierte und zu Recht kritische Beobachterin und hat sich entsprechend gegen Klischees von Therapeuten (»die überfürsorgliche Mutter«) gewehrt.

Was ist eine Essstörung?

Informationen zu diesem Thema finden Sie in den im Literaturanhang empfohlenen Büchern oder im Internet, z.B. auf folgenden Seiten:
Schweizerische Anorexia Nervosa Stiftung:
  www.anorexia-nervosa.ch

ANAD-Pathways – Therapeutische Wohngemeinschaft für Frauen und Männer mit Essstörungen:
www.anad-pathways.de
Deutsche Gesellschaft für Essstörungen e.V. DGESS:
www.dgess.de
Cinderella – Aktionskreis Ess- und Magersucht e.V.
www.cinderella-rat-bei-essstoerungen.de
Internet-Informationen über Essstörungen:
www.ab-server.de

Bei einer Essstörung gibt es hinsichtlich der Diagnose die »Internationalen Diagnosekriterien ICD-10« sowie die Kriterien der amerikanischen Psychiater »DSM-IV-TR«. Die amerikanischen Kriterien für Essstörungen, die gegenwärtig überarbeitet werden, sind etwas pointierter und klarer. Nach den derzeitigen Kriterien, ob ICD oder DSM, erhalten mehr als die Hälfte jener Essgestörten, die eine stationäre Behandlung erfahren haben, keine der drei Hauptessstörungsdiagnosen Anorexia nervosa (AN), Bulimia nervosa (BN) oder Binge-Eating-Störung (BES), sondern werden als »Nicht näher bezeichnete Essstörungen« diagnostiziert.

Magersucht (AN) grenzt sich von anderen Essstörungen durch ein bestehendes Untergewicht ab. Der Gewichtsverlust ist selbst herbeigeführt, z.B. durch die Verweigerung hochkalorischer Nahrung oder durch Erbrechen, Abführmittel, übertriebene körperliche Aktivität, Appetitzügler oder Entwässerungsmittel. Es besteht bei Magersucht eine tiefverwurzelte Angst, zu dick zu werden (Körperschemastörung).
Man unterscheidet zwei Typen von Magersucht: 1. Die restriktive (asketische) Magersucht und 2. Magersucht vom »Binge-Eating- und Purging-Typ«. Unter Purging versteht man im Ameri-

kanischen absichtliche Gewichtsreduktion durch Erbrechen, Abführmittel, Appetitzügler oder Entwässerungsmittel. Etwa die Hälfte der Magersüchtigen haben einen restriktiven Magersucht-Typus, die andere Hälfte den bulimischen Typus (Binge-Eating- und Purging-Typ). Durch das Untergewicht, das bei Magersucht besteht, kommt es zu zahlreichen körperlichen Folgesymptomen, die in der folgenden Tabelle aufgeführt sind.

Ursache	Symptome, körperlicher Befund	Bedeutung
Untergewicht	Osteoporose (Knochenmasseschwund)	erhöhte Gefahr von Knochenbrüchen
	Hirnschrumpfung	bildet sich (teilweise) bei Normalgewicht zurück
	erhöhte Cholesterinwerte im Blut	–
	erhöhte Karotinwerte im Blut	–
	Verminderung des Energieverbrauchs	zugeführte Nahrung wird besser verwertet
	verminderte Phosphatwerte im Blut	–

Ursache	Symptome, körperlicher Befund	Bedeutung
Untergewicht	verminderte Zinkwerte im Blut	ggf. Zink supplementieren
	erhöhte Leberenzyme GOT, GPT, Gamma-GT	–
	Verminderung der Zahl der weißen Blutkörperchen	schlechtere Krankheitsabwehr
	Verminderung der Zahl der roten Blutkörperchen (Anämie)	geringerer Sauerstoffgehalt im Blut, Müdigkeit, Konzentrationsstörungen
	Verminderung der Zahl der Blutplättchen	schlechtere Blutgerinnung, Wunden heilen schlechter
	Hormonelle Veränderungen • Schilddrüsenhormon T3 vermindert • Kortisolausscheidung erhöht • Hypothalamus-Hypophysen-Gonaden-Achse (Sexualhormonhaushalt) vermindert	Sparschaltung des Körpers sexuelle Libido liegt brach

Ursache		Symptome, körperlicher Befund	Bedeutung
»Purging«-Verhalten	Abführmittel	Azidose (Blut zu sauer)	komplexe Folgen für die Gesundheit
	Erbrechen	Elektrolytstörungen	kann tödliche Folgen haben
	Erbrechen	Herzrhythmusstörungen	kann zu Herztod führen
	Erbrechen	Nierenversagen	bildet sich nicht zurück
	Erbrechen	Erhöhung der Amylase im Blut, eines Enzyms der (Bauch-)Speicheldrüse	–
	Erbrechen	Alaklose (Blut zu basisch) mit erhöhtem Bi-Karbonat im Blutserum	komplexe Folgen für die Gesundheit
	Erbrechen	Zahnschäden	erhöhtes Kariesrisiko
	Erbrechen	Schwellung der Speicheldrüsen	»Hamsterbacken«

Es liegt nahe, dass sowohl Ärzte als auch Psychologische Psychotherapeuten, und natürlich auch Angehörige, auf diese zum Teil gravierenden Auswirkungen auf den Körper des Magersüchtigen immer wieder hinweisen – ohne jegliche Folge für das gestörte Essverhalten. Wenn wir dies tun, ist es so, als wollten wir mit dem Argument »Zigaretten verursachen Lungenkrebs« einem Kettenraucher das Rauchen abgewöhnen.

Das Argument der körperlichen Schäden infolge Untergewichts (oder Erbrechens) scheint die betroffene Magersüchtige nicht zu berühren. Dennoch sollten alle Außenstehenden diese körperlichen Folgen von anorektischem und bulimischem Verhalten immer und immer wieder deutlich machen. Bisweilen kann das, was bei einer Magersüchtigen greift und eine Korrektur bewirkt, etwas sehr Spezielles sein. Ich erinnere mich an eine bulimische Patientin, die Herzrhythmusstörungen und Nierenversagen aufgrund von Erbrechen im Rahmen einer bulimischen Magersucht völlig kaltließen. Erst als ich die Schwellung der Speicheldrüsen ins Feld führte, wollte die Betroffene aus ihrer Magersucht heraus. »Hamsterbacken« wollte sie auf gar keinen Fall bekommen. Eine andere Patientin etwa war sehr besorgt um ihre Zähne. Das Ausbleiben der Regelblutung wird von Magersüchtigen (wie auch bei Marie und Anna) nicht als Mangel erlebt, sondern eher als Vorteil (kein Stress mit Tampons, Nachlassen der sexuellen Libido und damit weniger Gefahr, in Verstrickungen mit Jungen zu geraten).

Die zweite wesentliche Essstörung **Bulimia nervosa** (BN) unterscheidet sich rein äußerlich von der Magersucht, weil die Betroffenen nicht an Untergewicht leiden. Nach oben ist dem Gewicht keine Grenze gesetzt, doch haben die meisten Betroffenen mit Bulimia nervosa normales Gewicht. Das liegt daran, dass sie mit sogenannten gegenregulierenden Maßnahmen – wie selbstinduziertes Erbrechen oder Missbrauch von Abführmitteln, Appetitzüglern, Schilddrüsenpräparaten oder Diuretika oder durch Fasten und Diäten – versuchen, einer Gewichtszunahme entgegenzusteuern. Wie bei Magersüchtigen auch kreisen die Gedanken der an Bulimie Erkrankten hauptsächlich um Essen, Figur und Gewicht. Im Rahmen von

Essattacken können sie große Mengen Nahrung in kurzer Zeit zu sich nehmen. Das geht mit einem Gefühl des Kontrollverlusts einher. Im Verlauf eines solchen Essanfalls werden meist besonders fette und kohlenhydratreiche, also kalorienreiche Nahrungsmittel konsumiert, Nahrungsmittel, die Betroffene sich ansonsten verbieten. Wie bei der Magersucht besteht auch eine krankhafte Angst davor, dick zu werden. Bei Essattacken können, wenn es ein Außenstehender beurteilt, tatsächlich sehr große Essensmengen in kurzer Zeit verschlungen werden (objektive Essattacken). Es gibt allerdings auch subjektive Essattacken, bei denen die Betroffene das eindringliche Gefühl hat, sie würde zu viel essen, während objektiv nicht besonders viel oder sogar nur ein klein wenig gegessen wurde.

Die dritte wesentliche Essstörungsdiagnose heißt **Binge-Eating-Störung** (BES). Bei ihr stehen, wie bei Bulimia nervosa, Essattacken verbunden mit einem Gefühl des Kontrollverlusts im Vordergrund. Anders als bei Bulimia nervosa besteht kein »Purging«, d.h. kein selbstinduziertes Erbrechen, kein Missbrauch von Abführmitteln, keine Einnahme von Appetitzüglern, Schilddrüsenpräparaten oder Diuretika. Die Binge-Eating-Störung (BES) nach DSM-IV-TR geht in etwa zwei Dritteln der Fälle einher mit Übergewicht oder Adipositas, weil das in Essattacken zu viel Gegessene bei sich behalten wird.

Während Magersucht (der Begriff »Anorexia nervosa« (AN) ist identisch mit dem Begriff »Magersucht«) und Bulimia nervosa ganz überwiegend beim weiblichen Geschlecht vorkommen, nur in selteneren Fällen bei Männern (Relation etwa 1:15), sind bei der Binge-Eating-Störung zu einem Drittel Frauen und zu zwei Dritteln Männer betroffen.

Essstörungen werden meist in der hier genannten Reihenfolge AN, BN und BES genannt, da dies der Reihenfolge ihrer Erstbeschreibung entspricht. Hinsichtlich der Häufigkeit dieser Erkrankungen in der Bevölkerung ist die Reihenfolge umgekehrt. Wenn man im zeitlichen Querschnitt eine unausgelesene Bevölkerungsstichprobe hinsichtlich Essstörungen untersucht, findet man bei Frauen im Alter zwischen 15 bis 35 Jahren bei 2 % eine Binge-Eating-Störung, bei 1,2 % eine Bulimia nervosa und bei 0,5 % eine Magersucht gemäß den derzeitigen DSM-IV-TR-Kriterien. Die Kriterien spezifizieren, ab wann man von einer Magersucht oder Bulimia nervosa oder Binge-Eating-Störung spricht. Wie schon erwähnt, erfüllen deutlich mehr als die Hälfte der stationär oder ambulant behandelten Essgestörten die wissenschaftliche Diagnose nicht, sondern die Kategorie »Nicht näher bezeichnete Essstörungen«. Dies zeigt, dass die tatsächliche Häufigkeit von Essstörungen noch deutlich höher ist.

Jeder fragt sich natürlich, ab wann ein auffälliges Essverhalten Symptom einer krankhaften Essstörung wird. Die Entwicklung bei Marie und Anna zeigt klar auf, wie schwierig dies am Anfang ist. Sinnvoll ist es, als Vater oder Mutter oder Behandler offen und im Einvernehmen mit der von Magersucht Betroffenen, wie im Falle von Marie, klare Gewichtsziele auszumachen. Eine Gesunde, die ein wenig mit Diäten experimentiert, kann ihre Nahrungszufuhr so auswählen, dass sie die Gewichtsziele erreicht. Eine von Magersucht Besessene, wie Marie es ab einem bestimmten Zeitpunkt war, ist dazu nicht mehr in der Lage.

Ich spreche in diesem Kapitel von Essgestörten in der weiblichen Form, da zumindest für Magersucht und Bulimia nervosa ganz überwiegend jugendliche Mädchen und junge Frauen betroffen sind. Dies soll die Männer mit einer Essstörung nicht diskriminieren. Sie verdienen eine besondere Beachtung.

Wie erwähnt, unterscheidet man eine restriktive von einer bulimischen Magersucht. Restriktiv Magersüchtige sind auf das im Namen der Magersucht Erreichte oft ganz besonders stolz, da sie es ja ganz mit Willenskraft und ganz ohne »Tricks« wie etwa Erbrechen geschafft haben. Dennoch gibt es Übergänge von der einen Magersuchtform in die andere. Auch gibt es Übergänge von Magersucht zu Bulimia nervosa und von Bulimia nervosa zu Magersucht. Das Krankheitsbild der bulimischen Magersucht und das der Bulimia nervosa sind sich von der Essstörungssymptomatik extrem ähnlich, nur dass bei der bulimisch Magersüchtigen das Untergewicht und seine Folgen erschwerend mit hinzukommen.

Von allen drei wesentlichen Essstörungen ist die Magersucht auch heute noch die gefährlichste. Das Tückische an ihr ist, dass sich die Betroffenen – insbesondere am Anfang – in keiner Weise krank fühlen. Die Krankheit gibt ihnen etwas, was herzugeben extrem schwerfallen kann. Sie macht, wenn auch nur vorübergehend, bei Erreichung selbstgesteckter Gewichtsziele zufrieden, die innere Getriebenheit kommt kurzfristig zur Ruhe, und das Selbstvertrauen steigt. Wie der Verlauf bei den Zwillingen Anna und Marie zeigt, können lange Zeitstrecken in der Krankheit vergehen, ohne dass sie sich selbst für die Aufnahme einer Therapie entscheiden. Wer sich sein Bein bricht, wird sofort medizinische Hilfe in Anspruch nehmen, weil mit dem Bruch Schmerzen und Funktionseinschränkungen einhergehen. Die Magersucht hingegen befreit von (seelischen) Schmerzen und unerwünschten Gefühlen. Betroffene nehmen deshalb Hilfen jeglicher Art nicht an. Sie gehen Gesprächen mit den Eltern und anderen nahen Angehörigen aus dem Weg und meiden auch Ärzte und Psychologische Psychotherapeuten. Umso wichtiger ist es deshalb, dass diejenigen, die den Betroffenen am nächsten stehen (Mutter, Vater, bei in Partnerschaft lebenden Betroffenen der Partner etc.), aktiv werden. Frau Wendt tat sehr gut daran, es im Einvernehmen mit ihrem Mann Paul und der zuerst erkrankten Marie in die Hand zu nehmen und dafür zu sorgen, dass die 14-Jährige eine stationäre Therapie begann. Ich würde es an ihrer Stelle genauso gemacht haben.

Im Gesundheitswesen wird aus Kostenspargründen ein »Stepped-Care«-Ansatz proklamiert, d.h. eine schrittweise Therapie: Am Anfang ganz wenig, was für manchen reicht, dann mehr für die, für die es nicht reicht, und schließlich intensive Behandlung für jene, für die eine geringe oder mittlere Behandlungsstufe unzureichend ist. Aus Sicht von Betroffenen und Angehörigen erhöht dieser »Stepped-Care«-Ansatz die Gefahr der Chronifizierung bei einer Erkrankung wie Magersucht. Wenn ich mich in die Mutter von Marie hineinversetze, würde ich es genauso machen, wie sie es für sich selbst beschrieben hat: sich zu Beginn der Magersucht um das betroffene Kind kümmern sowie klare Absprachen, Abmachungen und Konsequenzen bei Nichteinhaltung treffen. Und ich würde mich für eine möglichst baldige stationäre Behandlung in einer spezialisierten Einrichtung einsetzen, da diese Behandlung am intensivsten auf die Magersucht einwirken dürfte. Und wenn ich in einer großen Stadt leben würde, in der es gut erreichbar eine spezialisierte Tagesklinik für Essgestörte gibt, käme das für den Anfang oder für die Zeit nach der stationären Behandlung auch in Frage. In der frühen Zeit der noch nicht klar gestellten Diagnose, in der selbst manche Fachleute den Rat geben mögen: »Das wächst sich wieder aus«, ist die Verunsicherung für Angehörige besonders groß. Auch gute Freunde sind dann gefragt, die hinschauen und zuhören und nicht mit »Das wird schon wieder« abspeisen. Im gesamten 20. Jahrhundert und in der Zeit davor wurde der Schatz, die ungeheure und wichtige Ressource, welche nahe Angehörige, wie z.B. Eltern oder Partner bei der Betreuung einer Magersüchtigen darstellen, verkannt. Erst in den letzten Jahren hat der Wind sich gedreht, selbst wenn es (auch einige) »Experten« noch nicht ganz mitbekommen haben mögen.

Ursachen der Magersucht

1970 machte ich mein medizinisches Staatsexamen und meine Psychiatrieprüfung, die damals nur ganz wenig zählte. Der wohlwollende Prüfer fragte mich u.a. nach den Ursachen der Magersucht. Ich konnte die Symptomatik beschreiben, aber stammelte hinsichtlich der Ursachen zögerlich ein paar damals diskutierte Stereotype zu Familie, Genetik und Traumata. Ich war sehr unzufrieden mit meiner Antwort. Mit dem Wissen, das ich heute habe, würde ich sagen: »Trotz vieler wissenschaftlicher Untersuchungen ist die Ursache der Magersucht auch heute noch ungeklärt.«
Wir wissen heute, dass es nicht eine, nicht *die* Ursache der Magersucht gibt. Wir wissen, dass bestimmte Bereiche (Faktoren) ursächlich mit der Krankheit in Verbindung stehen und dass die Gewichtung dieser Bereiche von Fall zu Fall sehr unterschiedlich sein kann. Heute geht man davon aus, dass drei wesentliche Bereiche für die Erklärung der Ursachen der Magersucht sowie andere ähnliche Essstörungen relevant sind:

1. Biologische Faktoren einschließlich der genetischen Anlage, 2. soziokulturelle Faktoren, die über Medien, Familie, Schule, Gleichaltrige vermittelt werden, wie z.B. das vielzitierte Schlankheitsideal mit allen seinen Folgen und Implikationen, und 3. persönliche Belastungen. Persönliche Belastungen können vermeintlich kleine Dinge sein, die im Erleben und der Vorstellung der Betroffenen große Bedeutung gewinnen, wie z.B. das Gefühl bei Marie, im Schatten der Zwillingsschwester zu stehen, oder die Schwierigkeit, ein eigenes Selbst zu entwickeln, da Anna als Doppelgänger derselben genetischen Ausstattung existiert. Persönliche Belastungen können auch schwerwiegend sein, wie z.B. sexuelle Traumata, doch haben wissenschaftliche Untersuchungen gezeigt, dass sexuelle Traumata bei Magersucht und anderen ähnlichen Essstörungen nicht häufiger vorkommen als bei anderen psychischen Erkrankungen, wie z.B. Depression. Der Verdacht auf eine Essstörung muss also Angehörige und Fachleute nicht gleich in der Sorge erstarren lassen, hier müsse ein Trauma vorgelegen haben.

Die Pubertät ist bekanntlich die Übergangszeit von der Kindheit in das Erwachsenenleben. In dieser Zeit können Dinge, die wir als Kind gar nicht wahrnahmen, plötzlich eine Bedeutung erlangen. Bekanntlich sind wir Menschen insgesamt mit einer linken und einer rechten Körperhälfte symmetrisch gebaut, aber wenn man es mit genauen (pubertären) Augen ansieht, ist dies nicht wirklich der Fall. Die eine Gesichtshälfte kann minimal breiter als die andere sein. Die Nase kann etwas mehr in eine Richtung zeigen oder eine Gesichtsseite geringfügig mehr hervorstehen als die andere. In der Pubertät beginnen wir, solche Dinge wahrzunehmen und zu bewerten, was wir als Kinder nicht taten. Als ich in meiner Pubertät die ganz normale Asymmetrie meines Gesichts erkannte, löste dies hypochondrische Ängste aus. Ich fand eine Gesichtshälfte fotogener als die andere und wandte mein Gesicht bei Fotoaufnahmen so, dass man die fotogene sah. Auch den Sitzplatz bei einer Verabredung mit einem Mädchen wählte ich entsprechend. Mit diesem Beispiel will ich verdeutlichen, in welch unsinnigen Gedanken und Wertungen wir uns alle in der ganz normalen Pubertätsentwicklung verirren können. Bei Marie war es nicht die Gesichtssymmetrie, sondern die fixe Idee übermäßiger körperlicher Schlankheit: »Eine Frau kann nicht dünn genug sein.« Wenngleich wir im westlichen Leben nicht völlig vor derartigen Irrungen gefeit sind, ist die Gefahr dafür in der Pubertät – die Zeit, in der wir uns selbst finden – besonders hoch. Manche neigen mehr zu derartigem grüblerischen Verhalten, manche weniger. Hier kommt sicher auch die genetische Anlage wieder mit ins Spiel, auch wenn das Thema Schlankheit primär ein umweltrelevantes Thema ist.

Körperliche Schlankheit wird in unserer westlichen Welt übermäßig hoch bewertet – nahezu von der gesamten Gesellschaft, nicht nur von Mädchen in der Pubertät. Wissenschaftliche Untersuchungen zeigen, dass Magersucht bei schwarzen im Vergleich zu weißen Frauen in der Karibik sowie in den USA extrem selten anzutreffen ist. Schwarze in den USA und Schwarze auf den Karibikinseln haben nicht das wie in westlichen Industrienationen bei Weißen ausgeprägte Schlankheitsideal. Franz Kafka, den ich als Dichter sehr verehre, hatte selbst eine magersuchtähnliche Erkrankung und schrieb eine lange Kurzgeschichte »Ein Hungerkünstler«. In Kafkas Zeit gab es noch kein Fernsehen, aber Jahrmärkte waren beliebt, auf denen Kuriositäten dargeboten wurden. So gab es auch tatsächlich auf solchen Jahrmärkten Menschen, die sich im

Käfig ausstellen ließen und hungerten, und die Leute gafften und spendeten Almosen in den bereitliegenden Korb. Kafkas Hungerkünstler jedoch konnte ab einem gewissen Punkt (wie Marie) nicht mehr aufhören zu hungern und fastete durch. Er fastete weiter und weiter, bis er schließlich starb. Der Autor (Kafka) reflektierte über das Warum und schrieb den Satz: »Er fand die Speise nicht, die er suchte.« Kafka, ein Dichter und in Sachen Magersucht ein Eingeweihter, dürfte bei seinen Ursachenüberlegungen nicht ganz danebenliegen. Magersüchtige sind Suchende. Sie sind Bedürftige. Sie suchen das Eigentliche, das Wirkliche, das wirklich für sie Wichtige. Im Fall von Marie und Anna möglicherweise ihre wirkliche eigene Identität. Die Identitätssuche wurde durch die Tatsache erschwert, dass sie identische Zwillinge sind, dass es sie doppelt gibt.

Es gibt eine nicht unbeträchtliche Zahl von Untersuchungen in anderen Kulturen, die belegen, dass Magersucht eben auch ein soziokulturelles Phänomen ist. Ein australischer Forscher befragte Ärzte in Malaysia und fand nur sehr wenig Fälle von Magersucht. Die wenigen, die es gab, stammten aus Familien, die im Nahrungsüberfluss lebten. Andere Studien untersuchten das Schönheitsideal in arabischen Ländern und fanden, dass Essstörungen dort selten auftraten. Amerikanische Studien untersuchten die Bewohner der Fidschi-Inseln vor Einführung des Fernsehens (und der damit verbundenen Kommunikation des Schlankheitsideals) und danach, und fanden, dass das Vorkommen von Essstörungen mit der Verfügbarkeit des Fernsehens einherging. Es gibt also eine Menge Gründe, soziokulturelle Faktoren für die Diskussion von Ursachen von Magersucht in Betracht zu ziehen, doch als alleinige Faktoren reichen diese nicht aus. Die moderne Wissenschaft hat die Diskussion um Anlage oder Umwelt längst verlassen und untersucht insbesondere die Interaktion, also das Zusammenwirken zwischen Anlage und Umwelt. Ein einfaches Beispiel für das Zusammenwirken von Anlage und Umwelt ist die Krankheit der »Phenylketonurie«. Es erkrankten Kinder schon sehr bald nach der Geburt, weil ein genetischer Defekt besteht, der es unmöglich macht, die normalerweise in der Nahrung vorkommende Aminosäure Phenylalanin zu verstoffwechseln. Die Heilung für diese Kinder in moderner Zeit besteht darin, dass sie Nahrung zugeführt bekommen, die diese Aminosäure nicht enthält. Also erst durch die Umwelt (Ernährung) kommt diese Krankheit zum Ausbruch. Analog ist es bei der Sprue und der Zöliakie, bei der eine Gluten-Unverträglichkeit vorliegt. Gluten ist in den europäischen Getreidesorten wie Weizen, Gerste etc. enthalten. Essen die Betroffenen keine Produkte, die Gluten (also Getreide) enthalten, sondern z.B. Reis, haben sie keinerlei Beschwerden mehr.

Am Beispiel des Schlankheitsideals wird es schon komplizierter, soziokulturelle und genetische Faktoren zu trennen. Auf den ersten Blick scheint das Schlankheitsideal ein rein soziokulturelles zu sein. Dass das Schlankheitsideal aber eine Macht entwickelt wie bei Marie und später bei Anna, bedarf zusätzlicher Faktoren, die vermutlich genetischer Art sind. Wir alle wissen, wie viele Millionen und Abermillionen Menschen in westlichen Industrieländern versuchen, an Gewicht zu verlieren, und das weitgehend ohne Erfolg. Wir wissen um die Epidemie der Fettsucht (Adipositas). Uns ist bekannt, dass diese nach dem Zweiten Weltkrieg immens zugenommen hat, und wir lesen ständig über die negativen Gesundheitsfolgen von Übergewicht und Adipositas. Natürlich hängt das Adipositasproblem mit dem immensen Überfluss an Nahrungsmitteln, wie er in westlichen Industrieländern besteht, zusammen. Die

Menschen in Hungerländern, wie in Nordkorea oder im Sudan, sind unterernährt, nicht überernährt. In westlichen Industrieländern mit ihrem Nahrungsüberfluss geben übergewichtige Menschen viel Geld aus, um abzunehmen, und die meisten von ihnen ohne nennenswerten Erfolg. Stellen Sie jetzt gedanklich Magersüchtige mit in das Bild: Auf der einen Seite die Abermillionen, die es nicht wirklich schaffen abzunehmen, und auf der anderen Seite die Magersüchtigen, die es im Handstreich und bis zum Exzess fertigbringen, sich auf ein extrem niedriges Gewicht herunterzuhungern. Vermutlich bedarf es einer entsprechenden genetischen Ausstattung (»Mind over Matter«), selbstgesetzte niedrige Gewichtsziele tatsächlich zu erreichen, zu halten und sogar zu unterbieten. Derzeit laufen sehr interessante neuropsychologische Untersuchungen, d.h. Untersuchungen, die sehr genau die Reaktion des menschlichen Gehirns auf bestimmte Aufgaben oder Überraschungen untersucht. Parallel dazu und in Verbindung damit gibt es Untersuchungen mit bildgebenden Verfahren. Bekanntlich kann man heute mit verschiedenartigen bildgebenden Verfahren das menschliche Gehirn in seiner Funktion untersuchen, ohne den Betroffenen weh zu tun. Neuropsychologische Untersuchungen mit bildgebenden Verfahren hat man zudem miteinander in Verbindung gebracht. So wurden Magersüchtige mit Untergewicht, Magersüchtige, deren Zustand sich normalisiert hatte, und gesunde Kontrollpersonen mit Normalgewicht mit Hilfe bildgebender Verfahren bei der Lösung vorgegebener Aufgaben untersucht. Hier gibt es Befunde zu den etwas verdeckter liegenden Hirnteilen, die da heißen Ventromediales Striatum, Cingulum, und ein beidseits seitlich liegender verdeckter Teil der Hirnrinde mit der Bezeichnung Insula. Es ist zu früh, hier den Stab über Detailergebnisse zu brechen. Sehr vieles deutet aber darauf hin, dass Menschen in der Art und Weise, wie ihr Gehirn bestimmte Dinge verarbeitet, unterschiedlich sind. Vieles weist darauf hin, dass Magersüchtige ein Talent haben, das nahezu alle anderen Menschen nicht haben: an Gewicht, wenn sie wollen (oder wenn die Krankheit es will), abzunehmen, wenn es sein muss, bis zum bitteren Ende.

Jahrtausende lebten Menschen vorwiegend in Stämmen. Ein solcher Stamm, der sich in Zeiten der Nahrungsknappheit in Nordamerika entwickelte, ist der der Pimo-Indianer. Die Menschen lebten in kargen Gegenden in Arizona (USA) und in dem südlich davon gelegenen Mexiko. Pimo-Indianer haben offensichtlich im Laufe der Evolution in ihrem Stoffwechsel Mechanismen entwickelt, Nahrung besonders gut auszuwerten und sich so gegen Zeiten des Hungerns zu schützen. Pimo-Indianer im heutigen Arizona leben so gut wie alle Nordamerikaner im Nahrungsüberfluss, sind schwer übergewichtig und leiden sehr häufig an Typ-II-Diabetes, was häufig mit Übergewicht einhergeht. Die Pimo-Indianer im weniger wohlhabenden Mexiko dagegen sind weiterhin schlank und haben keinen Diabetes Typ II. Dies ist ein Beispiel für das Zusammenwirken von Anlage und Umwelt, das Zusammenwirken von einer genetischen Ausstattung, welche die Pimo-Indianer sehr erfolgreich in kargen Zeiten sein ließ, aber dem Untergang geweiht in einer Umwelt des Nahrungsüberflusses.

Was sagen die wissenschaftlichen Ergebnisse zum Thema »Anlage (Genetik) als einer der Ursachen von Magersucht«? In Untersuchungen wurden Zwillinge mit demselben Erbgut (eineiig) mit Zwillingen, die wie Geschwister zwar verwandt, aber nicht das identische Erbgut haben (zweieiige Zwillinge), verglichen. Dieser Forschungsansatz ist leicht verständlich.

Wenn wir wissen wollen, wie hoch der genetische Anteil bei einer bestimmten Erkrankung, z.B. Brustkrebs oder Hautkrebs, ist, können wir untersuchen, ob die Häufigkeit, dass beide Zwillinge von derselben Krankheit betroffen sind (Konkordanz), bei eineiigen Zwillingen wesentlich höher ist als bei zweieiigen. So ein Befund würde für die Bedeutung genetischer Faktoren sprechen, ohne dass das heißt »Genetik ist für alles verantwortlich«. Man hat entsprechende Untersuchungen bei allen wesentlichen psychischen Erkrankungen gemacht, so auch für Magersucht und Bulimia nervosa. Die Konkordanz, also dass beide Zwillinge eine Magersucht entwickelten, ist bei identischen Zwillingen wesentlich höher als bei nicht identischen (zweieiigen). Dies ist ein sehr eindeutiges Ergebnis, wenngleich wir damit noch nicht wissen, was an der genetischen Ausstattung für eine Magersucht es prädisponiert. Der Befund aber ist eindeutig: Identische Zwillinge haben ein sehr viel größeres Risiko, dass, wenn einer an Magersucht erkrankt, auch der andere an dieser Erkrankung leidet. Das bedeutet: Genetische Faktoren spielen bei Magersucht mehr noch als bei Schizophrenie oder Depression eine ursächliche Rolle. Allerdings ist Genetik nur einer von mehreren relevanten Faktoren, die zu einer Magersucht beitragen. Und wir wissen noch zu wenig darüber, was genau vererbt wird. Die Neigung zum Grübeln? Die Neigung, hart gegen sich selbst zu sein? Konsequent zu sein? Perfektionistisch zu sein? Dies Thema ist noch zu komplex, um von der gegenwärtigen Wissenschaft schnell gelöst werden zu können.

Zu den soziokulturellen oder Umweltfaktoren zählt natürlich auch das Familienklima vor Beginn der Erkrankung (worüber wir in allen Fällen nur sehr wenig wissen) und seit der Erkrankung (worüber wir sehr viel mehr wissen). Stellen Sie sich als

Mutter oder Vater vor, Ihr Kind erkrankt an multipler Sklerose (MS). Sie wissen, dass das schubweise verläuft und im Rollstuhl und schließlich tödlich enden kann. MS-Kranke leiden aber unter den Ausfällen, die sie haben. Sie nehmen Therapien gerne an und nehmen Nebenwirkungen in Kauf. Stellen Sie sich vor, Ihr Kind hätte MS und würde sich total gegen jegliche Hilfe wehren. Sie würden versuchen, Ihr Kind zu überzeugen, dass die Therapie sinnvoll ist. Sie würden sich informieren und würden versuchen, diese Information dem Kind zu vermitteln. Wenn das Kind das nicht versteht oder nicht aufnehmen will, würden Sie insistieren. Ist das Kind noch zu jung, um alle Zusammenhänge zu begreifen (also vielleicht 14 Jahre alt), würden Sie selbst die Initiative ergreifen und Ihr Kind einer Therapie zuführen. Sogar wenn es sich aus nicht nachzuvollziehenden Gründen gegen diese Therapie widersetzt. Sie würden insistieren. Sie würden insistieren, wie es Frau Wendt bei ihren Zwillingstöchtern mit Magersucht tat. Im Falle der Zwillinge kam es Gott sei Dank nicht so weit, dass Dinge gegen den Willen der Betroffenen eingeleitet werden mussten.

Ich will die Situation, in die Sie als Angehöriger bei einer schweren Erkrankung Ihres Kindes geraten können, wenn das Kind die Krankheit als solche oder den Schweregrad der Erkrankung nicht erkennen kann und sich gegen mögliche Hilfen sträubt, charakterisieren. Wenn schließlich ein Kind mit oder gegen seinen Willen wegen einer Magersucht in einer Klinik landet, ist es eine natürliche Folge, dass der Haupterziehende in der Sache sehr engagiert (um nicht zu sagen übergagiert) ist. Wir wissen inzwischen, dass eine schwere Erkrankung, bei der sich Betroffene gegen mögliche Hilfen sträuben, bestimmte Reaktionen bei den nahen Angehörigen hervorruft.

Unbekannt ist, welche Interaktionen und Familienkonstellationen vor Beginn der Erkrankung bestanden. Über mehr als ein Jahrhundert wurde Angehörigen aufgrund vorgefasster unbegründeter Meinungen von Ärzten und Psychotherapeuten unrecht getan. Schlimmer noch: Die Ressourcen, die Angehörige mit in die Möglichkeiten einer Therapie bei Betroffenen hätten einbringen können, blieben ungenutzt. Ich werde auf den Paradigmenwechsel, der seit Ende letzten Jahrhunderts dabei ist, sich zu entwickeln, später näher eingehen.

Stellen Sie sich vor, an einer Kreuzung fahren zwei Autos ineinander. Es gibt Blechschäden und Verletzungen. Beide Fahrer kommen ins Krankenhaus. Was würden Sie als Arzt sinnvollerweiser tun? Würden Sie fragen, wer von beiden schuld ist, und den Unschuldigen zuerst behandeln? Nein! Sie würden den, der schneller und unmittelbarer Behandlung bedarf, unabhängig von der Schuld am Verkehrsunfall, zuerst drannehmen, z.B. jemand, der am Verbluten ist. Analog ist es bei der Behandlung einer Magersüchtigen. Für die Behandlung ist es unsinnig, primär nach den Ursachen und nach der vermeintlichen Schuld zu fragen. Es bringt überhaupt nichts und schadet nur. Beim Bild des Verblutenden: Es kann wertvolle Zeit verlorengehen, wenn der Arzt Zeit vergeuden würde, danach zu fragen, wer den Verkehrsunfall verschuldet hat. Die Stillung der Blutung ist zwingend erforderlich.

Bei Zwillingen besteht zudem das Problem der Individuation, d.h. der Selbstwerdung jedes einzelnen Zwillings. Als Vater oder Mutter fragt man sich, ob man die eigene Zuwendung auf die Kinder gleich verteilt hat. Eltern machen sich hier (zu) schnell Schuldzuweisungen, was nicht heißt, dass sie dazu nicht berechtigt sind. Absolut gleiche Zuwendung oder – anders formuliert – absolute Gerechtigkeit gegenüber den eigenen Kindern ist in der Perfektion nicht möglich, auch wenn wir uns als Eltern oder als Kinder dies wünschen würden. Das mag das Beispiel der Geschwister Lena und Lisa aus meinem Bekanntenkreis verdeutlichen. Es heißt, der Apfel fällt nicht weit vom Stamm, was auch für Lena und Lisa gilt. Schon früh ergab sich eine Rollenteilung, nach der Lena den Verwandten als die Begabtere, Interessiertere, Fleißigere und Lisa als die Faulere und weniger Motivierte erschien. Es gab ein größeres Familienunternehmen, das die Kinder erbten. Im weiteren Verlauf blieben Lena und Lisa jeweils in ihrer Rolle befangen. Lena führte das Unternehmen erfolgreich. Sie machte wichtige geschäftliche Abschlüsse, die das Unternehmen voranbrachten. Lisa bremste aus Angst vor Risiken und trug wenig dazu bei, die Firma weiterzuentwickeln. Irgendwann ließ sie sich auszahlen und legte das Geld an der Börse an – just in dem Moment, als die Börsenkurse tief abrutschten, und bei den Tiefstkursen verkaufte sie ihre Aktien. Lisa ging zu ihren Eltern, beklagte sich über ihr Los, dass sie nun fast mittellos sei, während ihre Schwester Lena im Privatjet durch die Welt flog. Was würden Sie als Mutter oder Vater tun, wenn Lisa Ihr Kind wäre und von Ihnen ausgleichende Gerechtigkeit fordert? Gerechtigkeit in der Perfektion ist nicht möglich.

Zusammenfassend zum Thema Ursachen hebe ich hervor: Es gibt nicht *die* Ursache. Jeder Fall liegt anders. Es gibt zahlreiche Ursachen, und ihre Gewichtung ist von Fall zu Fall unterschiedlich. Vielen Müttern und Vätern ist in den zurückliegenden 100 Jahren durch eine unqualifizierte und wissenschaftlich nicht fundierte Haltung von Therapeuten unrecht getan worden. Angehörige wurden Opfer eines wissenschaftlich nicht begründeten Vorurteils bei sogenannten »Wissenschaftlern«. Meine Aufgabe sehe ich allerdings nicht in der Parteinahme für Angehörige. Natürlich gibt es Familien, in denen Dinge geschehen sind, die ein Kind in eine psychische Krankheit, wie Magersucht, getrieben haben. So war es der Fall mit Gerlinde, die zum wiederholten Male mit einer sehr chronischen Magersucht in unsere stationäre Behandlung kam. Sie war ebenso wie ihre jüngere Schwester in ein Heim gegeben worden, und mit ca. drei Jahren waren beide in dieselbe Familie adoptiert worden. Als Kind und Jugendliche wurde sie über viele Jahre vom Adoptivvater sexuell missbraucht. Nach den Wirren der frühen Kindheit, dem Heimaufenthalt und der enttäuschten Sehnsucht nach einer heilen Familie war sie durch das Verhalten des Adoptivvaters und das Schweigen der Adoptivmutter zutiefst traumatisiert. Dies hatte bei Gerlinde sehr tiefgehende Wunden hinterlassen, die möglicherweise nie heilen werden. Sie schrieb ihr Leben und Erleben in einer Nacht wie im Rausch auf. Als sie es nach einem Dreivierteljahr wieder durchlas, erlitt sie einen schweren Rückfall. Was will ich mit diesem Beispiel sagen? Es gibt Familien, die sind schuldig. Das sind jedoch die Ausnahmen. Die meisten Mütter und Väter haben gute Intentionen, wie sie ihre Kinder heranziehen und behandeln. Mutter oder Vater zu sein birgt auch das Risiko in sich, hin und wieder etwas falsch zu machen. Es ist wie das Rudern eines Ruderbootes. Wir können uns anstrengen und lernen, es gut zu machen, aber unter unglücklichen Umständen kann das Boot kentern – vielleicht auch durch einen kleinen Fehler des Ruderers. Und wer einmal mit einem kippeligen Boot gekentert ist, muss nicht für ewig das Wasser meiden. Er oder sie kann lernen, mit der Bootsführung noch besser umzugehen. Es gibt Boote, die sind so gebaut, dass man sie leicht selbst wieder aufrichten kann wie kleine Katamarane.

Die können einfach leicht kippen, schon bei kleinem Bedienungsfehler oder bei sehr starkem Wind, aber sie können auch leicht wieder aufgestellt werden. Wenn man lernt, »Hobie Cat« zu segeln, ist das Erlernen des Kenterns und Wiederaufstellens inbegriffen. Dann ist Kentern keine Katastrophe, sondern nur eine kurze Unterbrechung, und es geht danach weiter – anders als bei der Titanic, die als unsinkbar galt, mit einem Eisberg kollidierte und in einer Katastrophe versank. Betrachten Sie das Leben wie eine Fahrt mit einem Hobie Cat und üben Sie das Kentern. Sehen Sie es nicht als eine Titanic-Fahrt. Krisen machen stark. Jede Krise ist eine Chance. Jedes Kentern hilft, das Boot besser zu führen.

Die Besonderheit, ein Zwilling zu sein

Im Sardinienurlaub interessierte sich Tommy vermeintlich mehr für Anna als für Marie. Einer der möglichen Auslöser für Maries Magersucht. Marie zeigte sich kurz darauf weniger offen, was ihre Kommunikation mit Schwester, Mutter und Vater anbetraf. Das Besondere an dem »Fall« von Anna und Marie (wenn ich sie nach dem Alter nenne: elf Minuten Unterschied) ist, dass sie identische Zwillinge sind. Wie bereits erwähnt, ist die Konkordanzrate – also das Risiko, dass beide an Magersucht erkranken – bei identischen Zwillingen wesentlich höher als bei zweieiigen Zwillingen, die genetisch wie Geschwister miteinander verwandt sind. Die Autorin und Mutter Frau Wendt betont, dass Anna und Marie in der Kindheit nicht dem Stereotyp (das manchmal verbreitet wird über später Magersüchtige) entsprochen haben. Sie waren nicht überangepasst, brav, fügsam, pflegeleicht: Die Mutter war stark gefordert, denn schon im Kindesalter forderten beide Mädchen die volle Aufmerksamkeit ein. Magersucht hat viele Facetten, und auch die Betroffenen lassen sich genauso wenig wie ihre Eltern in eine handliche Schublade legen. Sehr viel spricht dafür, dass eineiige Zwillinge in ihrer Selbstwerdung gerade in der Pubertät schwierige Zeiten durchmachen. Bei zweieiigen Zwillingen sind etwa die Hälfte der Zwillingspaare verschieden geschlechtlich, und auch die restlichen unterscheiden sich im Aussehen und Verhalten mehr als einer der identischen Zwillinge voneinander.

Wenn man die Häufigkeit von Anorexia nervosa und anderen verwandten Essstörungen in der Allgemeinbevölkerung mit der bei Zwillingskollektiven vergleicht, findet sich ein erstaunlicher Befund, der bisher in der wissenschaftlichen Welt nicht zur Kenntnis genommen wurde: Die Häufigkeit dieser Essstörung bei Zwillingen ist höher, als es in der allgemeinen Bevölkerung der Fall ist. Teilweise sogar wesentlich höher. Warum diese Ergebnisse so sind, wie sie sind, wurde bisher in der wissenschaftlichen Literatur nicht näher diskutiert.

Ende der 1980er-Jahre habe ich eine Untersuchung zur Konkordanzrate bezüglich anorektischer und bulimischer Erkrankungen bei einer namhaften psychiatrischen Fachzeitschrift eingereicht. Das Ergebnis war auch hier – wie oben geschildert – generell, dass identische Zwillinge eine sehr viel höhere Konkordanzrate (beide Zwillinge haben Magersucht) aufwiesen, und in der Diskussion machte ich mir Gedanken, warum das so sein kann, so wie Sie sich das jetzt an dieser Stelle fragen. Eltern von eineiigen Zwillingen, wie die Autorin, wissen zu berichten, dass es etwas ganz Besonderes und für Mutter (und vielleicht auch Vater) in außerordentlicher Weise fordernd ist, identische Zwillinge großzuziehen. Und dies ist auch eines der besonderen Themen dieses Buches. Von der Wissenschaft noch nicht akzeptiert, aber ziemlich naheliegend ist, dass sich identische Zwillinge, die also einen Doppelgänger haben, schwerer tun dürften, eine eigene Identität zu entwickeln. Sehr anschaulich vor Augen geführt hat mir dies ein anderes identisches Zwillingspaar aus der Schweiz. Wie auch bei Anna und Marie setzten in der Familie früh die Kräfte ein, die Zwillinge zu unterscheiden, wenngleich nicht ganz so konsequent wie bei Anna und Marie. Ich nehme mir die Freiheit, sie Lilly und Marlen zu nennen. Als identische Zwillinge sahen sie natürlich nahezu gleich aus und spielten den Lehrern so manchen Streich. Sie kamen stationär zu uns in die Klinik Roseneck, anfangs beide. Und weil das nicht gutging, eine nach der anderen. Wir arbeiteten u. a. auf eine Selbstfindung jedes der Zwillinge hin. Wenn eine der beiden neu aufgenommen wurde, war es für mich unmöglich zu unterscheiden, welche von beiden es war – ich musste mich beim Team rückversichern. Sie waren in Kleidung, Gestik, Mimik und Verhalten extrem ähnlich geblieben. Alle Beteiligten, einschließlich der Eltern, arbeiteten auf eine psychologische und räumliche Trennung der Zwillinge hin, so wie auch bei Anna und Marie. Irgendwann war die Situation, dass Lilly in London und Marlen in New York wohnte. Es schien alles bestens. Was wir nicht einkalkuliert hatten, waren Handy- sowie E-Mail-Verbindungsmöglichkeiten. Die Handyrechnungen, welche die Eltern der Zwillinge beglichen, müssen horrend gewesen sein. Von Marlen existiert ein Bild, das sie von sich und ihrer Zwillingsschwester in dieser Zeit gemalt hatte: zwei Gesichter, von denen das linke nach links und das rechte nach rechts zu schauen scheint, aber die Pupillen schielen zur Zwillingsschwester herüber. Die Kopfhaltung war weg voneinander, die Augäpfel hielten den Zwilling immer im Blick – ob in New York oder London. Die Telefonate waren Meisterakte diplomatischer Akrobatik. Keine der beiden sagte, was sie wog oder was sie wirklich gegessen hatte, und beide deuteten in großer Vertrautheit das Nichtgesagte der anderen, und das vermutlich sehr präzise.

Räumliche Trennung ist nicht die Lösung, wenn sie nicht wirklich von den Betroffenen selbst auch voll und ganz getragen wird. Für Eltern und Therapeuten ist es sinnvoll, bei identischen Zwillingen die Selbstwerdung (Individuation) dadurch zu fördern, dass jede auch mal allein im Mittelpunkt stehen kann, z.B. durch eine vorübergehende Trennung oder Trennung auf Dauer. Als ein wichtiges Motiv für Anna und Marie schildert ihre Mutter das »anders sein wollen als die Schwester«. Schon früh setzte bei elf Minuten Altersdifferenz eine Rollenteilung in der Familie ein: die große Anna und die kleine Marie. Die kleine Marie war zurückhaltend und schüchtern, die große Anna war stark und traute sich was. Aber wie wir wissen, beide waren von ihrer Anlage gleich. Ihre Mutter schreibt auch, dass aus ihrer Sicht die Bewertungen der Magersucht im Detail für sie als Mutter nicht identisch war: Marie hatte die wirkliche Magersucht, und Anna hatte sie wohl auch, aber mit dem starken Akzent: »Ich darf den Wettbewerb mit meiner Zwillingsschwester nicht verlieren.« Durchaus eine plausible Deutung. Darüber, ob es sinnvoll ist oder nicht, identische Zwillinge, die beide eine Magersucht haben, zu trennen oder nicht, gibt es keine gesicherten wissenschaftlichen Daten. Das ist ein zu spezielles Thema. Was Frau Wendt in ihrer Wahrnehmung über die Entwicklung der Magersucht bei Marie und bei Anna schildert, ist für mich sehr plausibel, besonders im Hinblick auf den Zwillingsstatus. Hätte ich selbst Zwillinge und wären sie an Magersucht erkrankt, würde ich selbst über die Zeit auch auf eine Trennung der Zwillinge speziell im Pubertätsalter und danach hinarbeiten.

In meiner wissenschaftlichen Arbeit über Essstörungen bei ein- und zweieiigen Zwillingen musste ich einen Abschnitt über die Besonderheiten der Individuation bei eineiigen (identischen) Zwillingen herausstreichen, sonst wäre die Arbeit nicht zur Veröffentlichung angenommen worden.

Schuldgefühle

Natürlich plagen Eltern von Magersüchtigen Schuldgefühle. Als Jugendliche wuchsen Marie und Anna wie es scheint gut heran, beide sind aufgeschlossen, interessiert an den Dingen der Welt. Dann erkrankt Marie an Magersucht. Magersucht, die anders ist als andere schwere Krankheiten wie etwa Krebs: Bei Magersucht fühlt sich die Betroffene nicht krank. Zum Thema Schuld fällt mir eine Episode mit unseren Kindern ein: Unser Jüngster konnte kaum laufen und spielte im Urlaub in einer Hotelanlage um eine Brunnenanlage herum, in der das Wasser ihm bis knapp übers Knie gereicht hätte. Es war ein kleinerer Brunnen, und unser Jüngster lief hierhin und dorthin, und irgendwann fiel er hinein. Meine Frau und ich hatten die Situation für ungefährlich erachtet, da er im Falle eines Hineinfallens ja nur hätte aufzustehen brauchen. Aber kleine Kinder reagieren anders. Er blieb einfach mit dem Gesicht nach unten liegen und wäre »in der Pfütze« ertrunken, wenn meine Frau ihn nicht beherzt bei den Beinen gepackt und herausgezogen hätte. Wäre er ertrunken – wir hätten uns sehr, sehr starke Schuldgefühle gemacht. Mein ältester Onkel mütterlicherseits war mit zwei Jahren im Brunnen des elterlichen Vorgartens ertrunken, und diese Geschichte überdauerte Generationen.

Auch kann, wie die Mutter von Anna und Marie erwähnt, Schuld von Generation zu Generation weitergegeben werden. Ich selbst habe das erfahren, als ich 1962/63 als Austauschschüler in den USA war und damals die Schuld der älteren Generation am Mord von Millionen in der Nazi-Zeit meinte auf mich nehmen zu müssen. Aber das Gegenteil ist auch wahr: Positives Erleben geben wir, ob bewusst oder unbewusst, auch weiter an die nächste Generation. So wie Gudrun. Sie hatte fünf eigene Kinder und adoptierte unter viel Stress und Strapazen ein sechstes Kind aus Südamerika. In einem Ausbildungsseminar für Psychotherapeuten wurde sie gefragt, warum sie dies tat. Erst eine genaue Analyse ihrer eigenen Biographie legte dies zutage. Als sie sechs Monate alt war, verstarb ihre Mutter. Eine Nachbarin, die ihr gegenüber völlig unverpflichtet war, nahm sie daraufhin an Kindes statt an und zog sie auf. Unbewusst wird in ihr über die Jahre abgelaufen sein: »Wie kann ich dies an meiner Pflegemutter je wiedergutmachen?« Es fand sich keine Gelegenheit. Aber eine Generation später konnte sie es wiedergutmachen. Sie adoptierte ein Kind aus Südamerika, wozu sie absolut nicht verpflichtet gewesen wäre. Beruhigend ist: Auch das Gute lebt weiter – nicht nur die Schuld.

Wäre unser Jüngster im Brunnen ertrunken, hätten mir tausend Leuten sagen können: »Du bist nicht schuld!« Es wäre mir schwer auszureden gewesen, dass ich das nicht doch hätte verhindern können. Tot ist tot. Aber eine Magersüchtige lebt (noch). Wenn eine Magersüchtige im Alter von 14 Jahren erkrankt, ist noch alles drin. Als Mutter oder Vater in Schuldgefühlen zu erstarren oder vom Therapeuten darauf hingewiesen zu werden, man habe nicht alles richtig gemacht, bindet Energien aufseiten der Eltern, die besser anders eingesetzt wären.

Erkrankt eine Jugendliche an Magersucht, bedarf es der ungeteilten Aufmerksamkeit aller Beteiligten: der Eltern, der Ärzte, der Psychologischen Psychotherapeuten. Dies ist für Fachleute nicht die Zeit, den Eltern Vorwürfe zu machen. Deshalb leite ich, wie Frau Wendt zitierte, so gut wie jedes Gespräch mit den Eltern einer Magersüchtigen ein mit den Sätzen: »Dies ist nicht der Zeitpunkt, sich als Mutter oder Vater Schuldgefühle zu machen. Ich gehe in unserem Gespräch davon aus, dass Sie als Eltern alles in Ihren Möglichkeiten Stehende gemacht haben, die Entwicklung Ihrer Tochter zu fördern. Ich gehe davon aus, dass Sie für Ihre Tochter das Beste gewollt haben, und wir sollten nicht über die Vergangenheit, sondern über das Jetzt und die Zukunft sprechen. Was können Sie, was kann ich tun, was kann mein Team tun, damit Ihre Tochter aus dem Labyrinth der Magersucht möglichst bald und gut herausfindet?« Dies ist eine bewusste Schuldentlastung für die Eltern, die zu 99,9 Prozent zutrifft. Die restlichen 0,1 Prozent kommen nicht zu solchen Gesprächen, wie die Adoptiveltern von Gerlinde. Sie sind nie gekommen.

Es gibt Klischees über die »Magersuchtfamilie« (die Mutter als Glucke und der tatsächlich oder emotional abwesende Vater). Über die Jahre und Jahrzehnte habe ich so viele Familien mit Magersüchtigen gesehen, dass ich sagen kann, dieses Stereotyp trifft in der Regel nicht zu. Auch wissenschaftliche Untersuchungen haben dies nicht belegen können. Familien von Magersüchtigen sind sehr unterschiedlich. Auch nicht zutreffend ist das Klischee von Ärzten und Psychotherapeuten als Göttern oder Halbgöttern oder den Eltern als Sündenböcken, wie es die Mutter von Anna und Marie erwähnt. Ärzte und Psychotherapeuten sind auch nur Menschen, können Fehler machen und sind voreingenommen, auch wenn dies nicht so sein sollte. Bei einer Erkrankung wie Magersucht sind wir aufs äußerste gefordert, und wir sollten uns sehr zurückhalten. Dies gilt insbesondere für Wertungen, welche die Familie betreffen. Für Psychotherapeuten ist der besondere Reiz einer Psychotherapie ohnehin die Umbewertung. Tom Sawyer musste als Strafe den Zaun streichen, aber er hat es seinen Freunden als etwas Besonderes vermittelt, und sie wollten auch unbedingt den Zaun streichen. Magersucht ist eine Krise, aber es ist gleichzeitig eine Chance. Die Krise kann dazu führen, Erkenntnisse für sich und andere Familienmitglieder zu gewinnen. Magersucht muss kein Makel sein. Zwar ist es wichtig, die Krankheit abzulegen, loszuwerden, darüber hinauszuwachsen, aber Magersüchtige sind meist auch verlässlich, vertrauenswürdig. Magersüchtige haben positive Eigenschaften, die sie nicht verlieren sollten, aber das Extrem der Radikalität, das die Erkrankung mit sich bringt, muss überwunden werden.

Eltern unter Verdacht oder der Paradigmenwechsel

Die beiden Erstbeschreiber der Magersucht waren Sir William Gull und Charles Lasègue (beide 1873). Vorausgegangen war Ende des 17. Jahrhunderts eine nicht genügend beachtete Beschreibung von Richard Morton (London), in der das Wesentliche schon enthalten war. Es scheint hier über die Jahrhunderte in der Wahrnehmung von Magersucht Ebbe und Flut gegeben zu haben. Von William Gull ist überliefert, dass die Behandlung dem Krankheitszustand der Patientin anzupassen und sie in regelmäßigen Intervallen zu füttern sei und dass die Betroffene von Personen umgeben sein sollte, die »moralische Kontrolle« über sie hätten. Lapidar fügte er hinzu, dass Verwandte und Freunde die ungeeignetsten Betreuer seien. Gleichzeitig beschrieb Charles Lasègue »Anorexia hysterique« als aufs engste verbunden mit Dynamik und Konflikten der Familie der Patientin und empfahl als eine wesentliche therapeutische Möglichkeit die Trennung von der Familie. In der Zeit der Hilflosigkeit, die damals bezüglich der Behandlung von Magersucht bestanden haben dürfte, ist das nachvollziehbar, aber für heutige Zeiten nicht haltbar. Immerhin liegen diese Empfehlungen fast eineinhalb Jahrhunderte zurück.

Unverständlicher muten dafür die Analysen und Werthaltungen sehr prominenter psychosomatischer »Wissenschaftler« an, wie die von Salvador Minuchin und Mara Selvini-Palazzoli in den 70er- und 80er-Jahren des vergangenen Jahrhunderts. Die frühe psychoanalytische Literatur hat mich seinerzeit begeistert und in das Fach geführt. In den späteren Jahrzehnten wurde die Psychoanalyse allerdings zu einem sehr spekulativen Fach, dem aus meiner Sicht oft die »Erdung« fehlte, d.h. die Überprüfung der eigenen Thesen an der Wirklichkeit. Vor ca. 40 Jahren entwickelte Salvador Minuchin seine Konzeption der psychosomatischen Familie. Diese proklamierte, dass 1.) ein Kind physiologisch vulnerabel (also verletzbar) ist, 2.) die Familie mit einem psychosomatisch erkrankten Kind vier interaktionelle transaktionale Charakteristika aufweisen, die da sind Verstrickung, Überfürsorglichkeit, Rigidität, Fehlen von Konfliktlösungen und 3.) spielt das kranke Kind/die kranke Jugendliche eine wichtige Rolle für die Konfliktvermeidung in den Interaktionsmustern der Familie, was wiederum verstärkend auf die Symptomatik bei dem Kind/Jugendlichen wirkt. Eine sehr interessante These, nur leider viel zu breit angesetzt, um hinsichtlich einer Gültigkeit überprüfbar zu sein. Untersuchungen, die einzelne Aspekte der These überprüften, konnten diese nicht belegen. Etwa zur selben Zeit proklamierte Mara Selvini-Palazzoli einen systemischen familientherapeutischen Ansatz bei Anorexia nervosa. Verkürzt sagte sie, die Familie habe die Krankheit verursacht, und nur über die Familie sei die Erkrankung zu beheben. Auch ihre These konnte nie bestätigt werden und ist nach meiner Ansicht zu einseitig und falsch. Seither wurde es sehr still um Minuchin und Selvini-Palazzoli, auch wenn andere psychoanalytisch geschulte Psychotherapeuten wie Alice Miller die Eltern von Essgestörten noch weiterhin auf die Hörner nahmen.

Diese Epoche der unwissenschaftlichen Psychosomatik mit Minuchin, Selvini-Palazzoli und Miller gilt für die wissenschaftlich fundierte Psychosomatik als überholt. Es hat hier ein Paradigmenwechsel stattgefunden, der nicht primär auf Meinungsunterschiedlichkeiten, sondern auf wissenschaftlichen Daten beruht. Im Vorwort zu meinem Buch »Magersucht und Bulimie: Mut für Betroffe, Angehörige und Freunde« schrieb Gerald Russell, einer der ganz großen Kliniker und Forscher im Essstörungsbereich sowie Erstbeschreiber der Bulimia nervosa und selbst Initiator des Paradigmenwechsels:

In den letzten zehn Jahren hat sich der therapeutische Umgang mit den Familien von Betroffenen erheblich geändert. Eltern und die Familie werden nicht mehr vorrangig als Mitverursacher der Essstörung angesehen. Heute betrachtet man ihre Ängste und Unsicherheiten vielmehr als Folge der Belastung aufgrund der Erkrankung. Hier bezieht sich der Autor [M. M. Fichter] besonders auf die Arbeiten von Dare & Eisler (Eisler et al., 1997), die einen deutlichen Wandel in der Praxis der Therapie und Haltung zur

Familie begründeten. Die Familien sollen verstanden und unterstützt, nicht als vermeintliche Verursacher der Essstörung der Betroffenen verteufelt werden.

Seine Schülerin und Nachfolgerin Janet Treasure setzte sich vehement für dieselbe Kurskorrektur ein und nennt diese gegenwärtige Strömung, die ich für sehr sinnvoll halte, »The New Maudsley Method« (Treasure et al., 2007).

Der Paradigmenwechsel hinsichtlich der Rolle der Familie hat sich unter Therapeuten nur teilweise herumgesprochen. Selbst bei jenen, die die Daten im Kopf haben und es vom Kopf her anders sehen, blinken hier und da noch Vorurteile aus früherer Zeit durch. Es verwundert deshalb nicht, dass Frau Wendt sich vonseiten der Therapeuten nicht immer besonders, sondern manchmal auch gar nicht verstanden fühlte, sogar brüskiert wurde. Der Paradigmenwechsel muss auch die Fachleute erst noch ganz erreichen. Derzeit werden die empirisch fundierten Leitlinien für Diagnostik und Behandlung von Essstörungen in Deutschland neu verfasst. Die hierfür versammelten Fachleute, darunter auch viele Analytiker, sehen die Rolle der Familie mit sehr viel klarerem Blick als ihre Kollegen in den 70er- und 80er-Jahren des letzten Jahrhunderts. Es ist nicht die Schuld der Eltern, dass eine Betroffene Magersucht entwickelt, jedoch können Eltern sehr viel tun, dass eine Magersucht sich nicht chronifiziert. Eltern stellen eine sehr wichtige Verbindung für den weiteren Verlauf der Erkrankung dar. Das Buch von Frau Wendt ist dafür ein gutes Beispiel, besonders auch dafür, dass es sinnvoll ist, dass eine Mutter sich engagiert. Ich habe auch einige – wenngleich Gott sei Dank nicht viele – Familien kennengelernt, die sich von ihrer magersüchtigen Tochter wegen der »ewigen Querelen am Tisch« abwandten und sie gänzlich sich selbst überließen. Frau Wendt erwähnte die Legende vom »Verlorenen Sohn«, die ich gerne verwende, um Eltern darauf hinzuweisen, dass dem verlorenen Sohn bzw. der verlorenen Tochter besondere Achtung gebührt.

In den USA entwickelte sich, gegründet von Fachleuten und betroffenen Angehörigen, die »Academy of Eating Disorder (AED)«. Sie dürfte inzwischen die weltweit größte Organisation sein, die sich für Essstörungen einsetzt, sie organisiert jährliche Kongresse auch außerhalb der USA. Die AED setzt sich auf den unterschiedlichen Ebenen für die Belange der Betroffenen und ihrer Angehörigen ein. Ein Beispiel für den Paradigmenwechsel ist die »Weltweite Charta für Essstörungen« der AED. Den vollen Wortlaut finden Sie auf der Website der Deutschen Gesellschaft für Essstörungen DGESS e.V. www.dgess.de unter Downloads. Die Charta setzt sich ein für die Rechte von PatientInnen und den Angehörigen. Der Wortlaut der Charta betrifft Aspekte, mit denen sich die Mutter von Anna und Marie konfrontiert sah:

- Das Recht darauf, dass sie in ihren Sorgen ernst genommen wird.
- Die Anregungen und Rückmeldungen der PatientInnen und der Angehörigen sollen bei der Planung und beim Aufbau künftiger spezialisierter Behandlungseinrichtungen berücksichtigt werden.
- PatientInnen und Angehörige sollen routinemäßig in die Evaluation von Behandlungseinrichtungen einbezogen werden.
- PatientInnen dürfen erwarten, von einem Arzt oder Therapeuten behandelt zu werden, der in Bezug auf die Diagnos-

tik und Behandlung der körperlichen und seelischen Aspekte ihrer Krankheit kompetent ist.
- Angehörige haben das Recht, mit Empathie und Respekt behandelt zu werden.
- Betreuende haben das Recht, als Ressource und geschätzte Partner in der Behandlung der ihnen nahestehenden Person gesehen zu werden.
- Angehörige sollen angemessen in die Diagnostik und Behandlung der Betroffenen eingebunden werden. Die genaue Art und das Ausmaß der Einbindung der Angehörigen soll sowohl die Wünsche der PatientIn als auch der Angehörigen berücksichtigen.
- Angehörige sollen angemessen informiert werden, wenn die mit der Erkrankung einer Betroffenen verbundenen Risiken hoch sind. Ist die Betroffene im heimatlichen Umfeld, sollen ihnen Hinweise gegeben werden, wie mit diesen Risiken umzugehen ist.
- Angehörigen soll dabei geholfen werden, ihre stützende Rolle wahrnehmen zu können.
- Angehörige haben ein Recht darauf, Information und Aufklärung über die Krankheit der ihnen nahestehenden Person zu erhalten.

Die rechtlichen Rahmenbedingungen sind natürlich durch Gesetze, die auch die Schweigepflicht respektieren, gegeben. Bei einer minderjährigen Magersüchtigen sind die Empfehlungen der Charta jedoch eindeutig, die Familie als Ressource mit einzubeziehen. Bei einer 32-jährigen Magersüchtigen, die seit 15 Jahren von ihren Eltern getrennt wohnt, sind die Maximen entsprechend ein Stück anders zu sehen. Die Maxime der Charta besagen klar und eindeutig, dass wenn – wie im Fall von Marie – die Mutter intuitiv die Sorge hat, dass ihre Tochter an Magersucht erkrankt sein könnte, diese als solches erst einmal ernst zu nehmen ist. Sollte es ein Fehlalarm sein, so wird zumindest der Sorge der Mutter Genüge getan. War es kein Fehlalarm, ist es wichtig, die Erkrankung möglichst früh therapeutisch angehen zu können.

Was tun als Angehöriger?

Jetzt ist die Gefahr groß, Ratschläge zu verteilen, die blaue Flecken hinterlassen. Versuchen Sie als Angehörige, das Folgende nicht unter dem Aspekt zu sehen: »Was habe ich falsch gemacht?«, sondern »Was habe ich schon so ähnlich gemacht?« oder »Was könnte ich künftig hier in dieser Richtung machen?«

Mein erster Hinweis ist **offener und wertschätzender Umgang miteinander.** Nahezu alle Angehörigen werden sagen, das tun wir doch. Wenn ich selbst mich als Vater besinne, entdecke ich bei mir in der Vergangenheit Momente, wo ich sagte »Das weiß ich besser« oder »Woher willst du das schon wissen, du bist noch so jung …« oder »So ein Quatsch«. Situationen, in denen ich als Vater nicht aufmerksam genug zugehört habe, was mir meine beiden Söhne oder meine Tochter eigentlich sagen wollten. Wir Menschen neigen nahezu alle dazu, extrem schnell zu werten wie: »Der passt als Freund wirklich nicht zu dir!«

Ein weiterer Hinweis für Angehörige ist, **rechtzeitig mit der Betroffenen zu reden.** Mein früherer Chef tat sich schwer, auch mit seinen ihm nahestehenden Oberärzten kurze psychologische Analysen über das gemeinsame Interaktionsverhalten anzustellen. Souverän dagegen war er, den »Schreibtisch« freizuräumen: »Vergessen wir die Vergangenheit, machen wir einen Neuanfang.« Das hatte seine Vor- und Nachteile. Sie alle werden den Film »Dinner for one« kennen, in dem der Diener und Kellner eine alte Lady mit imaginären Gästen zum Geburtstag bewirtet. Er stolpert fast, aber nicht immer, über einen Tigerkopf am Boden. Es würde natürlich so einem Film die Pointe nehmen, den Tigerkopf beiseitezuräumen. Im täglich Leben aber wäre es genau das, was zu tun ist, nämlich gemeinsam überlegen, worüber wir jeden Tag stolpern, und dies wegschaffen, so dass wir nicht mehr darüberstolpern. Hier ein paar weitere Hinweise zu diesem Thema: 1. Fragen Sie die Betroffene offen und ohne sie einzuengen, wie sie sich wirklich fühlt. 2. Seien Sie offen, wenn Sie ein Thema befangen macht oder verunsichert. Sagen Sie offen, wenn es so ist.

Ein weiteres damit zusammenhängendes Thema ist **aktives Zuhören**. Nach dem Motto »Ratschläge sind auch Schläge« macht es keinen Sinn zu sagen: »In meiner Zeit war das …«, oder: »Früher machten das die Leute …« Üben Sie sich darin, wirklich zuzuhören. Sagt Ihre Tochter: »Eigentlich geht es mir nicht schlecht«, ist unklar, was sie meint. Geht es ihr im Grunde genommen sehr schlecht oder geht es ihr im Grunde genommen gut oder geht es ihr gut, aber in manchen Dingen nicht so gut? Hören Sie zu, und fragen Sie nach. Dazu gehört es, Ich-Botschaften zu senden und nicht davon zu sprechen, wie »man das tut«. Wenn Sie in der Ich-Form reden, ist das für Ihre Tochter authentischer und wahrhaftiger. Wir alle wissen, dass man sich hinter dem »man« verstecken kann. Seien Sie zurückhaltend mit Werturteilen. Die Geschichte der Menschheit ist voll von Irrtümern in Werturteilen. Aktives Zuhören erleichtert es dem anderen, über seine Betroffenheit und seine Gefühle zu sprechen, auch wenn dies schwerfällt. Im Volksmund heißt es: »Geteiltes Leid ist halbes Leid.« Man könnte auch sagen: Anderen Menschen mitgeteiltes Leid ist halbes Leid. Wenn wir anderen Menschen unseren Kummer mitteilen, diese unser Leid verstehen und mit uns und unserer Situation mitfühlen, geschieht ein Wunder. Wenn wir anderen unser Herz ausschütten, wird es leichter, ohne dass der andere die Last unseres Leids auf sich zu nehmen braucht. Ein Teil des Leids verflüchtigt sich einfach. Wenn die Betroffene sich in ihrem Schmerz offen mitteilen kann und verstanden und angenommen fühlt, verringert sich ihre Last. So können Sie durch aktives Zuhören entlasten. Lassen Sie der Betroffenen die Verantwortung, doch tragen Sie die Ihre. Vertrauen Sie Ihrer Intuition. Als eines unserer Kinder in der Schule mit den Noten stark abfiel, verordneten wir ihm eine Gruppennachhilfe. Das schien für ihn ein Greuel gewesen zu sein, und schließlich fasste er sich ein Herz und sagte zu uns Eltern: »Ich schaffe das besser ohne die Gruppennachhilfe.«

Analog zu Marie und Anna (und ihrem Gewicht) sind Schulnoten leicht zu messen. Unsere Intuition sagte uns, dass der Zeitpunkt nun reif wäre und unser Sohn reif genug sei für eine solche Verantwortungsübernahme. Wir entschieden damals: »Okay, wir stoppen die Gruppennachhilfe und gehen davon aus, dass sich deine Noten dennoch verbessern. Wenn deine Noten abfallen ...« Die Noten besserten sich. Wäre das nicht so gekommen, wäre die Nachhilfe wieder angesagt gewesen. Es war richtig und wichtig, dass die Eltern von Marie und Anna bei Reduzierung des Gewichts klar und konsequent kommunizierten: »Wir lassen dich nicht sterben.«

Essen mit einer Betroffenen

Dieses Thema ist mir so wichtig, um es hervorzuheben, denn nahezu jede Familie mit einer Magersüchtigen, so auch die Familie mit Anna und Marie, hat das Desaster erlebt, beim Essen übers Essen zu reden. Tun Sie es nicht! Reden Sie mit einer Magersüchtigen beim Essen nicht über das Essen. Allerdings ist es wichtig, über das Essen zu reden, nur nicht während des Essens. In vielen Kliniken ist es üblich, dass Betroffene und Therapeuten nach dem Essen noch gemeinsam zusammensitzen und, nachdem das Essen abgeräumt ist, über das Essen reden. Im Rahmen einer Familie bietet sich an, den Termin getrennt zu setzen, also nicht unmittelbar im Anschluss an die Mahlzeit, sondern an einem Jour fixe oder auch an zweien in der Woche, z.B. jeden Donnerstag von 20 bis 21 Uhr (»… dann reden wir über das gemeinsame Essen in der zurückliegenden Woche und was uns als Eltern und dir als Betroffene aufgefallen ist«). Wenn Sie als Angehöriger Ihre Tochter während der Behandlung in einer stationären Einrichtung besuchen, essen Sie gemeinsam, aber machen Sie am besten schon vorher klar, dass während des Essens nicht über das Essen gesprochen wird. Das entlastet Ihre Tochter und entlastet Sie. Aber sprechen Sie während des Besuchs für eine begrenzte Zeit über Ihre Beobachtungen beim Essen und fragen Sie nach Wahrnehmungen und Beobachtungen bei Ihrer Tochter.

Kann ich einer Magersüchtigen vertrauen?

Ja, das können Sie. Aber Sie können nicht der Magersucht vertrauen. Wie es Frau Wendt in der Darstellung der Leidensgeschichte ihrer Töchter und der Familie dargestellt hat, ist es sehr hilfreich und wichtig, zwischen der Essstörung und der Person zu unterscheiden. Die Essstörung hat einen »One Track Mind«. Man denkt nur an das eine: Essen oder nicht essen. Die Betroffene selbst ist sehr viel differenzierter und vielschichtiger. Vielleicht liebt sie Mozart oder Brahms oder steht eher auf Rock. Vielleicht ist Tanzen für sie wichtig (wie bei Marie) oder bildnerische Kunst, wie bei den schweizerischen untrennbaren Zwillingen, oder Sport oder etwas anderes. Wenn das Thema, über das wir sprechen, mit Nahrung, Gewicht, Kalorien und Ernährung zu tun hat, sollten wir sehr vorsichtig sein. Hier scheint die Magersucht zu sprechen. Auch in ganz perfiden Ableitungen, wie z.B.: »Wasser trinken kostet den Organismus Kalorien. Wenn ich als Magersüchtige also viel Wasser trinke, bringe ich nicht nur mehr auf die Waage, sondern ich bringe meinen Körper auch dazu, Kalorien da zu verbrennen, wo ich gar keine zu mir nehme.« So perfide ist die Magersucht.

In einem ansonsten seichten Film, den ich kürzlich sah, war ein ca. achtjähriger Knabe hingerissen von einem väterlichen Typen, der einen besonderen Touch für den Umgang mit Pferden hatte. Im Verlauf des Films wurde er von anderen gefragt: »Was macht dein Pferdeflüsterer denn so Besonderes mit den Pferden?« Und der Junge antwortete klar und deutlich: »Es flüstert, und er hört zu.« Das ist das Geheimnis des aktiven Zuhörens.

Frau Wendt zitiert aus dem Buch von Treasure, Smith & Crane den Satz, der mir auch besonders am Herzen liegt und den ich auch oft zitiere: »Nur du allein kannst es schaffen (die Betroffene), aber du kannst es nicht allein schaffen.« Das gilt im übertragenen Sinne auch für Angehörige. Suchen Sie sich Rückhalt bei anderen Angehörigen. Beteiligen Sie sich an Angehörigenseminaren, wenn diese angeboten werden. Wenn wir nichts tun, ist die Gefahr bei einer Erkrankung wie Magersucht sehr groß, dass eine Katastrophe passiert. Was wir tun, dafür gibt es kein Patentrezept. Das erfordert als Angehöriger und Therapeut ganz unsere ungeteilte Aufmerksamkeit und unseren Einsatz.

Wenn die Situation sehr düster aussieht und es für direkt Betroffene (die Magersüchtige) und indirekt Betroffene (Angehörige) keine Lösung zu geben scheint, ist es hilfreich, sich folgende Geschichte zu verinnerlichen, die mit einer völlig aussichtslosen Frage beginnt und die durch den Einsatz von Geist und Esprit eine völlig andere Wendung zum Positiven nimmt.

Die Geschichte ist die:

Im Mittelalter verarmten eine Mutter und ihre sehr hübsche Tochter, da der Vater unerwartet verstarb. Sie mussten Schulden aufnehmen, um zu überleben, doch schließlich wurde die Schuldenlast so stark, dass der reiche, aber sehr alte und hässliche Bankier schließlich sagte: »Ich erlasse euch eure Schulden, wenn die schöne Tochter mich ehelicht.« Es wäre vielleicht eine Lösung gewesen, doch erschienen Mutter und Tochter der Bankier gar zu alt und gar zu hässlich, um darauf eingehen zu können. Schließlich einigte man sich auf einem Kiesweg auf folgende Vereinbarung: Ein dunkler und ein heller Stein würden in den ledernen Tabaksbeutel gelegt werden, woraus die Tochter einen der Steine ziehen würde. Wenn es der dunkle Stein ist, muss sie ihn heiraten, doch die Schulden sind vergeben. Wenn es der helle Stein ist, hat sie in allem gewonnen – sie muss ihn nicht heiraten, und die Schulden sind erlassen. Der Bankier und die Tochter schreiten auf dem Kiesweg, und die Tochter sieht, wie er zwei Steine, und zwar zwei schwarze, in den Tabaksbeutel tut. Beim Losziehen hätte sie also keine Chance …

Was würden Sie an ihrer Stelle tun?

Ich rate Ihnen, über die Lösung selbst ein paar Nächte zu schlafen. Die meisten Leser werden aber zu ungeduldig sein und die Lösung schon schneller wissen wollen. Es gibt viele Lösungen. Vielen habe ich diese Geschichte erzählt, und es war erstaunlich, wie viele unterschiedliche Lösungen zusammenkamen. Allerdings ist eine Lösung besonders elegant:

Die Tochter greift in den Tabaksbeutel, während sie weiter über den Kiesweg gehen, und lässt in gespielter Ungeschicktheit den gezogenen Stein auf den Kiesweg, wo die anderen Steine liegen, fallen. Es verbleibt somit ein letzter Stein in dem ledernen Tabaksbeutel, und sie sagt dem Bankier: »Wir wissen, was ich gezogen habe, wenn wir nachschauen, was jetzt noch in dem Beutel ist. Ist es ein weißer Stein, habe ich einen schwarzen gezogen, ist es ein schwarzer, habe ich einen weißen gezogen.«

Damit wendet sich das Blatt vollkommen.
Aus der Krise wird nicht nur eine Chance, sondern eine Lösung. Lassen Sie sich also nicht von dunklen Momenten, die so aussehen, als gäbe es keine Lösung, beeindrucken. Denken Sie an diese Geschichte und ihre Lösung.

Prof. Dr. Manfred M. Fichter
Schön Klinik Roseneck im Verbund mit der
Medizinischen Fakultät der Universität München (LMU)
Am Roseneck 6
D-83209 Prien

und

Forschungsbereich Epidemiologie & Evaluation
Psychiatrische Universitätsklinik München
Nussbaumstraße 7
D-80336 München

Literaturverzeichnis

Bruch, H.: Der goldene Käfig. Das Rätsel der Magersucht, Frankfurt 2004.

Claude-Pierre, P.: Der Weg zurück ins Leben, Frankfurt 2001.

Fichter Manfred M.: Magersucht und Bulimie: Mut für Betroffene, Angehörige und Freunde, Basel, Paris, London, New York 2008.

Gerlinghoff, M., Backmund, H., Mai, N.: Magersucht und Bulimie. Verstehen und bewältigen, Weinheim 2000.

Gerlinghoff, M.: Magersüchtig. Eine Therapeutin und Betroffene berichten, Weinheim 2002.

Gordon, T.: Familienkonferenz, München 1989.

Kunze, R.: Ich bin müde, kraftlos und leer. Wie Mütter die Magersucht und Bulimie ihrer Töchter erleben und bewältigen, Weinheim 2006.

Miller, A.: Die Revolte des Körpers, Berlin 2009.

Palazzoli, M. S.: Magersucht. Von der Behandlung einzelner zur Familientherapie, Stuttgart 1998.

Paul, T. und U.: Ratgeber Magersucht, Göttingen 2008.

Pauli, D., Steinhausen, H.-C.: Ratgeber Magersucht, Göttingen 2005.

Rogers, C. R.: Entwicklung der Persönlichkeit. Psychotherapie aus der Sicht eines Therapeuten, Stuttgart 2009.

Rosenberg, M. B.: Gewaltfreie Kommunikation. Eine Sprache des Lebens, Paderborn 2001.

Treasure J., Smith G., Crane A.: Skills-based learning for caring for a loved-one with an eating disorder. The New Maudsley Method. London, New York 2007.

Treasure, J.: Gemeinsam die Magersucht besiegen, Weinheim 2008.